악인의
서사

악인의 세상

수많은 창작물 속
악, 악행, 빌런에 관한
아홉 가지 쟁점

듀 나
박 혜 진
전 승 민
김 용 언
강 덕 구
전 자 영
최 리 외
이 융 희
윤 아 랑

을유2n

일러두기

· 장편 분량의 소설, 논픽션, 만화는 겹꺾쇠(『』)로, 단편 분량의 소설 및 만화, 영
  화, 드라마, 방송 프로그램, 공연, 희곡, 팸플릿, 논문, 기사, 인터넷 게시글은 홑
  꺾쇠(「」)로, 정기·비정기 간행물, 학술지는 겹낫표(《》)로, 방송 프로그램의 회차
  는 작은따옴표(")로 표기했다.

· 본문에 등장하는 작품에 관한 기초 정보는 목록으로 정리해 각 원고의 후록으
  로 실었다. 비교적 상세히 논의한 작품은 목록 상단에, 간략히 언급만 한 작품
  은 하단에 배치했다.

· 특정 작품이 수시로 인용되는 경우, 서두에 서지 정보를 명시한 채 각 인용구의
  출처는 본문 안에 쪽수로만 표기했다.

· 인명 등 외국어의 우리말 표기는 국립국어원에서 정한 외래어 표기법을 대체로
  따랐다. 다만 원제를 자의적으로 음차한 제목으로 국내에 소개된 작품, 그중에
  서도 외래어 표기법에 맞게 표시할 시 혼동이 있을 것으로 판단되는 경우에는
  기존에 통용되던 명칭을 따랐다.(예: 「베터 콜 사울」)

난 이해해, 온갖 파괴적 충동을
그것 참 완벽해 보이는걸
내겐 보이지가, 내겐 보이지가 않아
악^惡이
— 텔레비전,「악이 보이지 않아^{See No Evil}」

차례

악인의 서사, 보지도 듣지도 말하지도 말라?

일본의 닛코 동조궁에 새겨진 '세 원숭이' 조각상은 악과 관련해 금년까지 널리 전해지는 격언 하나를 상징한다. 오늘날 디지털 환경의 이모지^{emoji}로도 존재하는 이 세 마리의 원숭이는 각자 눈, 귀, 입을 가린 모습으로, "악은 보지도, 듣지도, 말하지도 말라."라는 교훈을 나타낸다고 알려져 있다. 그런데 악을 일종의 유해균(또는 메두사나 세이렌)처럼 대하며 한사코 거부하고 경계하는 사고방식은 오늘날 우리 주변에서도, 특히 영화나 드라마, 소설 같은 창작 서사를 적극적으로 향유하는 관객, 시청자, 독자들 사이에서 어렵지 않게 찾아볼 수 있다.

최근 몇 년 새 우리 사회 한편에서 새로운 상식처럼 주창되고 있는, "악인에게 서사를 주지 말라."라는 표현이 이와 유사한 정서를 집약적으로 보여준다. 이 간명한 슬로건은 당초 현실의 잔혹 범죄와 이를 선정적으로 보도하는 언론의 태도를 규탄하기 위해 대두됐지만, 머잖아 창작 서사 전체를 아우르는 원칙으로까지 받아들여졌다. 매혹과 연민의 시선으로 악인과 악행을 묘사하는 영화나 드라마를 향해 이들 작품이 악을 비호하고 합리화한다는 비판이 제기되면서 악인의 서사 자체를 비윤리와 동일시하는 사고방식이 널리 확산된 것이다. 심지어 일반 관객과 독자뿐 아니라 일부 유명 배우들까지 여기에 공감의 뜻을 공개적으로 밝히며 악인의 서사를 배제해야 한다는 의견은 더욱 대중화된 통설로 자리매김했다.

하지만 "악인에게 서사를 주지 말라."라는 요구가 별다른 반론이나 의심 없이 일종의 정언명령으로 승인되는 과정에서 간과된 물음은 없을까? 사실 이 문장은 지나치게 간결하고 추상적이어서 사람에 따라 제각기 다른 의미로 해석될 수밖에 없다. 그럼에도 이를 둘러싼 논쟁이 분량 제한과 휘발성이 강한 소셜미디어에서 줄곧 벌어진 까닭에 명제의 진의를 섬세히 논하려는 데는 적잖은 제약이 뒤따랐고, 그 결과 많은 이들이 '악인'과 '서사', 나아가 '악인에게 서사를 준다는 것'의 의미를 저마다 불균질하게 이해한 채 자기주장을 내세우거나 타인의 의견을 성급히 반박하는 일이 되풀이됐다.

이런 이유에서 『악인의 서사』는 악인의 서사에 관한 논쟁의 무대를 단행본 지면으로 옮겨, 창작 서사와 악이라는 문제를 두고 우리가 심층적으로 고려해볼 만한 쟁점과 입장을 다채롭게 다뤄보려 한다. 일찍이 수많은 문학 작품을 비롯한 창작 서사는 인간의 복합성과 양가성, 도덕적 회색지대와 윤리적 딜레마 등을 추체험하는 장소로 기능해왔다. 창작 서사의 이런 입체성을 고려한다면, 단순히 "악인에게 서사를 주지 말라."라는 명령만으로 특정 작품의 재현 윤리를 온전히 가늠하기란 무리에 가깝다. 여기에 동의하건 동의하지 않건, 악의 서사와 재현의 문제를 엄밀히 논하려면 적어도 이 한 줄짜리 문장에 멈추기보다 이로부터 상세하고 정연한 고찰을 시작해야 한다. 이에 따라 돌고래 편집부는 영화, 드라마, 소설, 논픽션, 웹소설 등 다양한 장르와 매체에 관한 해박한 지식을 바탕으로 통찰 넘치는 글쓰기를 이어오고 있는 저자 아홉 명의 시각을 빌려, 창작 서사에서 악을 재현하는 문제에 관해 독자들과 한층 심화된 이해와 입체적 고민을 나눠보고자 한다.

듀나는 "악인에게 서사를 주지 말라."라는 문장이 효과를 위해 의도적으로 단순화된 것임을 지적하며 이 말의 의미를 "악인보단 선인의 이야기에 집중하는 게 낫다."라고 구체화한다. 그는 기존 사례를 풍부하게 덧붙여 모범적 악역의 요건을 제시하지만, 이런 본보기를 신작 창작에 직접 참고하기가 왜 어려운지를 함께 지적한다. 듀나는 여기서 한 발 더 나아가 오늘날에는 유독한 팬덤 문화 때문에 작중 악역을 창작하고 이해하는데 각별한 주의가 필요하다고 주장한다.

박혜진은 우리가 악과 서사의 문제를 더 정밀하게 다루려면 공감 여부와 같은 불완전한 기준에서 탈피해야 한다고 꼬집는다. 공감은 이야기의 기본 속성이자 중요 덕목인데, 악을 소재로 삼은 작품에서만큼은 작가와 독자 모두가 악인에 공감해선 안 된다는 요구에 직면하게 되면서 필연적 모순이 발생한다는 것이다. 이런 맥락에서 그는 공감 여부에서 벗어난 악의 서사의 필요성을 역설하며 저마다의 방식으로 악을 다룬 동시대 한국 소설 세 편을 통해 악인의 서사에 어떤 효용이 있을 수 있는지 고찰한다.

전승민은 스스로가 선하다고 굳게 믿는 나르시시즘이라는 자의식에 주목해, 주인공을 선인으로 조형하려는 작가의 의도와 달리 소수자를 향한 주인공의 지독한 우월 의식과 그에 따른 무분별한 악행이 엿보이는 소설을 비판적으로 조명한다. 특히 자기연민에 빠진 이성애자 주인공이 퀴어의 삶을 이상화·타자화하거나 이들의 비참한 삶을 굽어보는 데 급급한 작품을 구체적으로 호명해 비판하고, 이들과 달리 주인공이 진정으로 나르시시즘을 극복하는 서사로 『물고기는 존재하지 않는다』

의 면면을 살펴본다.

김용언은 악과 서사의 문제를 논하기 위해 실제 사건을 문학의 형식으로 기록한 작품들에 시선을 돌린다. 그는 흉악 범죄자의 심리를 분석한 FBI 수사관들의 유산이 황색 언론의 선정주의에 의해 퇴색된 유구한 역사를 개괄하면서도 피해자를 존중하는 방식으로 악행에 접근하는 작업도 얼마든지 실현 가능하다고 단언한다. 이 희망적 견해의 근거가 되는 건 『어둠 속에서 사라진 골든 스테이트 킬러』와 『그림 슬리퍼』라는 두 편의 범죄 논픽션으로, 이들 작품에 관한 심도 있는 사례 연구는 매혹을 경계하며 악을 알아가는 서사에 대한 참조점을 제공한다.

강덕구는 악인에게 서사를 부여하는 목적을 탐구하기 위해 서부극이라는 장르를 면밀히 들여다본다. 그는 오늘날 법과 도덕의 위상이 어떻게 변화하고 있는지, 우리가 악을 어떻게 처벌하는 게 바람직한지를 되물으며 앤시니 만, 샘 페킨파, 로버트 올드리치 등이 연출한 유수의 서부 영화를 하나하나 살핀다. 이들 작품에 관한 분석은 악인의 서사가 윤리적으로 어떻게 기능하는지를 규명하는 단초가 되는데, 이로써 악인 서사의 일종인 서부극이 공동선과 윤리에 관한 성찰을 유도한다는 사실이 구체적으로 드러난다.

전자영은 16세기 말에서 17세기 초로 무대를 옮겨

연극이라는 장르에 나타나는 악인의 문제를 고찰한다. 특히 영국 에드먼턴 지역에 살다가 마녀로 몰려 사형당한 어느 실존 인물의 이야기가 각각 소책자와 연극으로 창작된 사례를 살펴봄으로써 누군가가 철저히 타인에 의해 악인으로 형상화·서사화될 때 발생할 수 있는 윤리적 문제를 논한다. 또 연극 특유의 시각적 스펙터클 때문에 당시 관객들이 마녀의 악덕에 고양되기도 했다는 점을 언급하며 입체적·매혹적 악역이라는 문제를 함께 숙고해본다.

최리외는 온갖 애증과 투사投射로 뒤얽힌 모녀라는 관계에 초점을 맞춰 딸들의 자전적 글쓰기에서 어머니라는 존재가 단순한 적대자를 넘어 악인으로까지 제시된다고 지적한다. 그는 '어머니 죽이기'에 관한 정신분석학적 논의를 경유해 옐리네크, 뒤라스, 킨케이드 등 현대 여성 작가의 자전적 서사에 나타나는 어머니-빌런의 실제 사례를 유형화해 살펴본다. 이로써 이른바 모녀 서사를 빌런이 추동하는 이야기의 대표 범주로 제시하고, "악인에게 서사를 주지 말라."라는 요구만으로 특정 작품을 재단하는 시도의 위험성을 간접적으로 드러낸다.

이융희는 웹소설의 악인이 주인공의 전지전능함을 방증하는 도구로 등장했다가 금세 퇴장한다는 점에 주목해 웹소설이야말로 악인에게 서사가 주어지지 않는 장르라 설명한다. 그럼에도 악인을 재현하는 문제에 관한 웹소설의 윤리적 딜레마는 여전히 남아 있는데, 많은 웹소설이 철저히 사회 주류의 시각에 입각해 이에 거슬리는 존재들을 악인으로 제시하기 때문이다. 그럼에도 이융희는 웹소설에 비윤리의 낙인을 찍는 시도에 반대하며 이 사안을 제대로 논하려면 웹소설 고유의 매체적 특징과 독법을 종합적으로 살펴야 한다고 말한다.

윤아랑은 오늘날 악과 서사의 문제를 제대로 사유하려면 '악'과 '악당', '부정적인 것'을 구분해야 한다고 주장하며 셸링과 칸트 등 서구 철학의 많은 논의를 참조해 이 세 가지 모티프의 관계를 규명한다. 그는 '악'을 육화한 존재인 '악당' 개개인에 폭력의 원인과 책임이 있다고 보는 근년의 경향을 비판적으로 바라보는 한편, 이런 시각의 상대항으로서 '악' '악당' '부정적인 것'의 관계를 역동적으로 드러내는(그리고 '악'과 도덕 모두에 맞서려는) 픽션 작품의 숭고한 가치를 설파하는 것으로 논의를 맺는다.

『악인의 서사』는 사실상 "악인에게 서사를 주지 말라."라는 문장에서 촉발된 기획이지만, 편집부에서 이 명제의 함의를 임의로 지정하거나 제한하진 않았다. 그보다는 아홉 편의 글에 담긴 각양각색의 주제와 문제의식에서 엿볼 수 있듯 이에 관한 해석을 공저자 개개인의 자율적 판단에 맡겼다. 정교한 고찰과 논증이 오갈 수 있도록 충분한 지면을 보장하기만 한다면, 다층적이고 다각화된 관점에서 사안에 접근할수록 이들로부터 파생되는 후속 논의도 한층 풍성해지리라 믿었기 때문이다.

물론 『악인의 서사』에는 여전히 적잖은 한계가 남아 있다. 무엇보다 세상에 존재하는 이야기와 장르의 범주만큼이나 이 책이 포괄하지 못한 영역들이 존재한다. 또 악인의 서사를 배제하라는 단호한 요구에 깔려 있는 집단 정서나 무의식 등도 흥미로운 분석의 대상이 될 텐데, 본 지면에서는 악인의 서사라는 주제 내부에 천착해 기존에 발표된 작품들의 구체적 사례를 살펴보는 데 주된 초점을 맞췄다. 그럼에도 『악인의 서사』를 통해 더 많은 이들이 창작물에 나타난 악이라는 문제를 한결 꼼꼼히 살펴보게 되길 바라고, 이 책이 미처 다루지 못한 공백들은 독자들 저마다의 고유한 주관과 반론을 통해 채워주시길 희망해본다.

숱한 오해의 여지에도 지난 몇 년간 악인의 서사라는 쟁점에 쏟아진 열띤 반응은 이 논제가 실로 유구한 역사를 가졌음에도 오늘날까지 여전히 시의적이고 유효하다는 사실을 방증하는 듯하다. 실제로 우리는 OTT 플랫폼의 다양화 등으로 서사 콘텐츠 향유가 전례 없이 일상화된 동시에 창작과 감상의 윤리를 어느 때보다 진지하게 고심하는 시대를 살아가고 있다. 그야말로 이야기의 홍수에 노출된 상황에서 우리는 표류와 난파를 피하기 위해서라도 악인의 서사를 불매와 분서갱유의 구실로 섣불리 고착시키기보다 이 문제를 차근히 숙고해보는 편이 이롭지 않을까. 이 긴요한 논의의 장을 마련하는 데 『악인의 서사』가 기꺼이 임시방편의 나침반 내지 불쏘시개가 될 수 있길 기대해본다.

2023년 7월
김지운

악인보다
선인의 이야기에
집중할 것

듀나

「작은 아씨들」(tvN)

윌리엄 셰익스피어

『레 미제라블』(빅토르 위고)

한니발 렉터 시리즈

「변호사 쉬헐크」 등

듀나

소설가, 영화 평론가. 1990년대 초 하이텔 과학 소설
동호회에 짧은 단편을 공개하며 경력을 시작했다. 소설
『평형추』『아르카디아에도 나는 있었다』『민트의 세계』,
논픽션『옛날 영화, 이 좋은 걸 이제 알았다니』『장르 세계를
떠도는 듀나의 탐사기』등을 썼다. 『평형추』로 2021년
SF어워드 장편 부문 우수상을 수상했다.

단순화된 문장의 함정에 빠지지 않기

내가 여기에서 원고지 70매 분량의 글을 쓰게 된 이유는 2022년 1월 23일 트위터에서 '악인에게 서사를 주지 말라.'라는 주제에 대해 장황한 트윗 타래를 올린 적이 있기 때문이다. 그 타래는 이렇게 시작한다.

'악인에게 서사를 주지 마라' 같은 주제에 대해 이야기할 때는 일반론으로 접근해서는 안 됩니다. 적어도 일반론에서 멈추어서는 안 돼요. 그런 이야기가 나올 때는 대부분 구체적인 사례가 있고 거기에서 출발해야 하지요.[1]

그 뒤 타래에서 이어진 질문과 답변들은 여기서 다시 정리할 필요가 있다.[2] '악인에게 서사를 주지 말라.'

---

[1] @djuna01, 트위터, 2022년 1월 23일, http://twitter.com/djuna01/status/1485244093240602625, 2023년 2월 13일 접속.
[2] 트위터는 긴 생각을 논리적으로 전개하기에 좋은 공간이 아니다. 쓰다 보면 아무 생각이 마구 쏟아지고, 이어지는 생각의 흐름을 나중에 수정하거나 정리하기도 어렵다.(이건 여러분이 적극적으로 이용해야 하는 트위터의 장점이고 매력이지만 여기서 논할 이야기는 아니다.) 다른 사용자와의 대화가 들어간다면 더욱 그렇다. 상대방의 의도를 70~80퍼센트만 이해하는 상황에서 140자로 이야기를 나누다 보면 당연히 대화는 산으로 가고 결국 양측 모두 딴소리를 하는 단계까지 간다.

는 트위터 사람들을 함정에 빠뜨리기 딱 좋은 문장이다. 단호하고 짧고 사람들의 신경을 긁으며 무엇보다 틀린 말 같다. 세상의 서사 예술은 사연 있는 악당들의 이야기로 가득하다. 맥베스 부부, 샤일록, 롱 존 실버, 애니 윌크스, 노먼 베이츠, 다스 베이더를 빼면 서사 예술의 창고는 얼마나 심심해질 것인가. 무엇보다 누가 악인인지 우리가 어떻게 아는가? 우리가 그렇게 쉽게 다른 사람의 서사를 금지하거나 빼앗을 수 있을까?

하지만 모든 문장은 맥락 안에 존재하고 이들은 대부분 효과를 위해 단순화된다. '악인에게 서사를 주지 말라.' 역시 구체적 맥락 안에서 구체적 의도를 담아 만들어진 문장이다. 그리고 이것은 지저분하고 장황하지만 상대적으로 더 정확한 문장으로 다음과 같이 고칠 수 있다.

악인의 이야기에 집착할 바엔 그 시간에 선인의 이야기에 집중하는 게 낫다.

이렇게 보면 이 문장이 어떤 맥락에서 나왔는지 짐작할 수 있다. 문학이나 영화가 아닌 현실 세계에서 구체적인 예를 찾아보자. 2022년 9월 16일 오후, 서울시의회 시정 질문에서 이상훈 더불어민주당 서울시의원은 이틀 전인 9월 14일에 일어난 신당역 역무원 살인 사건을 언급하며 "좋아하는데 안 받아주니 여러 가지 폭력적인 대응을 남자 직원이 한 것 같다."라고 말해 논란을 일으켰다. 이 의원은 이어서 "서울교통공사에 들어갈 정도면 나름 열심히 사회생활과 취업 준비를 했을 것"이라며 가해자 전주환의 사연을 멋대로 상상하기까지 했다. 이렇게 긴 이야기가 아무 브레이크 없이 이어졌다는 건 이 의원이 살인범에게 불필요하고 과도한 이해심을 부여하는 행위가 2차 가해라는 사실 자체를 이해하지 못했다는 걸 보여준다.

누군가가 분노하며 악인에게 서사를 주지 말라고 외쳤다면, 그 사람은 십중팔구 이와 비슷한 사건이 뉴스와 인터넷을 통해 끊임없이 보도되는 상황을 떠올렸을 것이다. 우선 불평등한 삶의 조건이 주어져 있다. 신당역 살인 사건의 경우는 여성혐오적이고 성차별적인 환경이다. 스토킹과 협박을 일삼던 남자가 끔찍한 살인을 저지른다. 수많은 이들이 고통스럽게 죽어간 피해자 대신 자신의 준거집단에 속한 이 남자의 사연을 이해하려 한다. 그들은 자신과 살인범을 분리할 수 없기 때문에 살인범의 사연은 그들의 알리바이다. 실제로 사건이 일어난 지 얼마 되지 않아 여러 남초 게시판에는 살인자가 무고의 희생자이며 살인은 정당방위라는 글들이 올라오기도 했다. 이 상황은 혐오스럽고 어리석고 추하고 사악하다. 당연히 누군가가 멈추라고 외쳐야 한다.

사례들의 폭을 조금 더 넓혀보자. 지금도 잭 더 리퍼에서 제프리 다머에 이르는 수많은 연쇄 살인자들에 대한 영화나 책이 만들어지고 있다. 그중 상당수, 특히 잭 더 리퍼의 경우는 과할 정도로 낭만화된다. 과연 이들이 그럴 가치가 있는 존재인가? 이야기꾼에게 소재 선택을 강요할 수는 없다. 하지만 이들은 자신이 택한 소재의 의미에 대해 고민해야 할 의무가 있다. 그 어느 것도 그냥 이야기로만 끝나지는 않는다. '영화는 영화로만', '코미디는 코미디로만' 같은 말들은 비겁한 거짓말이다. 우리가 세상을 향해 던진 모든 것은 세상에 영향을 끼친다. 서사 예술이라고 다를 이유가 없다. 아니, 서사 예술은 특히 더 그렇다.

폭은 조금 더 넓어진다. 다머는 옆집에 사는 평범한 준법 시민보다 화두로 삼기에 재미있는 사람일 것이다. 무언가를 하는 사람이 하지 않는 사람보다 분명 더 재미있기 마련인데, 그 무언가가 보통 사람들이 하지 않거나 못하는 것이라면 더더욱 그렇다. 우리가 직접 경험으로 도달하지 못하는 인간의 어두움을 이해하는 작업에도 분명 의미가 있다. 하지만 이런 인간들을 이해하고 공감하는 행위에 감상자가 생각하는 것만큼 깊은 의미가 있을까. 선을 공부하는 건 과연 그렇게 피상적이고 재미없는 일일까. 악당은 과연 우리가 생각하는 것처럼 재미있을까?

모범적 악당을 논하기 위한 두 개의 입구:
한스 그루버와 원상아

모범적인 악당 이야기를 해보자. 많은 사례가 있겠지만 여기서는 「다이 하드」의 한스 그루버를 데려오겠다. 독일 출신의 테러리스트인 줄 알았는데 알고 보니 강도였던 남자다. 그는 크리스마스이브에 LA 나카토미 빌딩에서 부하들과 함께 인질극을 벌이며 한몫 챙기려다가 때마침 빌딩 안에 있던 뉴욕 경찰 존 매클레인과 한판 붙게 된다. 부하들은 한 명씩 매클레인에게 살해당하고 그루버도 마지막에 빌딩에서 떨어져 죽는다.

　가장 먼저 주목할 부분은 그루버가 무척 매력적인 인물로 만들어졌다는 것이다. 첫 등장부터 이 남자는 관객들의 시선을 단번에 사로잡는다. 대놓고 야비함을 과시하지만 유럽적 교양과 중심 악당으로서 마땅히 가져야 할 카리스마가 있다. 물리적으로 위협적이지는 않

한스 그루버 ⓒ20세기폭스

지만(총 쏘는 장면도 많지 않다. 여담이지만 그루버를 연기한 배우 앨런 릭맨은 총 쏘는 연기가 형편없었다고 한다.) 그런 건 근육질 부하들이 보충해준다.

한마디로 영어권에서 'love to hate'라는 표현으로 설명되는 인물이다. 관객들은 그루버에 매료되고 그가 등장할 때마다 재미있어 하지만 이 남자를 주인공인 매클레인을 좋아하는 것과 같은 방식으로 좋아하거나 공감하지는 않는다. 그루버가 매클레인에 의해 몰락하고 그를 통해 카타르시스를 느끼길 바라지만, 그렇다고 이 영화에서 관객들이 가장 싫어하는 인물도 아니다. 가장 싫어하는 사람은 기회주의자인 회사 임원이나 무능한 FBI 요원들일 것이다. 이들에 대한 관객들의 감정은 현실 세계에서 싫어하는 사람들에게 느끼는 감정과 비슷해서 즐거움이 없다. 하지만 한스 그루버를 싫어하는 건 즐겁다. 영화 바깥의 현실 세계에서 쉽게 느낄 수 없는 경험이다.

이 균형 감각은 앨런 릭맨과 시나리오 작가들이 만들어낸 화려한 개성과 캐릭터 자체의 평면성이 적절한 조화를 이룬 결과이다. 영화는 그루버에게 탐욕과 사악함 외에 다른 동기를 주지 않는다. 그루버를 보다 이해할 수 있거나 공감할 수 있는 인물로 만드는 것은 불필요하기도 하지만 일단 부도덕하기 때문이다. 무엇보다 더 사실적이다. 대부분의 경우 악은 얄팍하다.

같은 게임을 보다 정교하게 하는 작품이 tvN 드라마 「작은 아씨들」이다. 루이자 메이 올컷이 창조한 캐릭터들을 현대 한국인으로 바꾼 뒤 마치 올컷이 『작은 아씨들』 이전에 썼을 법한 선정적인 멜로드라마에 집어넣은 듯한 이 이야기의 최종 악역은 서울시장 후보인 박재상의 아내 원상아다.

원상아는 그루버보다 훨씬 복잡하고 입체적인 인물처럼 보인다. 일부는 사실이다. 그루버보다 훨씬 복잡한 사연이 있고 그 때문에 더 뒤틀려 있다. 끔찍한 가정 폭력과 겹겹으로 쌓인 성차별의 희생자다. 이 설정을 정리하기 위해 김고은이 연기한 오인주는 극 후반부에 기나긴 '명탐정' 대사를 읊으며 원상아의 내면과 동기를 설명한다. 하지만 악인으로서 원상아가 저지르는 궁극적 행동은 대부분 단순한 동기를 따른다. 권력욕, 재미, 계급적 혐오. 악은 복잡한 고민을 잘라낸 지름길, <u>고르디우스의 매듭</u>인 경우가 많다. 각본은 원상아를 이해하고 설명하지만 공감하지는 않는다. 비비 꼬인 과거사를 통해 만들어졌지만 원상아는 여전히 악당의 단순함을 유지한다.

캐릭터의 복잡성은 대부분 서술 형식에서 나온다. 처음에 드라마는 원상아가 어떤 비중의 인물인지도 말해주지 않는다. 다음에는 사치에 익숙한 단순하고 어리석은 여자로 그린다. 그다음에는 남편에게 학대당하는

고르디우스의 매듭

까다롭게 꼬여 보통의 방법으로는 풀 수 없는 문제를 가리키는 표현. 그리스 신화에서 프리기아 왕 고르디우스는 신에게 제물로 바친 자신의 수레를 아주 복잡한 매듭으로 신전 기둥에 묶어둔 뒤 이 문제를 해결하는 사람이 장차 아시아를 지배하게 될 것이라 예언한다. 사람들은 매듭을 풀기 위해 애쓰다가 실패한 데 반해, 마케도니아 왕 알렉산드로스는 칼로 고르디우스의 매듭을 잘라냄으로써 예언의 주인공이 된다.

피해자처럼 그린다. 물론 어느 정도 지나면 시청자들은 이 모든 것이 연극이고 원상아가 최종 보스라는 것을 거의 확신한다. 오프닝 타이틀부터 모든 사태를 조종하는 인물이 여자임을 보여주니 저기에 다 속을 만큼 눈치 없기도 힘들다. 그럼에도 이 몇 겹의 레이어는 기본적으로 단순한 인물인 원상아를 훨씬 재미있게 만든다. 시청자를 매료시키는 악역을 만들기 위해 쓸데없이 감정을 이입할 필요가 없는 것이다.

셰익스피어 악역의 스펙트럼: 맥베스, 이아고, 샤일록

이번에는 셰익스피어로 가보자. 맥베스 부부와 샤일록은 앞서 거론한 '사연 있는 악인' 목록에도 등장한 바 있다. 「작은 아씨들」에도 「맥베스」가 언급된다. 원상아의 딸 효린과 주인공 세 자매 중 막내인 인혜는 학교에서 「맥베스」 연극을 연습한다. 맥베스 역의 효린은 자신이 연쇄 살인마를 연기하고 있다고 엄마에게 말한다. 맥베스 부인을 맡은 인혜는 여기에 잽싸게 서사를 부여한다. "왕이 되려면 사람 몇 명은 죽일 수 있지." 「작은 아씨들」 역시 권력을 위해 수많은 사람을 죽이는 악당들의 이야기이니 아무 함의 없이 나온 대사가 아니다.

액면으로만 보면 「맥베스」에 대한 효린의 설명에는 아무런 왜곡이 없다. 맥베스는 연극이 진행되는 동안 수많은 사람들을 연속으로 죽인다. 연쇄 살인범의 현대적 정의에 완전히 부합하는 건 아니지만 마냥 틀린 말도 아니다. 하지만 시청자들은 이 해석을 받아들일 때까지 몇 초의 버퍼링을 거친다. 그건 셰익스피어가 이 부부를 악역으로 그리지 않았기 때문이다.

맥베스 부부는 왜 악역이 아닌가? 반동인물antagonist이 아니기 때문이라고 설명할 수도 있다. 하지만 같은 작가의 리처드 3세는 반동인물이 아니면서도 악역이다. 두 인물이 더 복잡하고 깊이 있기 때문이라고 설명할 수도 있다. 하지만 이러면 악역의 정의를 또 손보아야 한다. 악역이 그냥 악을 행하는 사람을 가리키는 말이 아니라고?

맥베스 부부는 확실히 성능 좋은 악역은 아니다. 이들의 복잡성은 기능적인 악역 수행을 꾸준히 방해한다.

다들 생각이 너무 깊고, 상상력이 지나치게 풍부하고, 겁이 많다. 그리고 이 희곡을 이루는 주제와 이야기는 그런 선택을 안 할 수도 있었고 그 선택이 어울리지도 않았던 두 사람이 악행에 빠졌다가 계속 실패하는 과정에서 나온다.

이 두 사람은 전형적인 악당보다 추리 소설의 범인에 가까운데, 그렇다면 추리 소설의 범인은 왜 악당이 아니냐는 질문이 나올 법도 하다. 추리 소설의 범인은 꼭 악당이 아닐 수도 있다. 모든 사람이 잠재적인 살인범이라는 것이 추리 소설의 기본 조건이 아니던가.(제임스 서버는 「맥베스 살인 미스터리」에서 「맥베스」를 미해결 살인 사건으로 보는 추리 독자를 등장시킨다.) 하지만 그렇다면 악당만이 악역이 될 자격이 있는 것인가? 여기서부터 우리는 또 혼란스러운 정의定義의 함정에 빠진다. 우린 셰익스피어가 훌륭한 기능적 악역을 만든 경험이 있으며 맥베스 부부는 그들과 완전히 다른 사람들이라고 말할 수밖에 없다.

「오셀로」의 이아고는 셰익스피어가 창조한 가장 완벽한 악역이다. 그리고 이 캐릭터의 가장 선명한 특성은 복잡한 내면 따위가 없다는 것이다. 심지어 우리는 이 남자의 동기도 제대로 기억하지 못한다. 제 입으로 캐시오에 대한 질투를 운운하지만, 그가 저지르는 거대한 악행에 걸맞지 않기 때문에 아무도 이런 설명을 진지하게 생각하지 않는다.(새뮤얼 테일러 콜리지는 이 캐릭터를 분석하며 '동기 없는 악'에 대해 이야기했다.[3]) 그렇다고 그냥 여기서 멈출 수는 없는 노릇이기에 수많은 평론가와 배우들이 이 남자의 내면을 상상하고 분석한다. 하지만 맥베스 부부 때와 달리 이런 해석들은 쉽게 하나로 수렴하지 않는다. 「오셀로」에서 중요한 것은 이아고의 내면이 아니라 악행 자체이기 때문이다. 그리고 이는 다른 많은 악역들에도 해당된다.

악역의 가장 큰 존재 이유는 악행이다. 사악하기 짝이 없는 내면을 가진 인물이 자기 생각을 행동에 옮기지 않는다면 우린 그 사람에게 신경을 쓸 이유가 티끌만큼도 없다. 그리고 그 절제 능력 때문에 그 사람은 실제로 그렇게 사악하지 않은 존재가 된다. 오로지 행동만이 악당을 만든다.

샤일록은 맥베스에서 이아고로 이어지는 스펙트럼의 중간에 위치한다. 그것은 아마도 실수 때문인데, 그 시대에 유대인을 소재로 만들어진 다른 작품들이 그렇듯 「베니스의 상인」은 대놓고 반유대주의를 휘둘러댄다. 당시 관객들은 혐오스러운 유대인 악당이 멸망하는 모습을 구경하면서 신이 났을 것이다. 하지만 셰익스피

---

3   Samuel Taylor Coleridge, Reginald A. Foakes (ed.), *Lectures 1808-1819 on Literature*, Vol. 2, Princeton University Press, 1987, p. 315.

어는 습관적으로 이 인물에게 내면을 불어넣는다. 기독교 국가에서 유대인으로 당했던 차별, 죽은 아내에 대한 추억이 삽입된다. 그리고 어느 단계부터 샤일록은 이 희곡의 가장 입체적인 인물이 된다.

여전히 셰익스피어 시대의 관객들은 샤일록을 저주했을 것이다. 기능적으로 악역이라는 사실은 달라지지 않기 때문이다. 하지만 21세기의 관객들이 그렇게 단순하게 보는 것은 불가능하다. 샤일록은 그 오랜 세월을 거치며 주인공의 영혼을 얻어버렸다. 이제 이 노년의 유대인은 이아고와 다르게 기능하는 별개의 캐릭터다.

절대악에게는 금지된 공감과 이해:
악을 논하는 『레 미제라블』의 엄격한 규칙

빅토르 위고의 『레 미제라블』만큼 인간의 선과 악에 대해 이야기하기에 좋은 텍스트는 많지 않다. 이 책의 캐릭터들을 선악의 관점으로만 이해하는 것은 위고의 의도를 왜곡하는 것이긴 하다. 이들은 모두 18세기 말에서 19세기 초로 이어지는 프랑스 정치·사회 시스템의 산물이고 어느 누구도 스스로의 존재를 완벽히 책임질 수 없었기 때문이다.

『레 미제라블』에는 수많은 반동인물과 악역이 존재

한다. 그중 가장 두드러지는 사람은 역시 자베르다. 장 발장과 거의 대칭을 이루는 인물인데, 이 둘은 분열된 한 사람이나 마찬가지다. 위고는 범죄자로 명성을 떨쳤다가 훗날 명탐정으로 거듭난 외젠 프랑수아 비도크의 인생에서 영감을 얻어 장 발장과 자베르를 창조했기 때문이다.

그러나 자베르는 악역이 아니다. 경찰 집단에 속한 공무원으로서 자신의 임무에 충실한 이 캐릭터에는 악의가 결여돼 있다. 자신의 임무에 지나치게 엄격해 결국 무고한 희생자를 내기도 하지만 악의는 없다. 그리고 그 엄격함은 자기 자신에게도 예외는 아니다. 자베르는 단순한 사람이지만, 위고는 후반부 한 챕터를 할애해 입체적 인물에게서만 엿볼 수 있는 정교한 갈등을 그에게 부여한다. 그 갈등의 결과가 자살이라는 사실은 이 인물의 존재론적 한계를 잔인하게 폭로해버리지만.

그렇다면 악역 캐릭터들은 어떤가? 여기서 좀 재미있어진다. 『레 미제라블』의 캐릭터들 대부분은 다양한 회색의 존재들이고, 어느 누구도 완벽하게 결백하지 못하다. 장 발장이라는 캐릭터의 매력도 그가 초인적으로 선을 추구함에도 원하는 순수성에 도달하지 못했다는 데 있다. 하지만 이 소설에는 순수한 악이 종종 등장한다. 대표적인 예가 테나르디에 부부이다. 위고는 이들이 프랑스 사회의 그림자 밑에서 어떻게 만들어졌으며 어떤 이유로 이렇게 생각하고 행동하는지를 공들여 기술한다.

그럼에도 악역으로서 이들의 평면성은 책이 끝날 때까지 유지된다. 불한당 파트롱미네트를 묘사할 때도 마찬가지이다. 위고는 이들이 범죄자가 된 책임을 당사자에게 지우지 않지만 그 존재의 상태 자체에 대해서는 단호하기 짝이 없다. 『레 미제라블』에서 위고 자신이 한 말을 가져와볼까.

> 인류는 곧 동일성이다. 모든 사람들은 같은 진흙으로 빚어졌다. 그들의 운명 또한, 적어도 이 지상에서만은, 서로 간에 아무런 차이가 없다. 인간이기 이전에는 같은 암흑이었고, 인간인 동안에는 같은 살이며, 인간 상태 이후에는 같은 재가 될 것이다. 하지만 인간이라는 반죽에 무지가 섞여 그것을 검게 만든다. 그 지워지지 않는 검은 색이 인간의 내면으로 침투하여 그곳에서 '악'으로 변한다.[4]

위고에게 악은 단순하고 불변하는 것이다. 악에 감염된 것은 순수한 악일 뿐 여기에 쓸데없는 기대를 품을 필요는 없다. 다채로운 인간 군상에도 불구하고 『레 미제라블』은 '악인에게 (불필요한) 서사를 주지 말라.'의

---

4 빅토르 위고, 『레 미제라블 3』, 이형식 옮김, 펭귄클래식코리아, 2020, 219쪽.

듀나

테나르디에 부부 ⓒ귀스타브 브리옹

규칙에 충실하다. 공감과 이해의 노력은 변화의 가능성이 있는 사람들에게 집중적으로 투입돼야 한다. 위고가 테나르디에 부부에 대해서는 단호하지만 그들의 아이들인 에포닌과 가브로슈에게는 한없는 애정을 쏟고 있는 모습을 보라.

악당이 주인공인 이야기는 왜 재미가 없을까

위고가 묘사한 '악'은 제한된 조건에서 만들어지는 특별한 종류의 것인가? 위고는 테나르디에 부부와 파트롱미네트를 통해 프랑스 사회의 밑바닥에서 어떤 종류의 악이 태어날 수 있는지를 보여주었다. 하지만 어디에서 어떤 방식으로 태어나건 악 자체의 단순함은 바뀌지 않는다. 그렇다면 과연 악은 사람들이 생각하는 것만큼 이야기의 재료로 재미있는 것인가?

여기서 퍼트리샤 하이스미스의 톰 리플리를 거론하지 않을 수 없다. 하이스미스가 창조한 유일의 고정 캐릭터인 리플리는 다섯 편의 소설에서 아무런 양심의 가책도 느끼지 않고 수많은 사람을 죽이지만 늘 무사히 법망에서 빠져나간다. 그렇다면 이런 악인에게 다섯 편의 장편을 이끌 만한 매력과 재미가 있다는 걸까?

꼭 그렇지는 않다. 톰 리플리가 문학 작품의 캐릭터로서 매력적인 건 아직 초보 범죄자로서 자신의 행적이 들통날까 봐 걱정하는 『재능 있는 리플리』 때뿐이다. 그 후 몇십 년에 걸쳐 속편들이 이어지면서 리플리는 완전 범죄를 저지르는 작은 초인으로 거듭나고 캐릭터로서 매력을 조금씩 잃어버린다.

그렇기 때문에 하이스미스는 다른 캐릭터를 만들어 이야기에 의미를 부여한다. 일례로 『리플리의 게임』을 재미있게 만드는 건 리플리가 아니라 조너선 트레바니라는 평범한 불치병 환자다. 리플리는 그 남자의 인생에서 일종의 기계 장치의 신처럼 등장할 때 의미를 가진다. 그 밖에도 하이스미스의 소설은 '절대로 잡히지 않는 완전 범죄자가 아닌' 일회용 캐릭터가 주인공일 때 더 재미있다.

역시 절대로 잡히지 않는 전업 범죄자 파커를 주인 공으로 한 리처드 스타크(도널드 웨스트레이크)의 소설들은 어떤가? 파커 시리즈에는 늘 더 나쁜 악당들이 있고, 그들에 비하면 그래도 파커는 좀 낫다. 한마디로 파커는 주인공 노릇을 하면서 그럭저럭 회색을 유지한다. 그렇지 않다면 이야기가 성립되지 않기 때문이다. 그리고 이런 특성은 리플리 시리즈의 속편에도 해당된다.

토머스 해리스의 한니발 렉터는 어떤가? 최근 몇십 년 동안 가장 인기 있던 허구의 캐릭터가 아닌가? 하지만 렉터가 가장 재미있었을 때는 비교적 조연인 『레드 드래곤』과 『양들의 침묵』에서였다. 단독 주연작인 『한니발』부터는 슬슬 재미가 없어졌고 캐릭터 기원담인 『한니발 라이징』에서는 한숨만 나올 뿐이었다. 왜였을까? 그건 렉터가 오로지 조연으로 등장할 때만 빛을 발하는 캐릭터이기 때문이다. 그것도 비교적 좋은 면을 보여주었을 때.

『양들의 침묵』을 보라. 이 소설은 과거의 상처를 극복하고 연쇄 살인마에게 납치된 여자를 구하기 위해 최선을 다하는 FBI 훈련생인 클라리스 스탈링이 주인공이기 때문에 의미가 있다. 렉터는 여전히 살인과 식인의 습관을 버리지 못하지만, 적어도 그 소설에서는 스탈링을 도와 연쇄 살인마를 잡기 위해 최선을 다한다. 렉터와 스탈링은 일종의 사제지간이며 이야기의 매력도 거

「양들의 침묵」의 한니발 렉터 ⓒ오라이언픽처스

기에서 나온다. 렉터가 그 앞뒤로 벌이는 살인과 식인은 이야기와 관계에 긴장감을 불어넣지만 끝까지 양념으로 남는다.

렉터가 주인공이 되는 순간, 해리스는 이 인물을 어떻게 다루어야 할지 감을 잃어버린다. 더 불쾌한 악인도 등장시켜본다. 스탈링과의 관계도 발전시켜본다. 하지만 무엇을 해도 『양들의 침묵』만큼 재밌지는 않은데, 구경하기엔 재밌어도 온전히 공감할 수 없는 악인을 주인공으로 내세워 이야기를 끌어가는 데는 한계가 있기 때문이다. 프리퀄인 『한니발 라이징』에서는 그 악인의 사연을 이해해보자는 단계까지 갔다. 하지만 그 책은 렉터 같은 캐릭터는 멀리서 잠깐 볼 때 가장 매력적이라는 당연한 사실을 또다시 증명할 뿐이었다. 그리고 그건 악당들 대부분이 그렇다.

작가의 손을 떠난 이야기가 음모론자들의 먹잇감이 될 때

다시 정리해보자. 인기 있고 성공적인 악역들은 대부분 몇 가지 분류 안에 들어간다.

가장 모범적인 건 역시 반동인물의 역할에 충실한 악당인데, 한스 그루버 등이 여기에 속한다. 이들에겐 사연이 주어지더라도 관객에게 100퍼센트의 공감을 요구하지 않는다. 그 때문에 주인공에겐 부여할 수 없는 입체적이지만 극단적인 캐릭터를 만들어내는 것도 가능하다. 「미저리」의 애니 윌크스가 여기 속한다. 단지 이런 경우에는 주인공이 따로 필요하다. 프레디 크루거처럼 성공적인 호러 악당의 경우에도 개별 영화에서는 실질적으로 주인공 노릇을 하는 '기능성 주인공'이 있어야 한다. 두 호러 시리즈의 악역을 붙여놓으면 재미없는 것도 그 때문이다. 여전히 기능성 주인공이 필요하지만, 그 캐릭터가 두 악역 사이에서 존재감을 드러낼 가능성은 별로 없다.

다음으론 상대적으로 덜 악한 악역, 또는 아주 극악하더라도 뜻밖의 선을 보여주는 인물이 있을 수 있다. 『보물섬』의 롱 존 실버가 여기에 속한다. 롱 존 실버의 가장 큰 매력은 주인공 짐 호킨스를 진심으로 좋아한다는 것이다. 한니발 렉터의 경우도 마찬가지다. 사람들이 복잡하거나 입체적이라고 생각하는 것은 사실 악행들 사이로 드문드문 튀어나오는 선이다.

자신을 악인이라고 생각하지 않는 반동인물도 있다. 그중 일부는 실제로 악역이 아니기도 하다. 「블랙 팬서」의 에릭 킬몽거, 많은 전쟁물의 상대 등이 이에 속한다. 그러므로 나폴레옹 시대를 배경으로 한 전쟁물에서 악역을 찾다가는 길을 잃기 십상이다.

악행을 저지른 사람을 악역이 아닌 주인공으로 다루는 경우도 있다. 앞에서 말한 맥베스 부부, 『죄와 벌』의 바실리 라스콜니코프 등이 이에 속한다.

분류는 계속 이어질 수 있지만 여기서부터는 보르헤스의 중국 백과사전과 비슷해진다. '악역이 아닌 주인공'을 운운하는 순간부터 분류는 벌써 이상해졌다. 다만 아무리 공들여 구분해도 언제나 예외가 되는 존재들은 있다. 예를 들어 「스토커」의 인디아 스토커는 어디에 속하는가. 맥베스 부부나 라스콜니코프와 같은 부류에 넣자니 진행 방향이 너무 다르다.

중요한 건 모든 훌륭한 캐릭터가 인간의 다양한 측면을 설득력 있게 그리는 과정 중에 만들어진다는 것이다. 악역으로 설정된 캐릭터들은 그 극한을 실험할 수 있는 장場이다. 악역이 일종의 실험 대상이라는 말은 그들 상당수가 실패할 가능성이 있음을 뜻한다. 실패가 당연한 것이 실험이고 탐험이니까. 그렇다면 성공한 걸 취하고 나머지는 버리면 되지 않을까?

듀나

보르헤스의 중국 백과사전

17세기 영국의 자연 철학자 존 윌킨스는 인간 사고 전체를 조직하고 표현하는 보편 언어를 만들어내려 했다. 하지만 호르헤 루이스 보르헤스는 우주를 불과 마흔 개의 범주로 분류하려는 윌킨스의 시도가 지극히 작위적이었다고 지적하면서 이를 중국의 어느 백과사전에 빗댔다. 제각기 무질서한 범주와 층위의 항목들이 무한히 이어지는 이 사전은 사실 실존하는 게 아니라 보르헤스가 허구로 지어낸 것이었다.

그런데 그게 그렇게 간단하지 않다. 가장 큰 문제는 우리가 선과 악을 구분하는 능력이 심하게 떨어진다는 것이다. 모든 주인공과 악당이 존 매클레인과 한스 그루버 같다면 세상은 단순할 것이다. 하지만 우린 그런 세상에 살고 있지 않다. 그리고 이처럼 단순하지 않은 세상에서 나오는 이야기들은 당연히 혼란스럽다.

아주 오래토록 읽히고 사랑받는 고전에도 혼란은 있다. 샬롯 브론테의 『제인 에어』는 여전히 사랑받는 소설이지만. 현대 독자 상당수는 제인의 이야기를 재미있게 읽으면서도 에드워드 로체스터를 악당으로 볼 것이다. 그리고 버사 메이슨의 입장에서 같은 사건을 바라본 『광막한 사르가소 바다』에서 로체스터는 진짜로 악당이다.

이런 독해는 세월이 흘러 사람들의 사고방식이 바뀌며 가능해진 것이다. 그렇다면 지금 나오는 작품들에 대한 의견은 상대적으로 통일돼야 하지 않느냐고 되물을 수도 있다. 그렇지 않다. 지금의 세계에는 그 어느 때보다 다양한 생각을 가진 다양한 사람들이 산다. 그리고 인터넷과 소셜미디어라는 도구를 갖게 되자, 이전엔 그냥 무시될 법한 의견을 가진 사람들도 요란한 목소리를 내기 시작했다. 21세기에는 지구가 평평하다고 믿는 음모론자들이 19세기보다 더 많다. 세상이 어쩌다 이렇게 되었는가.

다양함에 대해 이야기했지만, 사실 이런 음모론자 대부분은 그냥 틀렸다. 예전 같았으면 눈치 보며 입 다물고 있었을 인종차별주의자, 성차별주의자, 계급차별주의자들이 비슷비슷한 무리들과 어울리며 자신감을 얻어 기고만장해 있다. 나는 순전히 동네 정보를 얻기 위해 가끔 지역의 인터넷 카페를 들어가 보는데, 커뮤니티 이용자들의 외국인혐오와 계급주의에 질색하며 도망치는 게 한두 번이 아니다. 이게 나치 소굴이 아니면 뭔가 싶다. 유달리 이곳에 그런 사람들만 모인 것일 뿐 바깥세상은 더 나은 상황이길 바라지만 그런 희망은 날이 갈수록 점점 스러져 간다.

이런 '다양성'이 늘어난다면 그 사람들은 서사 예술 속 악역을 어떻게 받아들일 것인가? 조금이라도 자신들을 대표할 여지나 이해받을 사연이 엿보인다면 창작자의 의도와 상관없이 그 캐릭터에 집착할 것이다. 꼭 악역은 아니지만, 앨런 무어는 자신이 『왓치맨』에서 불쾌

『비포 왓치맨: 코미디언/로어셰크』 한국어판

하고 시시한 남자로 그린 로어셰크에게 그토록 많은 팬이 있다는 사실에 당황했다고 고백한다.[5] 로어셰크에 매료된 인간들이 작가가 불쾌하게 묘사한 것을 진짜 불쾌한 무언가로 봤을 리 없다. 그들에겐 그게 당연한 일상이었을 테니.

원래 독자나 관객들은 창작자의 말 따위는 듣지 않는다. 샬럿 브론테가 아무리 로체스터가 세상에서 가장 매력적인 남자라고 우리를 설득해도, 나는 그가 가진 백인 남자 특유의 재수 없음을 무시하지 못한다. 창작

---

5 M.H. Miller, "The Grand Return of Comics Legend Alan Moore," *GQ*, October 18, 2022, https://www.gq.com/story/alan-moore-interview, 2023년 2월 13일 접속.

자가 상상하지 못했던 방향으로 창작물이 해석되지 않는다면 예술 작품의 감상은 권태롭기 그지없을 것이다. 반면 훌륭한 작품은 창작자가 예상치 못한 해석을 품고도 기꺼이 살아남을 것이다.

유독한 팬덤의 시대, 창작된 악역을 어떻게 다뤄야 할까

문제는 시시한 인간들의 목소리가 나날이 커지는 지금과 같은 시대엔 이 자유로움이 종종 독이 된다는 것이다. '유독한 팬덤 toxic fandom'은 이를 보여주는 가장 대표적인 사례인데, 내가 그럭저럭 한쪽 발을 담그고 있는 「스타 워즈」 팬덤에서 가장 심각하게 나타나고, 한국에서도 주류적 인기를 얻고 있는 마블 시네마틱 유니버스도 예외는 아니다. 이들 팬덤은 어느 모로 보나 자신들보다 평균적으로 유능한 창작자들이 이전과 다른 방향으로 시리즈를 진보시킬 때마다 창작자와 배우, 캐릭터를 향해 끔찍한 공격을 퍼붓는다. '나의' 「스타 워즈」는, '나의' 마블은 이렇지 않다며 불만을 잔뜩 품은 채로.

주인공에게 만족하지 못한 이들 팬덤의 동일시는 어디로 향할까. 역시나 악역에게 간다. 최근 이런 부류에게 인기 있는 캐릭터 셋을 들면, 「매드 맥스: 분노의 도로」의 이모탄 조, 마블 유니버스의 타노스, DC 코믹스

유독한 남성성 toxic masculinity

사회에(나아가 궁극적으로는 남성 본인에게) 위해가 되는 남성적 행위를 총칭하는 말. 사회에서 정상적 남성으로 인정받기 위해 드러내는 지배 의식, 폭력성, 공격성을 비롯해 여성과 동성애를 향한 멸시나 조롱, 감정 표현의 억제 등이 포함된다.

의 조커가 있다. 이들에겐 모두 어느 정도 사연이 있다. 하지만 이들을 공통되게 하는 건 사연이 아니라 다양한 모양의 <u>유독한 남성성</u>이다. 그리고 그중 상당수는 창작자가 의도한 것이 아니다.

「변호사 쉬헐크」는 이 유독한 팬덤의 문제를 정면으로 다룬다. 「앨리 맥빌」의 무대를 마블 유니버스로 옮겨놓은 듯한 이 법정 시트콤의 최종 악당은 인텔리젠시아 Intelligentsia라는 남초 웹사이트의 회원들이다. 처음부터 마블의 여성혐오자 팬들처럼 말하고 행동하던 이들은 주인공 제니퍼 월터스가 '올해의 여성 변호사'로 선정돼 상을 받는 순간 휴대폰을 해킹해 훔친 동영상을 터트린다. 그러니까 이들은 현실 세계의 흔한 시시한 부류처럼 행동하는 것이다.

토니 스타크를 추종하는(현실 세계에 대입한다면 일론 머스크 추종자쯤 될 것이다.) 인텔리젠시아 운영자는 제니퍼의 피를 주사해 본인도 헐크가 되려고 한다. 그런데 그가 흔한 마블 빌런이 되려고 시도하는 순간, 제니퍼가 말 그대로 제4의 벽을 부수고 나오는 독특한 연출이 등장한다. 제니퍼는 극중 마블 유니버스의 조종자인 인공지능 케빈[6]과 담판을 짓고, 이 이야기를 흔한 마블 빌런의 기원담으로 만들려던 계획을 백지화한 뒤 결말을 바꿔버린다. 인텔리젠시아 운영자는 마블 악당이 될 기회도 얻지 못하고 곧장 체포돼 유치장에 들어간다.

어쩌면 이 엔딩이야말로 '악당에게 서사를 주지 말라.'의 모범 답안이 아닐까. 「변호사 쉬헐크」의 결말은 슈퍼히어로 서사에 대한 근본적인 질문을 던진다. 거대한 개인이나 소수 집단만큼이나 오합지졸 패거리가 세상에 해를 끼치는 시대가 됐다. 이런 시대에 슈퍼히어로 서사에는 어떤 의미가 있는가.

이런 세계에서 우리는 창작물의 악역을 어떻게 다루어야 할까. '악역에게 서사를 주지 말라.'는 그 물음에 대한 하나의 답이다. 하지만 서사를 주지 않고 악역을 최대한 단순히 만들어도 누군가는 결국 그 악당을 옹호할 핑계를 찾아내 제멋대로 서사를 덧붙일 것이다.(다시 신당역 살인 사건을 참고하라.)

이건 전선 없는 전쟁이고 우리가 아무런 책임을 지

---

6 K.E.V.I.N. '지식 강화 비주얼 상호 연결 집합체Knowledge Enhanced Visual Interconnectivity Nexus'의 줄임말. 실제 마블 스튜디오 대표이자 마블 유니버스의 설계자인 케빈 파이기를 모티브로 만들어졌다.

제4의 벽

연극 무대와 객석 사이에 존재하는 가상의 벽을 가리키는 용어. 18세기 중반 드니 디드로가 최초로 개념화했고, 그 후 서사 예술이 다양한 매체와 형태로 발전하며 영화, 텔레비전 드라마 등으로까지 자연스레 통용됐다. 하지만 20세기부터 이를 탈피하려는 새로운 연출과 실험도 등장했다. 그 결과 오늘날에는 영화 「데드풀」처럼 극중 인물이 관객이나 시청자에게 직접 말을 건네는 작품들을 적잖이 만나볼 수 있다.

지 않고 여기서 빠져나올 수 있을 것이라는 생각은 들지 않는다. 하나의 완벽한 해답은 없을 것이고 아마 우리는 매 창작물마다 새로운 전투를 준비해야 할 것이다. 어쩔 수 없지 않는가. '영화는 영화일 뿐', '소설은 소설일 뿐' 같은 말은 거짓말이다. 어느 작가가 세상을 향해 한마디라도 던졌다면 우린 그 말의 여파로 세상이 꿈틀거릴 것을 각오해야 한다.

이 글에 등장하는 작품

영화 「다이 하드」 존 맥티어넌 연출, 20세기폭스, 1988.

시리즈 「작은 아씨들」 정서경 극본, tvN, 2022.

희곡 윌리엄 셰익스피어

『맥베스』『리어 왕·맥베스』, 이미영 옮김, 을유문화사, 2008, 189~320쪽.

「오셀로」『셰익스피어 전집』, 이상섭 옮김, 문학과지성사, 2016, 541~590쪽.

『베니스의 상인』 이경식 옮김, 문학동네, 2011.

소설 빅토르 위고, 『레 미제라블』 1~5 이형식 옮김, 펭귄클래식코리아, 2010.

영화 「레 미제라블」 러셀 크로 주연, 유니버설픽처스, 2012.

소설 퍼트리샤 하이스미스, 『리플리』 1~5 홍성영 옮김, 그책, 2012~2014.

영화 「리플리」 맷 데이먼 주연, 패러마운트픽처스, 1999.

영화 「리플리스 게임」 존 멜커비치 주연, 파인라인피처스, 2002.

소설 토머스 해리스, '한니발 렉터' 시리즈

『레드 드래곤』 이창식 옮김, 창해, 2006.

영화 「레드 드래곤」 앤서니 홉킨스 주연, 유니버설픽처스, 2002.

『양들의 침묵』 공보경 옮김, 나무의철학, 2023.

영화 「양들의 침묵」 앤서니 홉킨스 주연, 오라이언픽처스, 1991.

시리즈 「변호사 쉬헐크」 제시카 가오 극본, 디즈니플러스, 2022.

소설 제임스 서버, 「맥베스 살인 미스터리」『제임스 서버: 윈십 부부의 결별 외 35편』, 오세원 옮김, 현대문학, 2015, 173~182쪽.

소설 리처드 스타크, '파커' 시리즈

『사냥꾼』『얼굴 없는 남자』『갱단 아웃핏』 전행선 옮김, 알에이치코리아, 2015.

소설 스티븐 킹, 『미저리』 조재형 옮김, 황금가지, 2004.

영화 「미저리」 캐시 베이츠 주연, 컬럼비아픽처스, 1990.

소설 로버트 루이스 스티븐슨, 『보물섬』 최용준 옮김, 열린책들, 2010.

영화 「블랙 팬서」 라이언 쿠글러 연출, 월트디즈니스튜디오스모션픽처스, 2018.

영화 「나이트메어」 시리즈 로버트 잉글런드 주연, 워너브라더스, 1984~.

소설 표도르 도스토옙스키, 『죄와 벌』 상·하 김희숙 옮김, 을유문화사, 2012.

영화 「스토커」 미아 바시코프스카 주연, 폭스서치라이트픽처스, 2013.

소설 샬럿 브론테, 『제인 에어』 조애리 옮김, 을유문화사, 2013.

　　　　소설 진 리스, 『광막한 사르가소 바다』 윤정길 옮김, 펭귄클래식코리아, 2008.

만화 앨런 무어·데이브 기번스, 『왓치맨 디럭스 에디션』 임태현 옮김, 시공사, 2019.

　　　　시리즈 「왓치맨」 데이먼 린델로프 극본, HBO, 2019.

영화 등 「스타 워즈」 시리즈 조지 루카스 원작, 루카스필름, 1977~.

영화 「매드 맥스: 분노의 도로」 조지 밀러 연출, 워너브라더스, 2015.

영화 「어벤저스: 인피니티 워」 조시 브롤린 주연, 월트디즈니스튜디오스모션픽처스, 2018.

영화 「다크 나이트」 히스 레저 주연, 워너브라더스, 2008.

　　　　영화 「조커」 와킨 피닉스 주연, 워너브라더스, 2019.

영화 「사이코」 앤서니 퍼킨스 주연, 패러마운트픽처스, 1960.

　　　　시리즈 「베이츠 모텔」 프레디 하이모어 주연, A&E, 2013~2017.

영화 「데드풀」 시리즈 라이언 레이놀즈 주연, 월트디즈니스튜디오스모션픽처스, 2016~.

악이 동굴에서 나올 때: 오늘의 한국 소설 속 살인자들

박혜진

『유령』(정용준)

『완전한 행복』(정유정)

『재수사』(장강명)

박혜진

문학 평론가, 문학 편집자. 『언더스토리』『이제 그것을
보았어』를 쓰고, 『82년생 김지영』『딸에 대하여』 등을
편집했다. 이화여자대학교에서 국어국문학을 전공한 뒤
2011년부터 출판사 민음사에서 편집자로 일하고 있다.
2015년 《조선일보》 신춘문예 평론 부문에 당선됐고,
제19회 젊은평론가상, 제67회 현대문학상을 수상했다.

불문율

한참 동안 망설이다 재생 버튼을 눌렀다. 실화를 바탕으로 한 넷플릭스 드라마 「다머 – 괴물: 제프리 다머 이야기」를 보기까지 전에 없이 긴 머뭇거림이 필요했다. 너무 많은 콘텐츠 사이에서 어떤 것을 봐야 할지 결정하지 못해서가 아니었다. 그건 순전히 다머와 나 사이, 일대일 관계에서 벌어진 힘겨루기에 가까웠다.

제프리 다머는 1991년 미국 사회를 충격에 빠뜨린 연쇄 살인범이다. 10년이 넘는 범행 기간 동안 그가 죽인 피해자만 열일곱 명에 달한다. 다머는 그들을 잔혹한 방법으로 죽였을 뿐만 아니라 염산으로 살을 녹이는 등 형용할 수 없는 방식으로 시신을 훼손했고 급기야는 그것을 먹었다. 드라마는 총 10부작이었는데, 고심 끝에 보기 시작했음에도 4화에서 멈추고 말았다. 계속 보고 있다가는 내 정신이 피폐해지는 걸 막을 수 없을 것 같았다.

범죄를 저지르는 사이사이 어린 시절 그의 정서에 영향을 준 사건들이 순차적으로 삽입되었다. 의도야 뻔했다. 각각의 에피소드는 그가 '만들어진 괴물'임을 보여주는 강력한 증거로 쓰였다. 그러나 방치된 성장 과정과 훗날 희대의 연쇄 살인범을 연결시켜 바라보기에는 범죄 현장을 재현하는 사실적 장면들이 가하는 충격이

악이 동굴에서 나올 때

너무 압도적이었다.

그의 가정 환경이 그가 속한 사회의 평균과 비교해 눈에 띌 만큼 불운했다고 보기는 힘들뿐더러 그런 불운과 훗날 벌어질 악행을 인과 관계로 바라보는 데는 상당히 신중한 접근이 필요하다. 두말할 필요 없이 소외로 점철된 성장 과정을 겪은 사람들이 다 반사회적 성향을 갖게 되는 것은 아니기 때문이다.

실제로 다머가 왜 괴물이 되었는지 보여주려는 제작 의도 역시 내게는 그다지 설득력 있게 다가오지 않았다. 이제 와 생각해보면 나 역시 고전적이고 사회적인 의미의 제작 의도보다 선정적이고 자극적인 묘사에 대한 병적 호기심으로 이 영상을 보기 시작한 게 아닐까 싶다. 결국 내게 남은 건 자극적 묘사뿐이었다. 영상을 보기까지 왜 그렇게 오래 망설였는지 알 것 같았다. 내가 제프리 다머라는 악인을 재현하는 방식에 동의하지 못할 줄 이미 알고 있었던 것이다.

다머 이야기를 접한 것이 처음은 아니었다. 2015년에 그래픽노블 『내 친구 다머』를 읽은 것이 먼저였다. 『내 친구 다머』는 다머의 동창이자 만화가인 더프 백더프가 쓴 회고록으로, 주변 친구들과의 인터뷰와 자신의 기억을 바탕으로 다머의 어린 시절을 회상하는 작품이다. 저자는 에필로그에서 이 글을 쓰는 데 도움이 된 자료들의 출처를 밝히며 다음과 같이 말한다. 이 책을 쓰기 위해 수십 명의 동창생, 다머와 같은 구역에 살았던 친구들, 당시 다머가 다니던 학교의 선생님들을 인터뷰했지만 가장 빈번한 대답은 "학교 다닐 때 그런 애가 있는지도 몰랐다."라거나 "한 번도 얘기를 해본 적이 없다."라는 것이었으며, 이런 대답이 많은 의미를 갖고 있다고 말이다. 회고록의 집필 의도가 드러나는 대목인 동시에 책이 출간된 2012년 당시 악을 바라보는 일반적 시선이 드러나는 지점이기도 하고, 악에 대해 기술하는 방식에 있어 내가 더 이상 긍정하지 못하는 관점이 드러나는 부분이기도 하다.

그는 다머의 악이 이해할 수 없는 이상한 소년의 기행이 아니라 소년의 기행을 내버려둔 이상한 시대의 결과라고 주장한다. 따라서 『내 친구 다머』는 그들의 성장 환경을 차지하는 중요한 배경, 즉 중산층 가족의 영혼 없는 분위기와 "세상의 무관심"을 묘사하는 데 집중한다. 어린 시절부터 첫 번째 살인을 행한 날까지의 시간만을 다루는 것 역시 그 같은 맥락과 궤를 같이한다.

"10대의 아들보다 시험관을 다루는 게 더 편한" 화학자였던 다머의 아버지나 "인생을 무거운 포대처럼 짊어지고 다닌다는 느낌이 역력"했던 "망가진 엄마"의 모습에 주목하는 것도 마찬가지 이유에서다. 그는 줄곧 다머가 순수한 악이 아니라 방치되며 성장한 악일 가능성을 제기한다. 그러면서도 다머에 대해 '이야기'하는 것은 다머라는 한 인간을 옹호하는 것과 별개의 일이라고 힘주어 말하는데, 다음은 '복잡다단한' 다머 서사를 펴내며 작가가 밝힌 심경의 일부다.

이건 비극적인 이야기, 20년이 흘렀어도 여전히 마음을 뒤흔들어 놓는 이야기이다. 주변의 어른들이 도무지 납득할 수 없고 용서할 수 없고 이해할 수 없을 정도로 그렇게 무신경하고 그리고/또는 무관심하지만 않았던들 제프 다머는 괴물이 될 이유가 없었고, 그 많은 사람들이 그렇게 끔찍하게 죽었어야 할 이유가 없다고 나는 생각한다. 하지만 다머에 대한 나의 연민은 그가 살인을 저지르는 순간에 끝이 난다.(이건 아무리 강조해도 부족하다.) 첫 번째 살인을 저질렀을 때 그는 자수할 수 있었다. 자신의 머리에 총구를 댈 수도 있었다. 그런데 그는 연쇄 살인마가 되어 무수한 사람들을 불행의 나락에 빠뜨리는 삶을, '스스로' 선택했다. 제프리 다머를 일종의 반영웅, 자신을 무시한 사회를 향해 철퇴를 두른 왕따 피해자로 보는 사람들이 의외로 많다. 가당찮은 소리다. 다머는 용납할 수 없는 악행을 저지른 비틀린 변태였다. 그를 불쌍히 여길망정, 그에게 **공감**하는 건 곤란하다.[1]

작가가 선택한 표현 중 '공감'이라는 부분에 주목할

---

1 더프 백더프, 『내 친구 다머』, 강수정 옮김, 미메시스, 2015, 11쪽, 강조는 인용자.

필요가 있다. 이해할 수 없는 폭력을 행사한 범죄자, 흔히 사이코패스라 말하는 극악무도한 사람, 요컨대 악을 다루는 서사의 불문율이 바로 공감에 있기 때문이다. 악에 대해 쓸 때 작가는 악인에 공감하지 않아야 할 뿐만 아니라 독자로 하여금 악인에 공감하지 않도록 써야 한다는 내면의 소리를 듣는다. 공감은 악을 미화한다거나 악으로 인해 발생한 피해를 대상화한다는 혐의에서 벗어나기 힘든 탓이다.

그러나 이야기의 기본 속성이자 이야기를 구성하는 가장 중요한 덕목 중 하나가 공감이라는 사실을 부정하기는 힘들다. '나쁜 세상이 나쁜 사람을 만들었다.'는 다머 서사는 다머에 대한 공감을 전제한다. 그의 성장 배경이 그의 악마성을 키웠다는 논리는 작가의 의도에도 불구하고 다머를 안타깝고 안쓰럽게 바라볼 수밖에 없는 근거가 된다. 안쓰러움과 안타까움이 공감의 동의어는 아닐 것이다. 하지만 안쓰러움과 안타까움은 공감의 중요한 속성이자 공감으로 가는 입구이다. 따라서 "그에게 공감하는 건 곤란"하다는 작가의 말은 사실상 모순이며 그 모순은 내내 작가의 심경뿐만 아니라 독자의 심경마저 복잡하게 한다.

다머 이야기가 책으로 나온 시점과 영상으로 나온 시점 사이 10년이 흘렀다. 그 사이 다머 서사를 바라보는 관점에는 변화가 없다. 여전히 우리가 악을 말하는 방식이 '사실상 모순'의 상태에 머물러 있다면, 공감이라는 강력하고도 불완전한 기준에 의지하고 있기 때문일 것이다. 악에 대해 말하는 우리의 방식이 모순에 갇히지 않기 위해서는 공감의 유무에서 벗어난 악의 서사들이 필요하다.

직접 말하게 하라: 정용준의 『유령』

* 정용준,『유령』, 현대문학, 2018.

정용준의 『유령』은 최단 거리로 악을 향해 나아간다. 우회하는 방식의 다머 서사와 확실히 구분되는 경로다. 무엇보다 『유령』은 악을 향한 솔직한 심정을 인정하는데, 우리에게는 악에 대한 궁금증이 있다. 당신도 그렇고 나도 그렇고. 그러나 궁금증을 해소하는 방식은 언제나 주의를 요하는 법이다. 호기심을 채우는 방식의 얇은 악을 가벼운 흥밋거리로 소비하는 결과로 이어지기 때문이다. 이때 악과 함께 소비되는 것은 그들이 저지른 행위에 의해 파탄 난 삶과 죽음이기도 하다.

정용준의 『유령』은 악의 내면에 대한 궁금증을 해소하는 방식으로 악으로 하여금 직접 말하게 한다. 하루에 열두 명을 죽이고 현장에서 체포돼 사형을 선고받은 범죄자 474와 그를 관리하는 교도관 윤, 그리고

박혜진

474의 엄마 신해경이 소설의 중심인물이다. 모범수로서 비교적 착실히 지내는 474는 한때 세상을 떠들썩하게 한 장본인이지만 정작 그에 대해서는 어떤 정보도 알려진 것이 없다. 출생 신고조차 돼 있지 않은 그는 모든 것이 가려진 비밀스러운 존재, 말 그대로 '유령' 같은 사람이다.

그런 그를 바라보는 두 개의 시선으로 윤과 신해경이 있다. 교도관인 윤은 그에 대한 강렬한 호기심을 품고 있다. 누군가 몰락하는 풍경, 누군가의 비밀이 탄로나는 모습을 지켜보길 좋아하는 윤은 사람들에게서 모종의 생명성이 사위어가는 것을 지켜볼 수 있는 최적의 거리를 찾아낸다. 그리고 그 거리를 지키며 그들이 죽어가는 과정을 관찰한다. 그런 그를 혹자는 사악하다 하고 혹자는 무섭다 하지만 대부분은 "깔끔하고 합리적인 사람"(39쪽)이라며 좋아한다.(이런 면모에 담긴 도덕적 무게는 여기서 논외로 하자.)

작품에서 그의 성격은 상대에게 다가가거나 공감하지 않는 '타고난 거리감'의 알리바이로 쓰인다. 나아가 윤은 독자들이 안심하고 474를 관찰할 수 있는 거리를 담보한다. 한편 신해경은 474의 누나로 살아왔으나 실은 그의 엄마로, 아버지로부터 성폭력을 당해 낳게 된 아들 474에게서 아버지의 폭력성을 발견한 뒤 그를 떠난다. 그를 떠나지 않으면 아버지를 죽인 것처럼 아들을 죽일지도 모른다는 두려움 때문이었다.

『유령』은 교도관인 윤과 가족인 신해경의 시점을 교차시키며 474가 어떤 생각을 하고 있는지를 서서히 보여주는 방식으로 전개된다. 474는 자신에 대해 아무것도 모른 채 거리감을 갖고 관찰하는 윤과 대화하며 스스로에 대해 고백하는가 하면, 자신을 버린 사람인 동시에 자신을 살려둔 사람, 다시 말해 자신에 대해 모든 것을 아는 신해경과의 대화를 통해 스스로에 대해 말하기 시작한다. 결국 이 소설의 가장 핵심적인 서사는 474가 자신에 대해 스스로 말하게 되는 시간의 흐름에 있다. 교도관인 윤은 474에 대해 어떤 판단도 하지 않은 채 그가 말을 '하게' 만드는 한편, 474에 대해 너무 많이 알고 있는 신해경은 그가 말하는 '내용'을 변화시킨다.

말한 것은 자신의 '유령됨'에 대한 것이다. 그는 자신의 살인에 아무런 뜻도 목적도 없다고 생각한다. 자연이 자신의 일을 하는 것처럼 자신은 누군가를 죽이고 싶은 사람들의 의도를 실현해주는 '도구'일 뿐이라는 생각. 그는 존재하지 않음으로써 존재하는 '유령'에 빗대어 자신의 행위를 설명한다. 범법 행위에서 '의도'와 '마음'은 형량을 결정하는 중요한 요소다. 그렇다면 그의 유령론은 죗값을 줄이려는 알량한 변명일까.

그의 말하기는 단순히 자신을 변호하거나 비호하기 위해 꾸며낸 거짓과는 구분된다. 그는 말하지 않는 사

박혜진

정용준, 『유령』

람이었다. 누구도 자신을 이해할 수 없을 거라고 생각했기 때문이다. 말하지 않음이 그의 내면을 유령화했고, 유령화된 내면이 그를 살상 기계로 만들었다. 따라서 말하지 않는 그를 말하는 그로 만든 변화는 '말하기'라는 행위에만 그치지 않는다. 말하기는 듣는 사람이 있을 때 가능한 것이므로 윤과 신해경의 존재는 그가 유령이 된 조건이 사라졌음을 의미한다. 삶의 조건이 달라졌으므로 그의 생각도 달라진다. 신해경의 고해와 설득은 그로 하여금 죽지 않고 살아보고 싶게 만든다. 교화는 이렇게 이루어지는 것일지도 모른다. 그가 악으로 기울어질 만한 환경을 바꾸고, 바뀐 환경에서 다른 생각을 하게 됨으로써 다시 태어나는 방식으로.

악이 동굴에서 나올 때

그렇다면 『유령』은 극악한 살인마가 자신의 죄를 뉘우치는 과정을 그리는 이야기일까. 사형수인 474로 하여금 자신에 대해 말하게 하는 이 소설은 앎을 포기하지 않음으로써 '악'을 없애는 직접적이고도 느린 방식을 보여준다. 이해와 공감을 통해 다가가는 게 아니라 자신에 대한 무지의 장막을 걷어내고 스스로 다가오도록 함으로써. 우리가 변하는 것이 아니라 악이 변하게 함으로써.

테리 이글턴은 악에 대한 가장 잘못된 판단이 악을 이해할 수 없는 수수께끼로 내버려두는 것이라고 지적한다. 그는 설명할 수 있는 인간의 행위는 악이 아니라는 관점도, 악한 인간의 행동은 재론의 여지가 없다는 관점도 모두 진실이 아니라고 주장한다.[2] 악을 모르면 악을 비판할 수 없다. 악을 모르면 악을 알아차릴 수도 없다. 정용준의 『유령』은 공감하지 않고도 악에 접근할 수 있는 앎의 길을 제시한다.

---

2 테리 이글턴, 『악: 우리 시대의 악과 악한 존재들』, 오수원 옮김, 이매진, 2015, 17쪽.

피해자들이 말하게 하라: 정유정의『완전한 행복』

* 정유정,『완전한 행복』, 은행나무, 2021.

말보다 행동이 결정적일 때가 있다. 말을 믿을 수 없을 땐 행동을 보면 된다는 말도 있다.『내 친구 다머』가 사회적 무관심으로 인해 형성되는 구성물로서의 악인을 그린다면『유령』은 지은 죄에 대한 처벌이 확정되고 교도소에 수감되는 시점부터 사형 집행이 이루어지기까지의 시간을 배경으로 악인이 자신의 존재를 수정하도록 만드는 이야기다.

　전자가 간접적이고 사회적으로 악이라는 개념에 접근한다면, 후자는 직접적이고 개인적인 관점에서 악에 접근한다. 반면 정유정의『완전한 행복』은 전혀 다른 방식으로 악인을 바라본다. 말보다 행동, 즉 악인이 저지른 행위를 중심으로. 그로 인해 발생한 피해 사실들을 종합해나가며 하나의 악을 '완성'시킨다. 행동은 말보다 결정적이고 신뢰할 만하다. 정유정은 한층 결정적이고 신뢰할 만한 악을 그린다.

　소설의 모티프는 2019년 한국 사회를 충격에 빠뜨린 고유정 전남편 살인 사건이다. 전남편을 죽이고 시신을 토막 내 유기한 사실로 2020년 대법원에서 무기 징역을 선고받고, 의붓아들을 살해한 혐의는 증거 불충분으로 무죄가 선고된 사건이다. 고유정을 연상시키는 소설 속

'신유나'는 전남편의 죽음과 의붓아들의 죽음을 비롯해 과거 아버지와 대학 시절 교제한 남자의 죽음에도 연관 돼 있을 것으로 추정되는 악인이다.

언니에게 그는 "그냥 나쁜 년"이자 "미친 년"〔301쪽〕일 수도 있는 사람이고, 어린 딸에게 그는 "규칙을 정하는 사람"〔31쪽〕이었으며, 남편에게 그는 자신을 상대로 "일진놀이"〔56쪽〕를 하며 "복종을 끌어"〔239쪽〕내는 사람이었다. 그들에게 신유나는 "막기 어려운 상대가 아니"라 "막는 게 불가능한 상대"다. 이런 사람을 상대하기 위해 "용써봐야 내상을 입는 건 자신"〔291쪽〕이므로 다들 신유나의 뜻대로 움직인다. 신유나는 점점 더 가시적인 폭군이자 제어되지 않는 절대자가 돼간다.

『완전한 행복』은 신유나의 행위가 그를 둘러싼 사람들에게 어떤 피해를 일으켰는지를 당사자의 시점으로 말한다. 신유나의 딸, 신유나의 현재 남편, 신유나의 언니 등 다중 시점이 교차·반복되며 신유나의 말과 행위가 피해자들에게 어떤 영향을 주었고 어떻게 그들의 삶을 부식시켰는지 추적하는 과정은 실증적이고 집요하고 종합적이다. 한마디로 사실적이다.

가장 먼저 등장하는 화자는 신유나의 딸 지유다. 딸에게 엄마는 절대적인 보호자이다. 지유는 엄마의 감정을 고스란히 느낀다. 엄마가 떠난 뒤 혼자 남겨지는 상황에 대한 공포와 두려움으로 엄마가 원하는 것을 먼저

정유정, 『완전한 행복』

눈치껏 실행에 옮긴다. 엄마의 기분을 거스르지 않게 하는 "안전한 대사"(113쪽)를 찾아내기도 한다.

　신유나의 폭력성으로부터 가장 광범위하고 무방비하게 노출돼 있을 뿐만 아니라 그의 폭력성을 가장 적나라하게 보여주는 것이 바로 딸의 시점이다. 딸의 시선에 비친 엄마의 모습은 아동학대가 발생하는 메커니즘을 정확히 보여준다. 엄마의 폭력성과 불안을 고스란히 아이가 느낀다는 점에서 엄마인 신유나의 폭력성은 가장 취약한 대상인 딸을 통해 선연하게 드러난다. 다음은 순서대로 딸 지유와 남편 차은호의 심리 상태를 보여주는 장면이다.

　엄마는 지유가 누군가와 친밀한 꼴을 눈 뜨고 못 본다. 손을 잡거나,

안기거나, 눈빛을 주고받는 일 등이 못 보는 '꼴'에 들어간다. 외할머니조차 예외가 아니다. 그런 꼴을 볼 때, 엄마의 눈에 어른대는 서늘한 광채는 지유만 알아볼 수 있다. 후에 어떤 말을 듣게 될지도 잘 알고 있었다. 지유는 엄마보다 외할머니가 더 좋구나. 외할머니랑 쭉 같이 살면 되겠다. 그치?[50쪽]

자신을 상대로 일진놀이를 하는 아내에게 천불이 났다가, 아내를 그렇게 만든 건 밥통처럼 군 자신이라는 자괴감에 빠졌다가, 이러다 정말 이혼해버리는 건 아닐까 불안해하다가, 늦기 전에 처가로 가서 데려와야 한다고 안달하다가, 날이 밝으면 화장실 변기에 앉아 엉덩이를 씰룩거리면서 스러져가는 전의를 어렵사리 되살리곤 했다. 버텨. 아니면 뒈지든가.[56쪽]

『완전한 행복』은 한순간도 신유나의 시점으로 전개되지 않는다. 철저하게 신유나에게서 비롯된 피해를 견뎌내고 있는 사람들의 내상과 외상을 통해 '힘'으로서의 신유나가 지닌 악마성을 그리고 있다. 악은 벗어날 수 없는 '힘'이다. 자신의 위계를 통해 지속적으로 압력을 행사함으로써 상대방을 일그러뜨리고 자신의 뜻대로 조종하며 영원히 자신을 벗어나지 못하게 만드는 힘. 그러한 힘이 어떻게 행사되는지를 피해자들의 심리 상태를 통해 복원하는 『완전한 행복』은 '피해자 중심 서사'의 전범을 보여주는 작품이다.

박혜진

『완전한 행복』에 등장하는 피해자들이 신유나에게 지배당하는 과정은 앞서 살펴본 악마의 유형들과는 차별화된다. 신유나는 제프리 다머나 사형수 474에 비하면 가정을 이루고 사회생활을 하는 등 여느 '일상인'의 면모를 보인다. 한마디로 신유나는 괴물도 아니고 유령도 아니다. 그는 인간이다. 극단적으로 이기적인 인간. 자신이 원하는 것을 얻기 위해 자신이 무엇을 주어야 하는지 모르는 인간은 이렇게 악마가 된다.

　　피해자 시점에서 바라보는 '악'은 악의 피해를 다른 방식으로 범주화하고 개념화한다는 점에서 악을 보다 실체적인 행위로 재정의한다. 악인의 입장에서 바라보는 악에는 시작과 끝이 있다. 『내 친구 다머』와 『유령』은 공통적으로 악을 '끝'과 결부시켜 다룬다. 범죄자가 체포당하는 순간, 범죄자가 사형당하는 순간, 그들의 서사도 끝이 난다. 악의 연대기가 대체로 과거를 향하는 것 역시 서사가 악인을 중심으로 끝나기 때문이다.

　　그러나 피해자의 시선에서 바라볼 때 악의 시간에는 끝이 없다. 신유나의 딸인 지유의 시간 속에서, 신유나로 인해 아들을 잃은 남편의 시간 속에서 신유나의 행위는 언제까지고 살아 숨쉬며 영향을 줄 것이다. 그들의 삶 속에서 신유나의 악은 끝나지 않는다. 신유나의 악행이 끝나는 것과도 무관하고 신유나의 삶이 끝나는 것과도 무관하다. 악은 가해의 끝이 아니라 피해의 시작이다.

악의 유동성: 장강명의 『재수사』

* 장강명, 『재수사』 1·2, 은행나무, 2022.

앞의 두 소설이 모두 악을 재현하는 데 있어 '외부'의 시선을 경유하거나 철저히 외부의 시선을 유지하는 것과 달리 장강명의 『재수사』는 1인칭 주인공 시점으로 범죄자의 내면을 담아낸다. 어지간해서는 읽기 힘든 시점이 아닐 수 없다. 앞서 언급한 것처럼 악에게 목소리를 부여하는 것은 곧잘 악에 대한 긍정으로 독해될 위험 부담이 있기 때문이다.

22년 전에 발생한 신촌 여대생 살인 사건의 재수사 과정을 다루는 이 소설은 두 개의 시점이 교차하는 구조로 이루어져 있다. 하나는 범인의 시점이고 다른 하나는 강력범죄수사대 연지혜 형사의 시점이다. 사람을 죽였지만 경찰의 용의자 명단에 오르지 않아 22년 동안 잡히지 않은 범인과 미제로 남게 된 사건을 재수사하는 강력반 형사의 시점이 교차하며 쫓고 쫓기는 이야기를 두고 일반적인 경찰 소설, 혹은 범죄 소설이라 말하기는 힘들 것이다. 『재수사』는 범죄자의 자기 합리화에 전체 서사의 반절을 할애하고 있다.

『재수사』는 두 가지 방식으로 형사 사법 시스템을 드러낸다. 하나는 시간을 통해서다. 22년 전에 발생한 수사를 '재수사'하면서 '수사'를 바라보는 것이다. 미제

박혜진

장강명, 『재수사』

사건의 재수사는 수사를 메타적으로 바라볼 수 있는 최적의 설정이다. 다른 하나는 시스템이 포획하고자 하는 대상, 즉 범인을 통해서다. 이 범인은 지난 22년 동안 시스템을 피해왔다는 점에서 그는 존재 자체로 형사 사법 시스템의 구멍을 증명한다.

사건을 저지르고 잡히지 않은 그는 "살인하지 말라는 인간의 법과 신의 법 앞에서 스스로를 자유로운 사람"(22쪽)이라고 정의한다. 그는 도스토예프스키의 『죄와 벌』에 나오는 주인공처럼 죄와 벌에 대한 사념에 사로잡혀 있지 않다. 오히려 그는 "자신이 상대해야 하는 것이 신, 양심, 내면의 소리가 아니라 이 사회의 형사 사법 시스템"(23쪽)이라고 생각한다. 시스템은 범인을 잡으려 하고 범인은 시스템을 잡으려 한다. 서로가 서로의 꼬리를 잡으려 하는 긴장감으로 소설은 진행된다.

악인의 내면을 그대로 노출하는 이유도 여기서 드러난다. 내면을 온전히 드러내는 것은 오히려 『재수사』가 알아내고자 하는 목표가 그 사람이 아니라는 것을 보여준다. 악인을 처벌하는 사회 시스템을 말하기 위해 시스템의 적용을 받는 범인이 시스템에 대해 품고 있는 생각을 늘어놓게 하는 것이다. 시스템을 통해 무엇이 악이고 죄인지, 죄는 어떻게 처벌해야 하는지를 탐색해 가는 것이라고도 할 수 있다.

시스템은 개인을 벌하기 위해 작동하므로 시스템이 지닌 유효성의 증명은 그것의 영향을 받는 사람을 통해서 이루어진다. 범죄자의 죄가 밝혀질수록 현대 사회의 죄가 어떻게 만들어지는지 알 수 있다. 그런데 『재수사』에서 우리에게 주어지는 악의 목소리는 아직 범죄가 확정되지 않은 상태의 목소리다. 또한 여기서 다루는 악은 사법 시스템이 처벌할 수 있는 범주 내부의 악이다.

사법적 개념이 아닌 '악' 혹은 시스템으로 처벌할 수 없는 '악'에 대한 공백과 그러한 공백에서 발생하는 죄에 대해서는 어떻게 판단해야 할까. 이 소설의 대립항은 형사와 범죄자가 아니라 사법 시스템과 그것이 벌할 수 있는 악, 또는 벌할 수 없는 악이다. 범죄를 저지르는 이유가 한 개인이 받은 모멸감에 의한 사적 복수일 때, 현대 사법 체계 안에서 해결되지 못하는 사적 복수들

박혜진

이 만들어내는 '악'의 범람에 대해서는 어떻게 판단해야 할까. 그때 판단하지 않는 시스템은 변해야 할까, 변할 수 있을까.

『재수사』는 시스템을 통해 악에 접근함으로써 악을 변화하는 개념으로 바라본다. 사회를 살아가는 개인의 생각이 시스템을 만들고 시스템이 개인의 생각에 영향을 준다. 『재수사』는 지난 20년간 자신의 죄를 속죄하거나 합리화하는 궤변을 완성해온 한 범죄자를 통해 악을 둘러싼 변화를 보여준다. 동시에 사람들의 가치관 변화와 상호작용하는 사법 시스템의 중요성을 암시한다. 악을 판단하고 비교하기 위해서는 악에 대한 무지와 싸워야 한다. 우리가 악에 대한 이야기에서 얻어야할 것은 악에 대한 많은 이름들이다.

악의 서사, 앎의 서사

일찍이 인류는 알 수 없는 것, 끝끝내 알 수 없는 것을 악하다고 일컬었다. '악하기 때문'이라는 말에는 더 이상의 논의를 불허하는 종식의 의미가 담겨 있다. 그러나 악하기 때문이라는 말이 알려주는 것은 아무것도 없다. 악하기 때문이라는 말은 모르기 때문이라는 말을 숨기고 있다. 우리는 모를 때 모른다고 하지 않고 악하다고 말해온 것은 아닐까. 그러므로 악이라는 무지를 극복하기 위해 악을 재현하는 서사는 '앎'의 서사를 쌓아 올린다. 앎의 서사는 달리 보는 눈을 통해 구체화된다. 달리 보기 위해 작가들은 많은 눈으로 보거나 다른 거리에서 본다. 앞서 살펴본 작품들은 그 두 가지에 있어 공통점을 보인다. 그들은 많은 눈으로 보고, 다른 거리에서 본다.

'모든 것을 보는 자'라는 의미를 지닌 아르고스는 100개의 눈으로 여기저기에서 벌어지는 세상의 진실을 보는 신화적 인물이다. 소설가들도 알기 위해 아르고스의 눈을 상상했던 것 같다. 악과 악인을 다루는 소설은 악이라는 모름의 상태에 도전하고, 도전 방식으로 여러 개의 눈이라는 장치를 마련한다. 소설에서 100개의 눈은 복수의 시점이 교차하는 방식으로 나타난다. 교차 시점은 다중 시점을 포함하되, 다중 시점이 복수의 눈만을 의미한다면 상호작용을 내포하는 교차 시점은 한층 복합적인 시점을 의미한다. 교차는 반드시 접점을 형성한다. 접점은 방향과 방향, 즉 힘과 힘이 충돌하면서 발생하는 폭발의 현장이다. 복수의 시점을 교차시키는 것은 인간이 인식의 필연적 한계를 넘어 존재의 심연에 닿기 위해 실현할 수 있는 가장 인간적이고 합리적이며 정직하고도 실질적인 방식이다.

『내 친구 다머』는 이질적 존재를 바라보는 가장 먼

박혜진

거리의 서사다. 다머 서사는 다머를 설명하는 데 초점이 맞춰져 있다. '왜'에 대한 대답은 질문에 대한 납득할 만한 원인을 찾는다. 대답을 찾는 서사는 인과의 늪에 빠진다. 인과 관계는 우리가 생각할 수 있는 범주 내에서 이뤄지는 닫힌 생각이기 때문이다. 우리는 우리가 납득할 수 없는 결과에 대한 원인을 찾을 수 없다.

정용준의 『유령』은 한 사형수와 그를 관리하는 교도관의 거리에서 악을 그린다. 사적 관심과 공적 관리가 뒤섞인 특유의 거리감으로 한 사람의 어두운 내면에 다가간다. 이 거리는 설명하기 위한 거리가 아니라 듣기 위한 거리다. 청취를 위한 거리가 유지되는 동안 악인의 상태가 변화한다. 정유정의 『완전한 행복』은 피해자들의 기억과 감각 속에서 악인을 그린다. 각자의 삶에 악이 침투했다는 점에서 거리가 소멸한 서사다. 사라진 거리감으로 사라지지 않는 악을 이야기한다. 장강명의 『재수사』는 악인의 내면과 일치된 제로의 거리감으로 시스템을 논증한다. 죄와 벌을 규정하는 시스템이야말로 악이란 무엇인가에 대한 가장 현재적이고 근본적인 질문을 가능케 한다.

안다는 것은 언제나 고통을 동반한다. 악이 무지를 숨기고 있는 말이라면 앎은 고통의 드러남을 숨기고 있는 말이다. 소포클레스의 「오이디푸스 왕」 이래로 앎은 고통을 부르고 고통은 앎과 함께 왔다. 문학은 고통 애호가들의 취미가 아니다. 그러나 고통을 달리 보고 다른 거리에서 보는 문학이야말로 고통의 본질을 직시한다고 말한다면 너무 과한 편애일까.

중요한 건 고통이 무엇을 숨기고 있느냐는 물음일 테다. 그것이 무엇인지 내게 알려준 것은 드라마 「기묘한 이야기」의 영웅이자 일레븐의 아빠이기도 한 경찰서장 짐 호퍼의 대사였다. 짐 호퍼는 곧 혼자가 돼 힘들고 고통스러운 시간을 살아갈 운명을 지닌 딸에게 다정하게 말해준다. 언젠가 고통이 찾아오면, 반드시 그럴 텐데, 그땐 그 고통을 반갑게 맞이해. 네가 드디어 동굴에서 나오고 있다는 뜻이니까.³

『유령』도, 『완전한 행복』도, 『재수사』도, 모두 악이 동굴에서 나오는 과정을 그린다는 점에서 하나의 서사를 공유한다고도 할 수 있을 것이다. 나는 이 이야기들을 동굴 밖으로 나오는 악의 서사라고 부른다.

3　「기묘한 이야기」, 시즌3 8화 '스타코트 전투', 더퍼 형제 제작, 넷플릭스, 2019.

이 글에 등장하는 작품

소설　정용준, 『유령』 현대문학, 2018.

소설　정유정, 『완전한 행복』 은행나무, 2021.

소설　장강명, 『재수사』 1·2 은행나무, 2022.

시리즈　「다머 – 괴물: 제프리 다머 이야기」 라이언 머피·이언 브레넌 제작, 넷플릭스, 2022.

만화　더프 백더프, 『내 친구 다머』 강수정 옮김, 미메시스, 2015.

희곡　소포클레스, 「오이디푸스 왕」 『소포클레스 비극 전집』, 천병희 옮김, 숲, 2008, 25~90쪽.

시리즈　「기묘한 이야기」 시즌3 8화 '스타코트 전투', 더퍼 형제 제작, 넷플릭스, 2019.

조명등, 달, 물고기: 나르시시스트의 선한 얼굴은 어떻게 악이 되는가

전승민

「그녀는 조명등 아래에서 많은 시간을 보냈다」(전하영)

『마고』(한정현)

『물고기는 존재하지 않는다』(룰루 밀러)

전승민

문학 평론가. 서강대학교에서 영어영문학을 전공하고 동
대학원 석사 과정에 있다. 2021년 《서울신문》 신춘문예
평론 부문에 당선됐고, 제19회 대산대학문학상을 수상했다.
《창작과비평》《문학동네》《뉴래디컬리뷰》 등에 평문을
발표했다. 퀴어 페미니즘과 영미 모더니즘에 관심이 있고,
동네 책방에서 독자들과 독서 경험을 나누는 활동을 겸하고
있다.

어둠을 지우는 빛은 계속 빛일 수 있을까

우리는 빛을 좇는다. 삶이란 어쩌면 거대한 어둠 속에서 찰나의 순간만 반짝이다 스러지는, 빛의 점멸을 따라 느리게 이동하는 한 줄기 궤적인지도 모른다. 그렇게 우리는 타인들의 빛 속에서 하나의 별이 된다. 빛이 지나간 흔적을 만지려면 어둠을 걸어야 한다. 빛은 어둠이 실재하는 세계에서만 감각되고 실재하기 때문이다.

그렇다면 어둠을 물리친다는 말은 그것을 소거하는 것이 아니라 오히려 내부로 잠입해 빛을 붙드는 행위에 가까울 테다. 서로를 영원히 밀어내는 듯 보이는 둘은 사실 서로를 구성하는 필요악이다. 밝음은 어두움과 공존할 때 드러난다. 빛이거나 어둠이기만 한 일원론의 세계에서 각각은 소멸한다. 둘은 각자의 적대자로서 상호 침범하며 자기 자신을 잃지 않는 역설적인 이항 대립의 관계망 안에서 서로를 지탱한다.

빛과 어둠은 곧잘 선과 악으로 치환되곤 한다. 이는 서사 장르에서 유구하게 이어져온 문학적 클리셰지만 진부하다기보다는 시대를 막론하고 독자들에게 사랑받아온, 역사적으로 입증된 매력적인 대립 구도라고 말하는 것이 더욱 어울릴 것이다. 우리는 어둠을 물리치는 빛의 서사를 얼마나 사랑해왔던가.(권선징악은 한국인이 사랑하는 최고의 마스터 플롯이다.)

헌데 아이러니하게도 최근의 한국 소설은 텍스트 바깥의 악이 내부의 악과 긴밀히 연동되며 악이 지나치게 죄악시되는 형국을 보인다. 악은 제 얼굴을 내보일 조금의 자리도 허락받지 못하고 있으며 그에 따라 선은 투쟁할 기회를 박탈당하는 와중이다. 그런데 우리는 과연 어둠 없는 빛을 좇을 수 있을까? 그렇다면 어둠 없는 빛은 과연 무엇을 밝히는 빛일까?(어둠이 없는데 무언가를 밝히는 일은 가능할까?)

빛이 우리에게 중요한 이유는 악과 대결할 수 있는 구체적인 힘이기 때문이다. 자연의 일부로서 엄연히 존재하는 악을 소거한 후 인위적으로 만든 부재, 그 평화로운 결과가 우리의 '진짜' 현실이라고 믿으면서, 그러므로 이 세계에 악 따위는 없다고 단언할 수 있을까? 조금 더 정치적으로 번역해보자. 악의 실존 자체를 부인하는 선한 의지는 과연 악을 척결하는 하나의 방편이 될 수 있을까?

이 글에서 내가 붙들고 있는 가장 핵심적인 문제의식은 텍스트가 악을 재현할 때 그것을 세계에 실재하지 않는 것으로 부인하는 것도 재현의 한 방식이 될 수 있을까, 그리고 그러한 재현은 괜찮을까, 하는 물음이다. 쉽게 말해 악의 부재는 선을 재현하는 한 가지 방식일 수 있는가? 적의 얼굴을 마주하며 갈등에 뛰어드는 대결 하나 없이 그저 악이 없는 세계를 미리 상정하며 선

전승민

을 구현하는 작업은 오히려 위선이지 않을까? 문학의 힘은 악의 얼굴이 어떻게 생겼으며 어째서 그것이 악으로 불리는지, 무엇이 우리로 하여금 그것을 악으로 느끼게 하는지와 같은 세목들을 살피는 재현 속에서 연유하지 않을까? 적이 소멸한 곳에서 결투는 부재한다. 싸우기 위해서는 적의 얼굴을 알아야 한다. 악은 선의 선결 조건이다.

2016년부터 본격적으로 시작된 문단 내 성폭력 고발로 한국 문학장은 유례없는 변화를 겪었다.[1] 문단의 자발적 정화의 노력으로 여성살해, 그리고 폭력과 지배의 욕망으로 가득한 남성적 시선의 끝에서 타자화되는 여성 인물의 재현이 매우 적극적으로 척결되었다.[2] 그러나 어둠을 소거한 인위의 세계에서 빛의 광채는 함께 사라진다. 삶도 그렇지 않던가. 폭력과 암투를 배격하려는 노

---

1 문화예술계 유력 인사를 대상으로 한 이 폭로와 고발 행위는 '미투#MeToo 운동'의 이름으로 더욱 잘 알려져 있다. 그러나 국내 문화예술계에서 일어난 성폭력 고발(2016년 10월)은 영미권에서 발발한 미투 운동(2017년 10월)보다 1년 앞서 벌어졌다는 점에서 영미권의 그것에 영향을 받아 발생한 것이 아니라 독자적으로 일어난 운동이다.
2 가령 최은영의 소설집 『내게 무해한 사람』(문학동네, 2018)의 인기는 그러한 무해함에 대한 열망과 염원을 담은 여성 서사에 대한 폭넓은 지지에 힘입은 것이기도 했다.

력은 역설적으로 폭력과 암투가 실재할 때 유의미하다. 윤리와 정의를 추구하는 빛의 마음은 깨끗하고 무해한 밝음의 세계가 아니라 어둡고 불확실한 미로 속에서 거칠게 분투하며 나아갈 때 본연의 수행적 의미를 획득할 수 있다.

여성혐오와 여성살해, 폭력적 인물, 남성적 시선에 대한 구체적 형상화 없이 그것의 '이름'만을 소환해 작품에서 곧바로 제거해버리는 작업을, 그러니까 마치 이 세계에 더 이상 실재하지 않는 것으로 간주하는 재현을 악과의 대결이라고 말할 수 있을까? 눈앞에 버젓이 보이는 적의 투명도를 높여 마치 존재하지 않는 것처럼 패싱하는 것을 두고 선이 승리했다고 말할 수 있을까?(이를 두고 승리라 단언하는 것은 그야말로 '정신 승리'가 아닐까?) 텍스트 바깥의 현실은 2016년 이후로 깨끗해지기는커녕 혐오발화와 페미니즘이 더욱더 치열하게 경합하는 장소로서 역동하고 있다. 현실은 깔끔하지 않다. 진창이다. 우리 모두 알지 않는가. 만약 이를 두고 '문학 속에서나마' 다른 세계를 보고 싶었다, 라고 누군가 반박한다면 나는 그것은 문학이 지닌 결기를 부정하는 기만적 태도라고 답할 것이다.

선의 손을 들어주고자 하는 이는 구체적인 악의 얼굴을 고의적으로 표백하는 일뿐만 아니라 스스로를 피해자성으로 함몰시키지 않도록 경계해야 한다. 이는 작

전승민

가와 독자를 포함해 텍스트를 둘러싼 모든 존재자들이 주의해야 하는 지점이다. 이때 주체가 함몰되는 피해자성은 세계를 객관적으로 파악하지 못하고 과장과 비약의 왜곡을 통해서 인지하게 만든다는 점에서 나르시시즘과 유사하다. 물론 둘은 다르다. 피해자성은 피해자의 위치에 놓인 사람이 당사자로서 가질 수 있는 맥락의 총체인 데 반해 나르시시즘은 세계를 인식할 때 타자의 실감을 고려하지 못하고 오직 '나' 자신의 감정과 감각, 이해관계에만 몰입해 그것을 지켜내야 할 절대적 당위로 삼는 병적인 자기애다.(나르시시즘은 건강한 자기애가 아니다. 그의 낮은 자존감은 외부로부터 칭찬과 사랑을 끊임없이 조달받아야 한다.)

나르시시스트에게는 자신을 비춰줄 타자의 거울이 언제나 필요하다. 나르시시즘의 양태는 그가 피해자의 위치에 있는지 가해자의 위치에 있는지와 무관하게 발현된다. 그러므로 피해자성으로의 함몰을 경계해야 한다는 말은 피해자의 당사자성을 존중하는 것이 '과도하게' 중요시되고 있다는 꼬인 비판이 아니라 현실의 구체적인 맥락을 왜곡·비약·과장하는 나르시시즘이 일으키는 피해의식에 사로잡히지 않도록 주의해야 한다는 당부다.

오직 '나'만이 배타적으로 중요하다고 감각하는 비대한 자의식은 '나'의 가치를 얼마나 고양해줄 수 있는지 그 이용 가치에 따라 타인을 재단하고 그들의 인격을 물화한다. 그리고 그것들에 자신만의 위계를 부여하는 분류법과 사다리를 만든다. 그 사다리의 최상단에 스스로를 위치시켜 우월감을 만끽하고 아래에 있는 사람들에게 통제력과 영향력을 행사한다. 그러면서 사랑받지 못하는 약자와 피해자의 얼굴을 장착한 채 타인의 마음을 사랑이라는 명분으로 착취한다. 그에게 타자와 세계는 자기 투사의 결과물일 뿐이다. 나르시시스트는 생동하는 타자들의 고유한 얼굴과 피부의 요철을 균질하고 매끄러운seamless 표면으로 사포질해버린다. 그리하여 악을 포함한 여타의 타자성이 소거된 부재의 자리에서 나르시시스트가 '선'이라 믿어 의심치 않는 무언가가, 즉 새로운 종류의 악이 태어난다.

나르시시즘은 자신이 빛이라고 믿어 의심치 않는 자의식이다. 가장 악한 폭력은 가장 선한 표정의 얼굴, 사랑이라는 이름의 가면을 쓰고—악을 행사하면서도 '나는 악이 아니야.'라는 자의식 속에서—드러난다. '선'을 표방하는 나르시시스트는 타인을 대상화하고 왜곡하기를 서슴지 않으며 겉으로 선한 '빛'의 얼굴은 세계의 실체를 덮어버린다. 스스로가 어둠인 줄 모르는 빛, 제 행동이 악인 줄 조금도 인지할 수 없는 선의 무지각력은 악을 온전히 완성해낸다. 겉으로는 연민과 사랑이라는 기표를 드러내지만 결국 대상을 동정하는 주체의 우월

전승민

한 시선을 강화하는 '빛'은 악의 의도적 소거와 맞물려 있는 또 다른 '악'이다.[3]

이제 우리는 세 종류의 나르시시스트가 보여주는 서로 다른 국면을 세 개의 텍스트 속에서 함께 짚어볼 예정이다. 특히 소수자성에 주목해 퀴어의 삶이 나르시시스트의 '선한' 빛에 노출될 때 그들의 삶이 어떻게 그 '선함'의 희생양이 되고 마는지를 공들여 살펴볼 것이다. 문단 내 미투 운동이 발발한 이래 엄청나게 많은 퀴어 캐릭터가 한국 문학 텍스트에 등장하고 있는데, 적지 않은 비평이 단지 퀴어적 소재를 다뤘다는 점만으로 해당 소설이 퀴어함과 그들의 소수자성을 핍진하게 형상화했다고 평가하는 경향을 보이기도 한다.[4]

---

3 특히 2016년 페미니즘 리부트 이후 남성을 절대악으로 여기며 이를 유독 단죄와 처단의 맥락에서 재현하고 여성적인 것, 특히 여성성을 선의 가치와 동일시해온 문학장의 경향에 대해 비판적으로 접근해본다. 남성성을 폭력성과 등치시키며(실제로 그러한 역사적 정황이 있더라도 문학적 재현은 일방적이거나 납작해선 안 된다. 악인을 '악'으로 만드는 것은 그가 가진 표면의 선함, 위선이기 때문이다.) 그것의 대립항인 여성성을 곧 선으로 간주한다. 반면 여성 간의 갈등이나 다툼은 '여적여'(여성의 적은 여성)라는 프레임으로 혐오의 맥락하에 해석되고 배척되는데, 이로써 서사에서 다룰 수 있는 갈등의 폭은 또 한 번 축소된다.

4 전승민, 「이제, 너희는 씨 뿌리는 사람의 비유를 들어보아라: 레즈비언 퀴어를 세속화하는 '장치'에 관하여」, 《문학동네》 109호,

소수자 운동에서 정체성 정치가 그동안 가장 큰 지분으로 여겨졌던 이유는 가려져 있던 현실의 자리를 가시화해 입지를 세우는 인식론적 문제가 중요했기 때문이다. 그렇게 자리를 만드는 일은 분명 중요하지만 어디까지나 시작점일 뿐이다. 이제는 실제로 그 자리를 구성하고 있는 무수히 많은 삶들의 실재를, 천차만별로 다채로운 야생성과 생의 활기를 기록하고 공유하고 전하는 존재론적 작업에 골몰해야 할 때다. 텍스트의 무대 위에 퀴어 인물이 등장하는 것만으로 환호하는 시절은 이제는 정말로 지난 것이다.

투사하는 나르시시스트, 조명등을 깨부술 것:
전하영의 「그녀는 조명등 아래에서 많은 시간을 보냈다」

* 전하영, 「그녀는 조명등 아래에서 많은 시간을 보냈다」,
　전하영 외, 『2021 제12회 젊은작가상 수상작품집』,
　문학동네, 2021, 9~58쪽.

2021년 문학동네 젊은작가상 대상을 수상한 전하영의 단편소설 「그녀는 조명등 아래에서 많은 시간을 보냈다」는 2016년 이후 한국 문학장이 정면 대결해온 남성

2021년 겨울, 251~252쪽.

빌런의 얼굴을 나르시시스트 '장 피에르'로 탁월하게 은유한다. 가령 나이 많은 중산층 예술가·교수 남성이 자기보다 낮은 경제적 계층의 어린 학부생 여자에게 가하는 (사랑을 빙자한) 착취는 소설이 초점인물 '나'를 통해 힘겹게 견인해내는 악의 형상이다. 뮤즈라는 이름으로 나이든 남성들의 '예술혼'을 충전시키는 젊은 여성들의 서사를 우리는 그간 얼마나 무수히 봐왔는가. 자기연민과 피해의식 안에서 허우적대면서도 타인에게 영향력을 행사해 그들이 오직 자신만을 욕망하고 사랑하기를 바라 마지않는, 실제로 가진 권력과 재산을 숨기고 '불쌍한 나'라는 이미지 뒤에 숨어 어린 학생들의 순진한 마음을 얻어내는 교묘한 전시 행위들 말이다.

소설의 줄거리는 다음과 같다. 모 공학 연구소에서 계약직 행정 사무 보조로 일하는 30대 후반의 여성 화자 '나'는 같은 연구소에서 일하는 중년 남자와 모종의 유대감을 느낀다. 근처 대학에 다니는 학부생을 애인으로 둔 그를 보며 '나'는 대학 시절 교양 과목 강사 장 피에르를 떠올린다. 프랑스에서 영화 전공으로 유학을 마치고 30대 후반의 나이로 갓 귀국한 장 피에르는 후줄근해 보이는 행색으로 다닌다. 하지만 그 옷들은 사실 모두 명품이며 그의 집안은 "몰락한 귀족"(15쪽)이 아니라 여전히 아주 풍족한 '진짜 귀족'이다.

그는 열혈 운동권으로서 감옥에 가는 대신 프랑스

유학길에 오른 것이 자기 삶의 굴욕이라며 학생들에게 자기연민을 연극적으로 전시하길 서슴지 않는다. 그는 타인의 관심과 시선, 열망과 욕망을 비타민처럼 섭취하면서 오직 그것만을 생의 원동력으로 삼는 나르시시스트다.〔21쪽〕 소설은 남성 나르시시스트 장 피에르의 '진짜' 얼굴을 폭로하는 여성 화자 '나'의 목소리로 견인되지만, 실상 '나' 또한 나르시시스트의 면모를 강하게 보인다는 점에서 문제적이다. 그러나 이 모순이 서사를 보다 입체적 층위에서 구성해내면서 독특한 매력이 발생한다. 우리는 소설의 끝에서, 악인을 고발하는 인물이 지닌 다른 종류의 부정성을 목도하게 될 것이기 때문이다.

복잡 미묘한 이 지점을 살피기 위해서는 '나'와 장 피에르보다 '나'와 친구 연수의 관계성에 더욱 주목해야 한다. 배우 안나 카리나를 닮은 연수는 장 피에르와 비밀리에 사귀는 사이다. 두 사람의 교제를 알게 된 '나'는 장 피에르의 (사랑 아닌) 사랑을 받는 연수를 보며 박탈감을 느끼고 그녀를 질투한다. 장 피에르와 연수, '나'가 이루는 삼각 구도에서 '나'가 마주하는 스스로의 모습은 남성의 선택을 받지 못한, 이성으로 여겨지지 않는 탈성화된 여성이다.〔47쪽〕

소설은 장 피에르를 보며 환멸과 더불어 그에게 사랑받고 싶은 욕망을 동시에 느끼는 '나'의 모순을 솔직

전승민

하게 서술한다. 또한 남성을 사랑하고 욕망할 수밖에 없는 '나'가 자신의 이성애자 정체성을 한탄하는 모습을 현상하고〔15쪽〕 그녀가 동경하는 '여성을 사랑하는 여성들'의 풍경을 최후의 장면으로 인화한다. 이성애의 환멸을 각성한 '나'가 지향해야 할 세계는 이제 동성애자들의 세계라는 듯 말이다.

20대의 기억에 골몰해 있던 '나'는 여느 때처럼 그 중년의 연구원과 자주 흡연하던 곳에서 그를 기다리다 (그는 끝내 나타나지 않는다.) 사무실로 다시 발을 옮긴다. 그때 안개꽃을 들고 누군가를 기다리는 젊은(스물한 살 즈음으로 추정되는) 여자를 목격하고 그의 '학부생 애인'이라고 짐작한다. 장 피에르에게 붙들려 있던 지난날의 기억을 막 종료한 그녀는 그 시절의 자신과 연수는 구해내지 못했을지언정 눈앞의 저 학부생만은 어떻게든 구해내야 한다는 결기로 그녀에게 다가간다.〔57쪽〕 그러나 안개꽃을 든 여자아이가 기다리던 이는 나이 많은 연구원이 아니라 시트러스 향을 풍기며 나타난 다른 여자아이였다.

20대 시절의 자신과 마찬가지로 또 다른 '장 피에르'에게 붙들려 있으리라 짐작한 여자아이가 실은 여자를 사랑하는 퀴어였음을 알게 된 화자는 팔짱을 낀 채 멀어지는 두 여자의 등 뒤를 오래도록 지켜본다. 소설의 여운을 길게 장식하는 '나'의 시선은 이성애 세계에서 탈출할 수 없다는 자의식의 투영, 퀴어의 사랑을 '부러워'하는 감정의 투사물이다. 소설은 위계와 차별, 폭력으로 점철된 나르시시스트의 지배적 세계를 이성애적 세계로 젠더화해 규정한 후 그 모든 악이 소거된 평등과 무해함의 단독적 세계로서 퀴어의 사랑을 지목하며 끝난다.

지금까지 이 소설은 나이 많은 남성 나르시시스트를 폭로하는 젊은 여성의 해방적 서사로 독해돼왔다. 하지만 앞에서 나는 그와 여성 인물의 관계보다 '나'가 연수를 비롯한 여성 인물과 맺는 관계에 초점을 맞출 필요가 있다고 말했다. 그녀가 장 피에르로 위시되는 이성애자 남성에게 느끼는 절망과 환멸의 감정이 동성인 연수에게로 전이되고 대리 보충되기 때문이다. 두 여자가 장 피에르의 위력에 압도돼 있는 강력한 삼각 관계의 배면에는 '나'가 연수에 대해 가지고 있는 모종의 복잡하고도 특별한 감정이 분명하게 자리한다. 가령 '나'는 장 피에르를 사랑하는 것인지, 아니면 그의 사랑을 받는 연수를 사랑하는 것인지 알 수 없었다고 고백한다.("남자들을 사랑하는 건 자존심 상하는 일이었다. 대신 나는 연수를 사랑하는 척했다. [……] 나는 연수를 사랑했던 것 같다. 나만의 방식으로. 그럴 수밖에 없었던 그때의 마음으로."(26~54쪽))

이렇듯 '나'는 연수와 같은 대상(장 피에르)을 욕망하며 연수에게 경쟁심과 질투를 느끼는 한편, 연수를 사

랑하기도 했다는 모순된 고백을 내어둔다. 자기모순을
어렴풋이나마 감지한 '나'의 내적 갈등은 소설을 서술
하는 현재 시점에도 지속된다. 문제는 그 경쟁적 갈등
의 해결책을 '안개꽃과 시트러스'로 은유되는 레즈비언
커플의 세계에 투사한다는 것이다. 소설은 '나'가 환멸
을 느끼는 이성애적 질서에 대한 대안으로 두 여성 간의
사랑을 제시하며 마무리된다.

　한편 이 '대안'은 세 사람의 삼각 구도에서 가장 권
력자인 장 피에르에게도 실질적 위협으로 다가온다. 나
르시시스트는 주변 인물을 자신이 원하는 구도로 배치
해 통제하려 한다. 가령 세 사람이 파리에서 만나 숙소
를 예약할 때 그는 '나'와 연수가 더블베드에서 함께 자
야 한다는 사실에 분개하며 굳이 더 열악하고 나쁜 숙
소를 찾아 두 사람이 각기 다른 침대를 사용하도록 한
다. 이처럼 레즈비언의 사랑은 이성애자의 남성성을 위
협한다. "레즈비언은 여성이 아니"라는 모니크 위티그
의 말은 이를 잘 보여준다.[5] 남성을 욕망하지 않으므로
남성의 욕망과 지배력이 발휘되지도 적용되지도 않는
레즈비언 여성은, 그래서 이성애적 질서의 세계에서 '여
성'이 아니다.

5　모니크 위티그, 『모니크 위티그의 스트레이트 마인드: 이성애 제
　도에 대한 전복적 시선』, 허윤 옮김, 행성B, 2020.

소설이 수록된 『제12회 젊은작가상 수상작품집』의 해설에 따르면, 오랜 자기혐오에 시달리던 '나'는 "예술사의 정전을 성립시키는 조건들을 차근히 돌아보며 새로운 미학적 현실을 길어 올릴 채비를"[6] 마치고 '새로운 조명등' 아래로 나아간다고 한다. 그러나 이성애 내부의 폭력에 대한 이상적 대안으로 레즈비어니즘을 호명하는 이 '새로운 조명등'은 과연 또 하나의 '빛'이 될 수 있을까? 이성애 내부에서 발견되는 악의 얼굴이 남성의 폭압과 지배라면 그것을 적으로 명명한 후 고개를 돌리지 말고 그에 맞서 치열하게 싸워야 할 것이다.

미투 운동은 악을 몰아내려는 전쟁이자 혁명이었다. 그러나 전하영의 소설은 더 이상 물러설 수 없는 갈등 앞에서 레즈비언 연속체 속으로 회피한다. 솔직하게 질문해보자. 여성 동성애는 이성애자 여성이 의식적으로 그리고 의지적으로 선택할 수 있는 삶의 대안인가? 요컨대 누구나 '고를' 수 있는 '메뉴'인가? 여기서 나는 레즈비언 분리주의나 본질주의를 주장하려는 것이 아니다. 그러나 누군가의 타고난 성적 지향이 또 다른 누군가의 자연과 부합하지 않는 정치적 결단이나 대안적 도구가 된다면, 그 성적 지향과 퀴어 섹슈얼리티는 또 다른 방

---

6 오은교, 「예술성의 안개를 걷으면」, 『제12회 젊은작가상 수상작품집』, 문학동네, 2021, 63쪽.

전승민

식으로 <u>강제적 이성애</u>에 포섭되고 마는 셈이 아닌가.

거꾸로 생각해보자. 만약 현실의 억압에 처한 퀴어가 더 편안한 삶의 방식을 도모하기 위해 이성애자 정체성을 정치적으로 선택한다면, 이는 정치적으로 올바른^{politically correct} 선택일까? 아니, 정치적 올바름을 묻기 앞서 스스로에게 '좋은' 선택일 수 있는가? 그것은 오히려 자기 자신에 대한 기만과 허위의식을 레즈비언의 사랑을 통해 은폐하는 아름다운 합리화가 아닐까? 퀴어의 사랑이 누군가의 플랜B가 될 수 있는가?

레즈비언 연속체lesbian continuum

시인이자 페미니즘 사상가인 에이드리언 리치가 1980년에 발표한 에세이 「강제적 이성애와 레즈비언 존재」에서 고안해낸 개념이다. 남성의 동성사회성homosociality에 맞서는 여성의 동성사회성을 지칭하는 말로, 여성 간의 사랑과 성애뿐만 우애나 연대로 맺어지는 모든 여성들 사이의 관계까지를 포함하고자 한다.

강제적 이성애compulsory heterosexuality

자연의 세계에서는 모두가 이성애자로 태어나지 않는다. 하지만 인간의 제도, 문화, 사회 관습은 이성애를 자연스럽고 당연한 것으로 가르친다. '강제적 이성애'는 이렇듯 이성애가 후천적 강제 및 억압의 결과임을 가리키는 용어로, 이 또한 에이드리언 리치의 같은 글을 통해 널리 알려졌다.

소설은 연수가 장 피에르와 헤어지고 훗날 남편과 이혼까지 하는 전개를 통해 그녀를 이성애 질서에서 탈출시킨다. 그래서 언뜻 읽기에 이 작품은 억압된 여성의 해방으로만 채색돼 있는 것 같다. 이혼 선언과 더불어 연수는 '넌 아무것도 아니'라던 장 피에르의 가스라이팅에서 벗어났음을 증명이라도 하듯 돌연 글쓰기를 시작하겠다고 선포하는데, 이 대목은 이성애중심적 세계로부터의 탈출을 더욱 강조하는 부분이다. 해당 장면은 남성으로 젠더화된 <u>팔루스·로고스중심주의</u>로부터 벗어나 새롭게 시작되는 '여성적 글쓰기'를 상징적으로 보여준다. 그러나 이때의 '여성성'이 반反남성성으로 정의된다면, 여성(성)은 남성(성)을 대타항으로 가질 때에야 유표화될 수 있는, 독립적이지 않은 자질이 되고 마는 것은 아닐까?

글쓰기를 시작하겠다는 연수의 문자가 수신되자마자 곧장 '나'가 연구원을 기다리며 서 있던 곳에서 조명등이 깨진다.

팔루스·로고스중심주의phallogocentrism

철학의 기초가 남성중심주의적 로고스(이성)의 기표들로 형성돼왔음을 비판하는 말이다. 과거에는 '남근이성중심주의'라고 흔히 번역됐으나 남근이라는 표현이 생물학적 개념으로 환원된다는 비판이 제기되며 팔루스·로고스중심주의라고 정정해 쓰이고 있다.

전승민

며칠이 지나 연수는 문자 한 통을 보내왔다.

우리는 기록하는 여자가 될 거야. 우리가
겪은 것이 무엇이든. 우리는 그것에 대해
생각할 거야. 나는 그렇게 되리라고 믿어.

*

깨진 가로등을 올려다보았다. [……] 깨진 것과 불이 나간 것은 상관
이 있었던가. 우리가 깨져도 그 안에 전구가 살아 있으면 불은 들어
올 것이다. 나는 한참 동안 가로등을 노려보다가 왠지 힘이 빠져서
사무실에 들어가야겠다는 생각을 했다. 아무도 나를 반기지 않는 곳
으로. 나를 길들이는 데에 실패한 거대한 시스템의 세계로.[56쪽, 강
조는 원문]

연수의 탈출과 더불어 '나'가 기다리던 연구원을 끝
내 가로등 아래로 등장시키지 않는다는 점에서 소설은
남성 나르시시스트로부터 두 여성이 탈출하는 구도를
제시하려 한다. 하지만 이 해방의 분위기에서조차 깨지
지 않는 '조명등'이 있다. 파리에서 화난 '나'가 연수를
기다리던 숙소의 노란 조명등이다. 장 피에르라는 동일
한 대상을 욕망하던 두 여자의 관계는 파탄에 이를 뻔
하지만 둘의 애증의 관계성을 비추는 '조명등'은 출렁일

조명등, 달, 물고기   95

지언정 끝내 깨지지 않는다.

나는 항상 불을 켜두었다. 그렇게 하면 연수가 조금이라도 죄책감을 느끼지 않을까 싶어서였다. 나는 너를 기다리고 있었다. [……] 나는 침대 옆 조명등을 툭 쳤다. 살짝 건드린다는 게 그만 힘 조절이 안 돼 거의 쓰러뜨릴 뻔했고, 그 바람에 노란 빛과 커다란 그림자가 방안에 출렁거렸다.[40~42쪽]

이렇듯 소설은 이성애의 폭력적·남성적 지배 질서를 비추는 '조명등'을 깨뜨리고 여성들의 세계로, 새로운 '조명등' 아래로 자리를 옮겨야 한다는 당위를 제시한다. 소설이 서사 전체에 걸쳐 문제시하는 것은 강제적 이성애의 힘이다. 물론 작품이 제기하는 문제의식만큼은 타당하다. 그러나 주체가 발 딛고 있는 이 세계가 문제적이라면 그 문제로부터 눈을 돌릴 것이 아니라 완전히 처음부터 스스로를, 그 안에서 거주하는 자신의 궤적을 다시 성찰해야 한다.

어둠은 빛의 궤적을 드러내는 배경이다. '나'가 자신이 이성애자라는 사실에 환멸을 느끼면서 두 여성 퀴어의 삶을 부러움의 시선으로, 대립하는 악조차 없는 선의 온전함으로, 착취와 폭압, 위계가 표백된 무결한 평화의 세계로 바라본 결과는 그저 자신의 피해의식을 투사해 형성한 왜곡된 세계상일 뿐이다. 퀴어의 세계에서

전승민

도 성폭력은 발생한다. 불륜과 사기, 이혼, 폭행, 착취도 당연히 실재한다. 그들 또한 그저 '사람'이기 때문이다.[7]

연구소에서 계약직 행정 사무 보조로 일하는 자신을 "불가촉천민"에 빗대는 계급 의식도 매한가지다.[10쪽] 그녀는 정말로 불가촉천민처럼 어렵게 삶을 이어나가며 그 어떤 가능성도 부재한, 미래 없는 세계에서 살아가고 있는가? 계약직으로 연구소에서 근무하는 30대 후반 여성의 현실이 '정말로' 그러하냐는 말이다. 그렇다면 그가 자신의 박탈감을 투사하는 안개꽃과 시트러스의 레즈비어니즘은 그보다 경제적·문화적으로 훨씬 윤택하고 안락한가? 이성애자 여성의 부러움 어린 시선을 받을 만큼 퀴어들의 현실이 낭만적이고 아름다운가? 그렇지 않다. 각성한 이성애자 여성들에게 레즈비언으로 전업하기를 권할 정도로 윤택하지 않다. 퀴어 페미니스트로 산다는 것은 이성애자 페미니스트들이 겪는 것과는 또 다른 이중의 억압을 감내하는 일이기도 하다.

그러므로 그녀가 해야 할 일은 왜곡된 투사가 아니라 그녀들이 조명등을 깨뜨렸음에도 여전히 빛나고 있

---

7 박주연, 「퀴어 관계 속 데이트 폭력과 학대, 어떻게 해결할까」, 《일다》, 2019년 10월 2일, https://www.ildaro.com/8560, 2023년 3월 14일 접속.

는 바로 그 전구를 갈아 끼우는 일이다. 새로운 빛을 매달기 위해 의자를 가져오고, 목장갑을 끼고, 쓰던 전구를 꺼내어 깨부순 뒤 그것을 다른 종류로 교체해야 한다. 깨진 조명등을 떠나 '새로운 조명등' 아래로 옮겨갈지언정 지금까지 사납게 발광하던 그 전구를 파괴하지 않는 한 폭력의 노란 빛은 세계 어디에서도 사라지지 않을 것이기 때문이다.[8]

여성에 대한 남성의 지배와 폭압이 우리 시대와 서사의 적이라면 그로부터 눈감지 말고 그것과 본격적으로 맞서야 한다. 제대로 싸우기 위해서는 회피하지 말고, 피해의식을 과하게 확장해 투사하지도 말아야 한다. 세계의 차원에서가 아니라 다만 '나'의 시야에 한해서 악을 몰아내는 일, 그러니까 시선의 렌즈를 교체하는 일은 임시 자구책에 불과하다. 게다가 퀴어의 삶을 이성애의 대안으로 투사하면 퀴어들이 겪는 현실의 난관은 이중으로 타자화돼 한 단계 더 비가시화된다. 자신의 해방을 위해 타자를 대상화하는 것은 페미니즘이 그간 맞서온 가장 유구한 남성적 폭력과 그 시선 아니

---

8 "더 이상 현실의 변화를 담아내지 못하는 낡고 오래된 미학일지라도 그것은 힘이 세다. 왜냐하면 기존의 미학이라는 것이 줄곧 남성중심적으로 구성되고 재생산되어왔기 때문이다." 심진경, 「이것은 페미니즘이 아닌 것이 아니다」, 《문학동네》 108호, 2021년 가을, 154쪽.

었던가? 게다가 어떤 세계가 빛으로만 가득하다고 선언해버리면 그 세계가 가진 어둠은 자동으로 소멸될 수밖에 없다. 실재하는 어둠을 없다고 할 수 없는 데도 말이다.

게다가 '나'의 조명등이 악을 비추지 않는다고 해서 악의 실존이 소멸했다고 확신할 수도 없다. 조명등의 빛은 단지 가시광선일 뿐이지 않은가. 악은 사라지지 않는다. 다만 보이지 않는 형태로 세계 어딘가에 건재한다. 최악의 경우 빛의 회피는 악의 조력이 될 수도 있다. 서사적으로 말하자면 악인을 처단하는 주인공이 그 처단의 과정으로부터 등을 돌리고 달아날 때, 그가 담지하는 선^{good}이 새로운 형태의 악이 될 수도 있다는 말이다. 그가 이성애의 폭력적 질서를 각성한 뒤 구원을 담지하는 유일무이한 선으로 퀴어의 사랑을 지목하는 순간, 그 선한 마음은 도리어 현실의 퀴어들이 고군분투하는 생의 구체적 맥락을 지우고 끔찍한 단순화와 낭만화의 위험으로 그들을 몰아넣고 만다. 그러니 두 번째 조명등으로 옮겨가는 일은 두 눈을 부릅뜨고 그 위험한 조명등의 빛과 마주하고, 나아가 그 조명등을 파괴한 뒤에야 고려해볼 일이다. 그러려면 주체는 자기연민에 심취한 나르시시즘적 투사를 중단해야 하지 않을까?

통제의 환락에 빠진 나르시시스트,
달의 시간이 아닌 태양의 시간과 맞설 것:
한정현의 『마고』

* 한정현, 『마고』, 현대문학, 2022.

앞서 살펴보았듯, 나르시시스트가 사용하는 방어 기제 중 하나는 이상화다. 이상화는 부정否定의 또 다른 방식이다. 전하영의 이성애자 여성 인물이 퀴어 여성에게 투사하는 빛은 자신이 겪고 있는 불안에 대한 해결책이다. 현실의 불완전함을 상쇄해줄, 결함 없이 완벽하게 이상화된 대상을 만들어냄으로써 불안은 부정된다. 그러나 나를 해하지 않을 완전무결하고 무해한 타자는 세상 어디에도 없다. 퀴어의 사랑은 이성애의 흠결을 보완해주는 대안이 아니다. 이상화 전략과 더불어 나르시시스트가 행하는 또 다른 기술은 대상의 통제다. 나르시시스트는 자신을 불안하게 하는 대상을 통제하려 함으로써 자신의 전능함을 확인하고 세계를 자신이 바라는 대로 건설해 주체의 우울을 막아낸다.

한정현의 장편소설 『마고』는 '선한 얼굴'로 타자들의 생을 송두리째 좌지우지하는 나르시시스트의 회고록이다. 소설은 여성살해와 여성혐오의 현실을 환기하는 이성애자 여성 주체(연가성)를 앞세워 퀴어의 삶을 애도하고 연민하는 주체로서의 '나'를 확립한다. 폭력적인 현

전승민

실 속에서 다른 이들의 삶이 무너지고 좌절되는 와중에도 홀로 안전한 자리를 지키고 있는 '나'는 그 모든 것을 멀리서 지켜본다. 약자와 피해자를 동정하는 자기 자신에게 몰두하고, 자신의 불안을 외부로 투사한다. 그 과정에서 고유한 타자성을 가진 '유해'한 타자들은 순결하고 선하기 그지없는 억울한 약자로 철저히 대상화된다.

한정현의 소설에는 실로 다양한 계층과 정체성을 지닌 소수자들이 대거 등장한다. 인터섹스, 게이와 레즈비언, 트랜스젠더, 5월 광주의 희생자, 오키나와인, 그리고 이성애자 여성. 그의 소설계는 "금지된 적이 있는 사람들"(92쪽)의 우주다. 주류 사회의 합의된 가치 기준 하에서 비오스의 지위를 획득하지 못했던 존재들, 다시 말해 '인간'이지 못했던 존재자들의 삶이 행성처럼 공전한다.

항성이 아니라 행성이라고 적은 데는 이유가 있다. '금지되었던 자'들은 한정현의 소설에서 스스로 빛을 발하지 못하고 반드시 서술자나 내포저자가 휘두르는 빛의 세례 아래에서만 그 실존이 드러나기 때문이다. 이

비오스bios와 조에zoe

비오스와 조에는 모두 우리말로 생명이라 번역될 수 있지만, 구체적으로는 서로 대립하는 의미의 개념이다. 조에가 날것 그대로의 삶을 말한다면, 비오스는 보다 문명화된, '인간'다운, '인간'적인 삶을 뜻한다.

빛은 너무 밝은 나머지 캐릭터 고유의 인물성과 서사를 납작하게 만들고 만다. '금지되었던 자'들의 서사는 선 hero으로 상징되는 초점인물(이성애자 여성)의 자기 구원을 위한 일개 도구로 동원되고, 그 과정에서 개별 인물의 역동적인 소수자성은 오직 한 사람의 '빛'에 피폭되면서 아주 예쁘고 단정하게 물화된다.

부제 '미군정기 윤박 교수 살해 사건에 얽힌 세 명의 여성 용의자'에서 엿볼 수 있듯 『마고』는 추리 소설의 형식을 차용하겠다는 의도를 전면에 내세운다. 그러나 이 장편소설은 미스터리나 추리 가운데 어느 장르에도 속하기 어렵다. 일반적으로 추리 소설은 독자가 탐정으로 상정된 인물과 '함께' 사건의 전말에 다가가면서 재미와 서스펜스, 스릴을 발생시킨다. 하지만 『마고』의 독자는 초점인물과 서술자가 정리해준 사건들에 수동적·절대적으로 수긍해야만 서사를 읽어나갈 수 있다. 『마고』의 모든 이야기는 독자들에게 사후적으로 통보될 따름이다. 살인 사건의 전말을 '파헤치는' 가성 역시 서사의 전개에 따라 새로운 단서와 사실을 밝혀내는 것이 아니라 이미 죽어버린 사실들의 더미를 건져 올릴 뿐이다. 마치 그의 직업인 검안의가 하는 일처럼 말이다. 그러므로 이 '추리' 소설의 사건들은 전말이 드러날수록 현실의 인물과 세계를 변화시키는 것이 아니라 마치 앨범에서 한 장씩 넘겨보는 사진같이 죽어버린 과거의 흔

전승민

적, 박제된 '사연'이 되고 만다.[9] 빛바랜 후일담에 불과한 사연의 세계에서는 선과 악의 대립이 역동하지 않는다.

세 가지 측면에서 이 소설은 안타깝다. 첫째는 선의 독단에 의해 악이 평평해지면서 서사적 입체성을 상실한다는 것, 둘째는 그러한 악의 평면화가 '선'의 위치에 놓인 소수자-퀴어와 여성 인물들까지도 물화하고 만다는 점, 마지막으로 이 두 가지 내적 요소 때문에 소설의 외적 요소인 장르적 특징, 즉 미스터리/추리 소설의 외피를 갖추는 데에도 성공하지 못한다는 점이다.

지금부터는 특히 두 번째 요소, 소설이 퀴어와 여성 인물의 입체성을 지워버림으로써 그들을 지켜내고자 하는 선한 의도가 어떻게 새로운 악이 되는지를 분석해

---

9 박인성은 손원평과 장류진의 작품을 포함한 최근 한국의 적잖은 소설들이 무해함을 지향하며 갈등과 대립을 회피하는 경향을 띤다고 분석한다. 또 작품 안에 마치 갈등처럼 보이는 요소가 있더라도 진정한 의미의 갈등이라기보다 서사의 배경과 소품에 그칠 뿐이라고 비판한다. "이러한 소설들에서 적대는 주로 과거 속에, 현재까지 영향력을 미치기는 하지만 배경이 돼버린 사연의 세계 속에 있다. 사건을 통한 현재 갈등에 대한 집요한 재현보다는 이미 지나간 과거의 사건들 속에서 적대와 대립은 명확한 현실의 상흔을 남기고 지금은 흐릿해진 상태. 따라서 사건이 아니라 사연이라는 과거의 회상 형식 속에서만 대립의 원칙이 간접화돼 드러난다." 박인성, 「적이 없는 소설들」, 《자음과모음》 55호, 2022년 겨울, 357쪽.

보려 한다.[10] 이를 가장 큰 문제로 삼는 이유는 소수자들을 사랑으로 지켜내고 구하겠다는 소설의 '빛'이 건네는 의도와 달리 실제로 그 빛은 정확히 반대되는 의지를 생산해내 이 소수자들을 죽이기 때문이다. 소설 속 퀴어들은 전혀 개연적이지 못한 이유로 순전히 극단의 우연에 기대어 사망한다.

이에 대해 소설은 "대부분의 죽음은 그 자체로 끝나지 않고 남아 있는 삶과 연결되곤 했다."(141쪽)라는 직접적인 서술로 방어술을 펼쳐 보이지만, 그럼에도 소설 속 죽음은 삶과 연결되지 못한다. 오히려 미군정기와 일제의 식민지배라는 과거의 역사적 힘을 소급해 동시대적 퀴어함의 생기를 지워버린다. 과거를 현재로 소환하는 역사 소설은 오늘의 현실을 과거의 것으로 대체하기 위함이 아니다. 오히려 오늘의 시선으로 과거를 다시 읽거나 과거와 현재의 상호 중첩을 짚어내기 위함이다. 그러나 안타깝게도 이곳에서 살아남는 단 하나의 실존이 있다면 그것은 소설을 추동하는 이성애자 여성 인물인 연가성의 목소리다. 이는 굉장히 난처한 일인데, 왜냐하면 소설이 연가성의 목소리를 최후까지 남겨두는 이유

---

10 게다가 이 소설은 남성과 여성, 가해와 피해의 이분법적 구도를 과도하게 내면화하고 있기에 으레 '여성'으로 상정되는 『마고』의 내포저자를 '선의 얼굴을 가장한' 새로운 유형의 여성 빌런으로 유형화할 수 있을지도 모른다.

전승민

는 죽은 여성과 퀴어 인물을 다른 누구도 아닌 바로 그녀의 눈물로써 애도하기 위함이기 때문이다.

그리하여 『마고』에서 발생하는 모든 죽음은 오로지 이 단 한 명의 여성이 흘릴 눈물을 위해 동원되는 비석이 되고 만다. 나르시시스트의 애도는 망자의 존재를 연민하고 함께 슬퍼하는 공감적 수행이 아니다. 다만 자기보다 낮은 사다리 칸에 자리한 존재를 '불쌍하게' 내려다보는 동정 어린 시선에 불과하다. 나르시시스트가 애도하는 대상은 그가 발생시키는 위계적 시선의 권력 구도 안에서 평등하지 않은 존재로 한 번 더 대상화된다. 시선에 내재하는 교묘한 권력은 연민과 애도, 동정이라는 기표의 선한 가치 때문에 좀체 드러나지 않는다.

"우리는 낙관할 수 있어. 우리가 잊지 않고 있으니까."〔183쪽〕 결미에 등장하는 이 문장은 죽은 자들의 삶을 반추해 동시대의 현실로 소환하기 위한 말이 아니다. 그런 기억의 제의는 이 소설에 없다. 과격하게 말하자면 이 대사는 다만 그들의 퀴어한 욕망이 지닌 활기가 무참히 살해돼도 상관없다는 방관의 표현이다. 존재의 동시대성을 소거하면서도 괜찮다고 낙관하는 이유는 주체의 기억이 타자들의 실존보다 압도적으로 우월하고 강력하기 때문이다.

살해된 것은 표면적으로 윤박 교수지만 소설의 힘에

의해 정말로 살해당한 자, 자신의 진짜 모습대로 살기 바라던 욕망을 철저히 박탈당한 자는 MTF^{male to female}로 살고자 했던 권운서, FTM^{female to male} 수술까지 받았지만 자기 발화의 주체성조차 갖지 못한 에리카, 그리고 레즈비언 커플 안나 서와 현초다. 이들의 참혹한 죽음에도 불구하고, 바깥 현실의 퀴어한 삶들이 그려온 역사적 궤적이 이들의 죽음에 비견될 만큼 험난하고 어려웠다는 진실은 텍스트 내부로 견인되지 못한다. 부족한 개연성과 핍진하지 않은 서사의 흐름은 텍스트와 현실을 연동시키고자 한 본래의 의도를 실패로 이끈다. 장편소설이라는 긴 분량의 형식을 부러 채택하면서까지 달려가는 최종 목적지는 고작 이성애자 여성 인물의 자기애적 애도의 수행이다.

"빛이 사라지면 너에게 갈게." 이 문장은 소설 사이사이에 마치 중요한 힌트처럼 의미심장하게 삽입된 경구로 꽤 낭만적인 느낌을 자아낸다. 그러나 이때의 빛은 선한 빛이 아니라 소설이 상정한 폭력의 도식에서 외세와 제국주의, 폭력, 남성을 상징하는 따가운 빛일 테다. 『마고』는 미군과 일제가 자행하는 제국주의적 폭력이나 남성성 등을 '태양'이라는 상징으로 손쉽게 등식화·단순화하고 그 대척점에 '달'이라는 대항 상징물을 둔다. 문장 속 '너'는 가성이 오래도록 아프게 사랑했지만 끝내 마음을 전하지 못한 운서를 의미한다. 혹은 무

전승민

자비한 폭력 속에서 사라진 여성과 퀴어 인물들 모두가 서로를 향해 건네는 호칭일 수도 있다.

그런데 '너에게 간다'는 말은 어찌하여 '빛이 사라지면'이라는 조건문 아래 종속돼야만 하는가? 태양을 가리기란 불가능하다. 유사 이래 태양이 없던 지구가 존재한 적이 있던가?(태양이 없는 척 두 눈을 감아버리는 일만이 가능할 테다.) 그렇다고 우리가 달이 돼 밤의 시간에만 살아 있을 수도 없는 노릇 아닌가. 『마고』는 그 사나운 태양에 맞설 수 있는 새로운 빛의 최대치가 낮달의 어슴푸레함이라고 말한다. "이 빛이 사라지면 나는 너에게 가리라. 어디선가 떠오른 낮달이 가성의 눈에 가득 들어왔다."〔187쪽〕 그러나 정말 과연 그러한가? 악에 맞서 우리가 대적할 수 있는 최대치는 정말로 이것뿐이란 말인가?

오늘의 우리에게 퀴어와 여성, 소수자들의 이야기가 수신될 수 있는 이유는 지난 반세기 동안 소수자들의 피와 땀으로 이루어진 투쟁의 시간 덕이었다. 작열하는 태양빛의 폭압이 사라지기를 숨죽여 기다리는 운신의 시간이 아니라 바로 그 태양과 정면으로 맞서 싸워온 치열한 대결의 시간 말이다.

전하영의 소설 속 여성 인물이 '새로운 조명등' 아래로 움직이려 하듯, 태양이 스러지는 밤의 시간에 '너'를 만나겠노라는 전언은 현실의 폭력에게 '비폭력'으로 맞서겠다는 회피적인 방어의 몸짓에 지나지 않는다. 우리는 낡은 조명등을 부수는 데까지 나아가야 한다. 비록 그 파편에 의해 생채기가 나더라도 새로운 필라멘트를 설치해야 한다. 그게 바로 우리가 원하던 새로운 빛의 모습일 테니 말이다. 그러므로 우리가 집어들어야 하는 선택지는 빛과의 대결이다. 태양 빛이 아무리 사납게 이글거려도 두 눈을 부릅뜨고 싸워야 한다. 피해자성에 함몰되지 않은, 자유로이 내달리는 마음으로, 자기연민에 도취돼 마약 같은 그 안락함에 스스로를 내어주지 않겠노라는 의지와 함께 말이다.

이렇듯 『마고』에서는 주인공 서술자가 선이라는 욕망을 지켜내는 정당성을 확보하기 위해 소수자를 희생양으로 삼기를 주저하지 않고, 그가 집행하는 희생 제의가 곧 소설 자체가 되고 만다. 서사는 악과의 본격적인 대결이 아니라 나르시시스트가 자의적으로 지향하는 '선한' 가치, 그리고 그 가치의 공동체(텍스트 자체라 할 수 있겠다.)의 유지를 위해 진행된다. 이때 우리는 선이 재귀적으로 악의 조력자가 되는 모습을, 혹은 악을 자신의 존립 조건이나 수단으로 납작하게 만드는 모습, 즉 선이 저지르는 폭력을 목도한다.

선과 악의 이러한 아이러니는 무자비한 자가당착의 사태를 초래한다. 자기만의 서사를 가진 악인은 사라지지만 역설적으로 추상의 '악'은 어느 곳에서보다 명징하

전승민

게 남고, 주인공이 추구하는 '선한' 가치가 도리어 독선과 독단으로 거듭나며 세계를 1인칭의 내면으로 환원·축소한다. 주인공 자신이 생각하는 선을 세계의 선으로 확대 해석하는 과정에서 소수자의 고유한 삶의 궤적과 정체성은 훼손되고 파괴된다. 독자는 『마고』를 덮으며 모든 애도가 윤리적이지는 않다는 잔혹한 진실을 발견하게 된다.

개종하는 나르시시스트, 혼돈을 받아들일 것:
룰루 밀러의 『물고기는 존재하지 않는다』

* 룰루 밀러, 『물고기는 존재하지 않는다』, 곰출판, 2021.

반면 작품 대부분을 악의 직접적인 서술에 할애하는 책도 있다. 『물고기는 존재하지 않는다』는 물고기 분류학자 데이비드 스타 조던의 회고록을 따라 읽는 저자 룰루 밀러의 독서 기록이다. "물고기가 존재하지 않는다."라는 단 한 문장의 깨달음이 도대체 무슨 의미인지 말하기 위해 그것의 부정항인 "물고기가 존재한다."의 의미를 데이비드 스타 조던의 일생을 통과해 독자들에게 먼저 전하고, 서사 전반부에서 쌓아 올린 의미의 퇴적층이 산산이 조각나며 부서지는 과정을 후반부에서 속도감 있게 보여준다. 저자는 전지적 시점의 서술자를 자처하며 마치 전기수傳奇叟처럼 데이비드의 이야기를 독자에게 생생하게 전달한다. 그래서 독자는 이 논픽션을 거의 다 읽어갈 즈음 한 편의 소설을 읽은 것 같은 느낌에 사로잡히기도 한다.

논픽션과 픽션의 층위가 절묘하게 교차하는 마술 같은 서술은 작품의 장르를 기존의 장르 규범으로부터 탈피시켜 혼종성을 부여하고, 내용의 층위가 아닌 서술의 층위에서 독자를 반전에 도달시키는 파격적인 즐거움을 선사한다. 더욱 탁월한 점은 이러한 인식의 파열이 내용의 층위까지 역으로 소급돼, 결국에는 독자의 인식 체계를 뒤흔드는 데까지 나아간다는 점이다.(밀러가 독자와 공유하는 '간접 독서'의 체험이 그녀의 삶을 실제로 바꾸어놓았음은 말할 것도 없다.) 『물고기는 존재하지 않는다』는 자기연민의 망망대해에서 허우적대던 나르시시스트 화자가 독서를 통해 자신의 껍질을 뚫고 나오는 데 한 단계 성공하는 이야기다.

밀러의 독서는 사랑의 상실을 겪은 후 자신의 삶을 데이비드 스타 조던의 삶 위에 포개어두면서 이별을 만회할 구체적인 해결책을 찾고자 하는 욕망에서 시작한다. '나'는 계피향이 나는 곱슬머리 남자와 7년간 연인 관계를 이어온다. 하지만 그녀가 다른 여자에게 키스하는 사건이 벌어지며 관계는 파탄이 나고 남자는 룰루를 떠난다. 그녀는 스스로 관계의 파탄을 초래했음에도 이

전승민

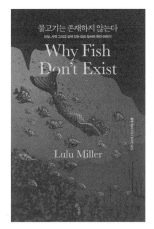

『물고기는 존재하지 않는다』한국어판

별을 받아들이지 못한다. 언젠가 연인이 돌아오리라 굳게 믿으며 이메일을 쓰고 끈질기게 연락을 시도하지만 (당연하게도) 그에게선 어떤 응답도 없다.

　그때부터 룰루는 데이비드의 저술을 따라 읽으며 자신의 막막한 상황을 타개해나갈 단초를 그의 집요한 수집벽으로부터 찾으려 애쓴다. 스스로를 "연인이 왜 자기를 떠났는지 깨닫지 못하는 나르시시스트 투구게"(118쪽)라고 묘사하며 (자신이 나르시시스트인 것을 인정한 데서 그녀는 이미 박수 받을 만하지만) "아무 약속도 존재하지 않는 세계에서 희망을 품는 비결, 가장 암울한 날에도 계속 앞으로 나아가는 비결, 신앙 없이도 믿음을 갖는 비결"(66쪽)을 발견하고자 노력한다.

　데이비드의 일생은 혼돈에서 질서를 스스로 만들

고자 한 사람의 분투기이자 그 질서를 통제하려는 거대하고 강렬한 욕망의 일대기다. 그는 극심한 자연재해를 겪으며 유리병에 보관해둔 표본들이 숱하게 훼손되고 아내와 자식들마저 세상을 떠나는 시련을 경험한다. 그러면서도 새로운 어류를 발견해 이들의 종명을 짓는 일만큼은 포기하지 않는다. 여러 난관을 겪을수록 수집과 명명을 그만두기는커녕 더욱 집요하게 파고들고, 자신의 지위와 권력을 보전하기 위해서라면 가스라이팅과 음해, 살인조차 마다하지 않는다. '나'는 자신의 삶에 생겨난 커다란 상실의 구멍을 데이비드가 지녔던 그 '힘'으로서 메우려고 한다.〔171쪽〕

데이비드는 의지로 불행을 제압할 수 있다고 생각했다. 그는 노인이 될 때까지도 물고기에게 직접 이름과 학명을 붙여주는 작업을 멈추지 않았는데, 이는 혼돈을 제거하고 질서를 부여하는 행위, 삶을 통제하고 조율하는 행위였다. 분류는 일종의 사다리 만들기다. 생물종들 사이에 선형적 위계와 우월 관계를 부여하는 이 행위의 목적은 (음흉하게도) 사다리 제작자가 가장 높은 곳에 올라서기 위해서다. 룰루는 잃어버린 사랑을 되찾을 해법을 물색하는 자신의 욕망을 데이비드의 그것과 동일시하며 그의 삶을 줄곧 뒤따라가다가, 책의 3분의 2 지점에 이르러 별안간 깨닫는다. "내가 모델로 삼으려 했던 자는 결국 이런 악당이었던 것이다."〔201쪽〕

전승민

룰루의 독서가 그리던 벡터는 이제 반대 방향으로 완전히 뒤집힌다. 우리가 선한 가치라 믿어 의심치 않고 좇던 빛이 실은 악으로 밝혀질 때 우리는 무엇을 할 수 있을까? 그녀는 스스로 동일시해오던 '절대선the absolute good'으로부터 돌아서고, 나르시시스트 투구게는 자신을 보호해오던 껍질을 벗기로 한다. 선의 얼굴로 진짜 얼굴을 가려오던 악의 구체적 형상이 드러나는 순간 저자는 그를 부정하지 않고 오히려 그때부터 악에 대한 심층적 이해로 나아가기를 택한다.

> 그 사다리가 데이비드에게 준 것은 바로 이것이다. 하나의 해독제. 하나의 거점. 중요성이라는 사랑스럽고 따스한 느낌.
> 그런 관점에서 보면 나는 그가 자연의 질서라는 비전을 그토록 단단하게 붙잡고 늘어졌던 이유를 이해할 수 있을 것 같다. 도덕과 이성과 진실에 맞서면서까지 그가 그렇게 맹렬하게 그 비전을 수호한 이유를. 바로 그 때문에 그를 경멸했음에도 어느 차원에서는 나 역시 그가 갈망한 것과 똑같은 것을 갈망했다.[207쪽]

옳다고 굳게 믿어 의심치 않았던 것이 실은 불의한 것이었음을 알게 될 때 취할 수 있는 방법은 두 가지다. 하나는 자신이 내린 판단과 선택 역시 틀렸음을 인정하는 일, 그리고 다른 하나는 밝혀진 그 진실이 도리어 거짓이라고 부인하는 일. 선과 악은 이 지점에서 비로소 서로의 등을 돌린다. 선은 자신의 오류를 인정하는 용기를 발휘한다. 반면 악은 드러난 세계의 참모습과 진실의 빛에 놀라 암막 커튼을 휘두르고 자신의 어둠 속에 안주하려는 나약함을 보인다. 데이비드는 뒤의 선택지를, 룰루는 앞의 선택지를 고른다. 이렇게 갈라선 지점부터 그들은 독자 앞에서 각자의 혼돈과 대결하며 서사를 진행해나간다. 책 전체에 걸쳐 제시되는 저자의 독서 과정은 두 명의 나르시시스트가 각자의 혼돈과 벌이는 사투다.

혼돈에 이름을 붙여 그것을 질서로 고정하려는 데이비드의 분투는 어린 나이에 발진 티푸스로 죽은 형 루퍼스에 대한 상실의 해법이었다. 하지만 혼돈은 삶과 자연 자체, 날것 그대로의 조에, 말하자면 통제 불가능한 것—인간의 언어와 힘으로 예측할 수 없는 힘의 정수이다. 혼돈은 생물종의 의지와 무관하게 좋은 것과 나쁜 것을 무분별하게 선사한다. 데이비드는 이 단순한 진실을 평생 받아들이지 못했다. 그의 분투는 진실에 대한 집요한 거부였다. 루퍼스를 데이비드와 만나게 한 것도, 루퍼스와 다소 일찍 이별하게 한 것도 모두 동일한 자연이라는 범박하면서도 거대한 진실 말이다.

그의 지도 제작과 수집, 종의 분류는 한 나르시시스트가 상실에 맞서 그의 생애 전부에 걸쳐 발휘한 불굴의 노력의 총체다. 그러나 자기 합리화로 진실을 외면

전승민

하고 상실을 제압해 무력화할 수 있다는 무모하고 그릇
된 믿음은 스스로의 세계에 갇힌 인간의 기만이 절대적
신앙으로서 거듭날 때 발생하는 애꿎은 마찰력에 불과
하다. 그는 자연을 탐구하고 연구한 것이 아니라 자연
에 투사되는 자신의 시선을 좇아 자의적 명명을 거듭했
다. 그러나 룰루, 즉 자신의 외도로 7년간의 관계를 깨
뜨렸음에도 여전히 그 관계를 회복할 수 있다고 믿으며
전 연인에 대한 끈질긴 미련을 떨치지 못하던 또 다른
나르시시스트는 그러한 데이비드의 삶에서 자연이 선
사하는 모순과 진실을 깨닫는다. 인간이 자연의 혼돈을
지배할 방법은 어디에도 없다. 삶을 내어주는 손도, 죽
음으로 그를 거두어들이는 다른 손도 모두 자연의 것이
므로.

> 나는 살면서 내 인생의 많은 좋은 것들을 망쳐버렸다. 그리고 이제
> 는 더 이상 나 자신을 속이지 않으려 한다. 그 곱슬머리 남자는 결코
> 돌아오지 않을 것이다. 데이비드 스타 조던은 나를 아름답고 새로운
> 경험으로 인도해주지 않을 것이다. 혼돈을 이길 방법은 없고, 결국
> 모든 게 다 괜찮아질 거라고 보장해주는 안내자도, 지름길도, 마법
> 의 주문 따위도 없다.[208쪽]

룰루는 다행스럽게도 데이비드가 보지 못한 삶의
진실을 본다. 눈앞의 현실을 회피하고 날조하는 일은

난관의 극복이 아니라 다만 부정과 기만의 다른 형태임을 말이다. 이로써 룰루는 아버지가 남긴 "우리는 중요하지 않다."라는 말의 의미를 비로소 깨닫는다. 우리는 개미와 티끌처럼 "깜빡거리듯 생겨났다가 사라지는, 우주에게는 아무 의미도 없는 존재"지만, "우리"는 그 무의미의 일부로서 "중요"하다고 말이다.〔222쪽〕 자연의 진실을 받아들이는 것은 마치 제 꼬리를 물고 있는 우로보로스의 아이러니를 이해하는 일과도 같다.

　이야기를 조금만 더 풀어보자. '나'의 삶은 '너'의 삶보다 우월하지 않다. 누군가의 삶은 조에로, 또 다른 누군가의 삶은 우아한 비오스로 임의 배치되지 않는다. 그 임의성에 (데이비드와 같은) 누군가가 질서처럼 보이는 '이름'을 붙인다 해도 소용없다. 우리는 절대적으로 사소하고 작다. 그러나 우리 각자, 이 점멸하는 작은 빛의 티끌들은 서로를 떠받쳐주는 작은 그물망 안에서 연결돼 있고, 실낱같이 이어진 이 얇은 선들은 "자신들이 받은 빛을 더욱 환하게 반사할 수 있는 실질적인 방식"이 된다. 그것이 바로 데이비드 스타 조던이 죽을 때까지 결코 알지 못했던 자연의 진실, "자연을 더욱 정확하게 바라보는 방식"〔226쪽〕이다. 자기 세계에 갇혀 우주를 자기 식으로 변형하려 애썼던 한 남자의 생애를 모두 읽은 나르시시스트 투구게는, 이로써 어렵게 한 번의 탈피를 마친다.

전승민

그래서 물고기는 없다. '물고기'는 견고한 진화적 범주가 아니다. 우리가 그 범주가 실재한다고 굳게 믿는 것은 다만 다수의 생물종이 지니는 유사한 외피 때문이다. 가령 비늘이라는 겉모습을 제외하면 폐어는 같은 '물고기'로 취급되는 연어보다 오히려 소와 종적으로 훨씬 가깝다. 연어는 폐어와 소가 공통적으로 가진 호흡 기관을 가지고 있지 않기 때문이다.[239쪽] 범주는 각각의 생물종이 가진 삼차원의 고유한 차이와 진실을 깔끔한 봉제선 안으로 기워 넣고 존재의 개별적인 요철과 무늬들을 이차원으로 납작하게 만든다. 퀴어의 존재론도 그렇다. 이름, 외모 등 겉으로 드러나는 기표로만 퀴어를 재현할 때 범주를 해체하고자 하는 퀴어의 역동성과 욕망은 무화된다.[11] 명명되지 않은 미지의 존재, 타자들을 수집해 이름을 붙여 유리병 안에 붙잡아두는 것은 룰루 밀러가 빌려온 말대로 '언어적 거세'다. "인간이 정상의 자리에 머물기 위해 단어들을 발명하는 방식"[252쪽]에 다름 아닌 것이다.

---

11 한정현이 소설에서 퀴어를 재현하는 방식은 특히 옷차림과 이름과 같은 외양에 국한돼 있다. 이는 『마고』뿐만 아니라 퀴어를 등장시킨 그녀의 다른 작품에서도 마찬가지다. 전승민, 「이제, 너희는 씨 뿌리는 사람의 비유를 들어보아라: 레즈비언 퀴어를 세속화하는 '장치'에 관하여」, 《문학동네》 109호, 2021년 겨울, 240~259쪽.

혼돈을 이리저리 계량해 편의에 맞게 재단하려는 노력이 곧 자연의 진실을 은폐하고 부정하는 폭력임을 각성한 저자는 자신이 대적하려던 상실 또한 삶에 포함된 자연임을 드디어 받아들인다. 그녀는 계피향 나던 옛 남자를 드디어 마음속에서 떠나보내고 자기 앞에 다가온 새로운 여자의 손을 잡는다.(실제로 룰루 밀러는 아내 그레이스 밀러와 두 아들과 함께 행복하게 살고 있다.) 범주가 파괴될 때 경계 밖으로 튀어나오는 무궁무진한 가능성과 자유가 있다. 행복과 좋음과 마찬가지로 상실과 파괴, 고통 역시 삶과 나란한 층위에 있다는 것, 그리고 그것이 바로 자연의 혼돈임을, 인간이 살아가는 내내 긍정하고 받아들여야 할 진실임을 그녀는 깨닫는다.

눈앞에 보이는 외피에 현혹되지 않고 그 너머의 다른 가능성들을 품은 현재, 확실해 보이는 '지금'은 언제고 전복될 수 있다. 우리 각자는 우주의 일부로서 몹시 중요하고 소중한 존재인 동시에 우주적 차원에서는 정말이지 하나도 중요하지 않은, 아주 사소한 티끌에 불과하다는 아이러니 말이다. 이렇듯 개종한 나르시시스트가 접속한 새로운 세계에 물고기는 없다. 물고기는 없기에, 포름알데히드로 몸을 적셔 유리병에 가두려는 손아귀의 힘이 없기에, 우리는 자유롭게 헤엄치는 물고기가 돼 더 넓은 바다를 향해 거침없이 나아갈 수 있다. 죽음과 혼란, 파멸이 도사리고 있는, 그러나 그 모든 혼

전승민

돈을 긍정할 만큼 커다란 사랑 또한 확신할 수 있는 망
망대해로.

나르시시즘이야말로 오늘날의 빌런

나르시시즘에 갇힌 주체는 선한 빛을 비폭력의 수동성
으로 치환해 받아들이고, 약자와 소수자의 당사자성을
피해자의 그것으로 물화해 주체의 서사에 동원되는 희
생양으로 전락시킨다. 그러한 서사에서 퀴어와 여성들
은 현실의 엄혹한 힘과 폭력 앞에서 저항 한 번 해보지
못한 채 한없이 무력하게 사라진다. 연민하는 주체의
추억과 회고의 부속물로 물화된다. 진실한 선은 악과
정면으로 대결하며 성장한다. 서사에서 악이 납작해지
면 선 또한 평평해지는 것은 피할 수 없는 역학의 결과
다. 게다가 악 또한 부정할 수 없는 인간성의 아주 중요
한 부분이 아니던가. 악의 의도적 소거와 표백은 '선한
인간'의 자기기만 그 이상도 이하도 아니며 악을 고의적
으로 외면하는 선의 얼굴은 또 다른 악일 수 있다. 자신
이 절대적으로 선하다고 믿는 나르시시즘이야말로 오
늘날 우리가 직면해 대결해야 할 새로운 빌런이다.

이 글에 등장하는 작품

소설   전하영, 「그녀는 조명등 아래에서 많은 시간을 보냈다」 전하영 외, 『2021 제12회 젊은작가상 수상작품집』, 문학동네, 2021, 9~58쪽.

소설   한정현, 『마고』 현대문학, 2022.

논픽션   룰루 밀러, 『물고기는 존재하지 않는다』 곰출판, 2021.

소설   최은영, 『내게 무해한 사람』 문학동네, 2018.

범죄의 기술記述:
선정주의를 넘어선
범죄 논픽션

김용언

『어둠 속으로 사라진 골든 스테이트 킬러』
『그림 슬리퍼』

김용언

미스터리 전문지 《미스테리아》 편집장. 『여자에게 어울리는
장르, 추리소설』『문학소녀』『범죄소설』 등을 쓰고, 『내게는
수많은 실패작들이 있다』『죽이는 책』『코난 도일을 읽는
밤』 등을 우리말로 옮겼다. 영화 잡지 《키노》《필름2.0》
《씨네21》, 장르문학 전문지 《판타스틱》, 서평 웹진
《프레시안 books》 등에서 일했다.

가해자, 악의 유일한 증언자

대체 우리는 왜 그렇게 실화에 열광할까? 작가의 머릿속에서 만들어진 이야기에 대해서는 어디까지나 가상의 세계라는 확실한 안전망이 구축돼 있다. 그런데 '실화를 바탕으로 했다.' 내지 '실화에서 영감을 받았다.'라는 문장이 붙는 순간 거기에 현실감이 깃들고 활기가 돌기 시작한다. '실화 기반' 콘텐츠는 더 이상 그저 진흙으로 뭉친, 영혼 없는 골렘이 아니다. 프랑켄슈타인 박사가 과학의 영감으로 재조립한, 의지와 지성을 가지고 움직이는 '그것' 같은 창조물이다. 작가라는 안전 요원 내지 간수의 존재는 아득히 멀어지고, 실제로 누군가 당했던 일격에 대한 짜릿한 흥분이 불러일으키는 아드레날린만이 숨 가쁘다. 어쩌면 나도 그런 일을 당했을 수 있지만, 아무튼 지금의 나는 이 이야기를 통해 교훈을 얻음으로써 피해자의 자리에 가지 않을 수 있다는 기묘한 우월감과 함께 그 운 나쁜 피해자보다 끔찍한 범죄를 저지른 이에 대해 더 많이 알고 싶다는 호기심이 압도한다. 그런 짓을 저지른 사람의 모든 것을 알면 마치 그 범죄를 방지할 수 있을 것 같다는 착각일까. 혹은 대체 어떤 안 좋은 환경에 처했기에 저렇게까지 망가질 수 있는가, 과거를 들춰보면 어떤 더러운 비밀이 튀어나올까, 외경심과 우월감이 뒤섞인 마음일 수도 있다. 사람들은 그렇게 점점 더 가해자를 궁금해한다. 피해자는 이미 숨이 끊어진, 망가진, 파괴당한, 더 이상 나에게 알려줄 게 거의 남지 않은 존재지만 가해자는 여기 버젓이 살아 있다. 그는 내게 정보를 줄 수 있다. 그리하여 죽은 사람의 억울함과 분노보다 죽인 사람의 억울함과 분노가 좀 더 중요해진다. 우리는 악을 피하기 위해서 악을 알아야 한다! 그러니 가해자여, 악에 대해 좀 더 자세하게 알려달라!

FBI 유산의 타블로이드화: 『살인자들과의 인터뷰』

* 로버트 K. 레슬러, 『살인자들과의 인터뷰: 이상 살인자들의 범죄 심리를 해부한 FBI 심리분석관 로버트 레슬러의 수사 기록』, 황정하·손명희 옮김, 바다출판사, 2021.

악은 왜 악이 되는가? 어떤 종류의 인간이 악의 길로 단호하게 접어드는가? 악의 지식, 죄에 대한 지식, 어둠을 꿰뚫어보고자 하는 지식. 문제는 그 지식을 얻기 위해서는 당사자와의 대화가 필요하다는 점이다. 죄인으로부터 특정한 고백을 이끌어내는 대화를 통해서야만 그 지식의 편린들을 주워 담고 어떤 체계와 질서를 찾아낼 수 있다. 참회하는 죄인은 어느덧 어둠에 관한 지식을 알려주는 '교육자'의 위치로 이동한다.

김용언

범죄 사건에 대한 대중의 유서 깊은 관심과 『뉴게이트 캘린더』

실제 범죄에 대한 대중적 열광은 18세기부터 보편적으로 퍼져 있었다. 1773년 영국에서 편찬된 『뉴게이트 캘린더』*The Newgate Calendar: The Malefactors' Bloody Register*가 이런 관심을 잘 보여준다. 총 다섯 권으로 구성된 이 범죄자 연대기는 주요 범죄자들의 죄악과 처벌을 도덕적 교훈의 경고와 함께 기술했고, 이는 19세기까지 여러 선정적 통속 소설에 풍부한 소재를 제공했다.

현대에 이르러 실화에 대한 열광, 범죄자에 대한 매혹을 (원하건 원치 않건) 대중문화 전반에 불러일으켰던 시작점을 FBI 행동과학부에서 찾아보자. FBI 요원 로버트 레슬러와 존 더글러스는 1970년대 말부터 콤비를 이뤄 범죄자들을 면담했고, 이로써 범죄 심리에 대한 체계적 접근이라는 공적 결과물을 만들어냈다. 이들은 각각 저서 『살인자들과의 인터뷰』와 『마인드헌터』를 통해 이런 면담 작업이 왜 필요한지, 범죄자를 잡아들이는 '사냥' 과정에서 면담 결과가 얼마나 중요한 이정표로 작용하는지를 역설했다. 『마인드헌터』가 유명 범죄를 개별적으로 소개해 극적 흥미를 부각하고 범죄자 각각의 특징에 집중하는 동시에 중간중간 저자 존 더글러스의 성장 과정과 직업 생활을 부록처럼 첨가했다면, 『살인자들과의 인터뷰』는 좀 더 건조한 톤으로 범죄자들의 유형을 체계화하고 이론적 배경을 설명하려 노력했다. 그러므로 이 범죄 심리 전문가들 중에서 로버트 레슬러의 의견을 살피는 쪽이 범죄를 저지른 이들을 향해 섣부르게 감탄하거나 경악하는 태도를 피하는 데 좀 더 부합할 것 같다.[1]

먼저 로버트 레슬러는 끔찍한 범죄자들의 가장 중요한 특징으로 '환상'을 꼽았다. 그는 어린 시절에 받은 정신적 충격이나 학대가 현재의 범죄를 구성하는 근본적 원인이라고 보는 의견에 동의하지 않는다. "내가 연구를 하면서 얻은 결론은, 어린 시절의 정신적 충격이 아니라 비뚤어진 사고방식을 키우는 것이 문제라는 것이었다. 살인범들은 자신들이 품고 있던 환상에서 동기를 부여받아 사람을 죽이게 된다."[157쪽] 누구에게나 안락하고 평온한 성장 환경은 필요하지만 그런 환경이 모두에게

---

1 물론 로버트 레슬러가 범죄자들과의 인터뷰에 태연하게 아무 거리낌 없이 접근했다는 뜻은 아니다. 그는 FBI 측에 자문을 요청했던 토머스 해리스의 소설 『레드 드래곤』이 출간된 뒤 작가에게 "왜 주인공이 요원이 아니라 FBI에 협력하는 민간인인지" 질문했다. 해리스는 주인공이 예전에 한니발 렉터와 대결한 뒤 모종의 심리적 문제 때문에 요원 자격을 박탈당한 전사前史가 있다고 답했다. 레슬러는 해리스의 대답을 듣고 난 뒤의 심경을 이렇게 회상한다. "나는 그런 말이 조금 우스웠다. BSU에 근무하는 우리들 대부분이 늘상 체중이 줄거나 신경성 심장 발작을 앓고 있기 때문이었다."[422쪽] 최대한 거리를 두려 노력하더라도, 요원들 역시 '악의 대화'에서 지속적인 영향을 받았던 것이다.

김용언

공평하게 주어지진 않는다. 하지만 불우하고 폭력적인 환경에 처해 있었다는 이유로 어린 시절의 상처와 학대의 기억이 수십 년의 세월 동안 조금도 사그라들지 않고 범죄자를 지배했다는 설명은 일방적으로 편리한 해결책일 수 있다.

범죄물에서 악당을 '평면적이지 않은 입체적인 캐릭터'로 표현하는 게 일종의 보편 공식으로 자리 잡은지 오래다. 알고 보면 그도 불쌍하고 상처받은 영혼이었음을 공들여 묘사하며 감정 이입의 여지를 주는 것이다. 그 악당은 자신이 겪는 불행을 아무 상관없는 타인의 탓으로 전가·투사하고, 운 나쁘게 자신과 마주치거나 관계를 맺게 된 이들에게 분노와 가학 심리를 해소한다. 많은 범죄물은 이런 행위가 얼마나 비천하고 초라하며 역겨운 것인지를 '불쾌'가 아니라 비틀린 '쾌'의 영역으로 재해석한다.

하지만 역사상 가장 잔혹한 살인범들을 만나 면담하며 그들을 오랜 시간 들여다본 로버트 레슬러는 단언한다. "그들은 어린 시절이나 사춘기부터 자기 마음속에서 수도 없이 보았던 것들을 실현시키려고 살인을 저지른다." 살인범들의 "선정적이고 폭력적인 환상"은 중독적인데, "현실 세계는 자기 마음대로 할 수 없지만, 상상의 세계는 마음먹은 대로 움직일 수 있기 때문이다. 이 청소년들은 환상 속에서 학대 행위를 되풀이하면서 어린 시절의 아픈 기억을 과잉 보상받는다. 단 이번에는 자기가 피해자가 아닌 가해자라는 차이가 있다."(158쪽) 강렬한 통제욕을 발휘하고자 특정 부류의 피해자를 선택하는 살인범들에게 "상대방은 인격을 지닌 사람이 아니라 하나의 물건"으로 여겨지며 "이상 성격자들의 경우 이들이 환상 속에서 느끼는 즐거움이 클수록 상대방은 더 큰 위험에 처하게 된다."(161쪽) 그리고 이들 다수가 자신들이 타인보다 우월하다고 믿기 때문에(이들은 억울하게도 남들이 자신의 우월성을 몰라준다고 생각한다.) 세상으로부터 "과잉 보상"을 받으려 한다. "심지어 잔인한 범죄를 저지른 점을 제외하면 특별히 남다를 것도 없는 평범한 사람일 경우에도 마찬가지다."(225쪽)

로버트 레슬러는 현대 미국에서 가장 유명한 범죄자인 존 웨인 게이시, 에드먼드 캠퍼, 찰스 맨슨 등과 오랫동안 면담한 끝에 이런 결론을 내린다. "이 살인자들은 끔찍한 인간들이며, 절대 숭배하거나 흉내 내선 안 될 인물들"(425쪽)이라는 것이다. 그는 FBI 행동과학부의 활약이 토머스 해리스, 메리 히긴스 클라크 같은 유명 작가들에게 직접적인 영감으로 작용했으며 TV 실화 범죄 프로그램의 뜨거운 인기를 불러왔다는 사실을 분명히 인지하고 있었다. 하지만 이 대중문화의 첨병들이 연쇄 살인과 범죄자에 지나치게 많은 매력을 부여했다는 데 염려를 표하기도 했다. "테드 번디나 다른 연쇄

김용언

로버트 레슬러 ⓒ폴 해리스

살인범들과 칵테일파티에 가서 이야길 나누면 재미있
겠다는 말을 여러 번 들은 적이 있다."〔425쪽〕

　연쇄 살인을 둘러싼 이야기(다큐멘터리를 표방하는 논
픽션의 형태든, 소설이나 영화 같은 픽션의 형태든)를 만들 때,
작가들은 명확한 기승전결의 익숙한 구조를 적용하곤
한다. 영리한 범죄자가 치열한 추격 끝에 결국 잡히는
결론으로 뻔하지 않게 나아가기 위해(아주 드물게 잭 더
리퍼라든가 조디악 킬러처럼 자취를 감춰버린 경우도 있는데,
이들은 특유의 해결 불가능성과 불가해함을 내세워 음산한 자
기 파괴적 멸망의 서사를 구사한다.) '기-승-전'의 드라마를
풍성하게 만들 디테일이 필요하다. 경찰과 범죄자 사이
의 치열한 두뇌 싸움, 범죄자가 악을 거듭 저지르게 되
는 이유, 범죄자가 희생자를 선택해 포획하는 과정이 등
장하고(많은 경우 피해자가 스스로를 위험에 노출시켰다는 관
점이 노골적으로 제시된다.), 그 불운한 희생자를 어떤 식

으로 괴롭히고 고문하고 죽음에 이르게 하는가에 대한 묘사가 추가된다. 사냥의 과정이 스릴을 자아내고 손에 땀을 쥐게 하며 희생자(그리고 관객과 독자)를 공포에 질리게 할수록 '성공적' 서사로 자리매김할 수 있다. 범죄자가 강력하고 사악할수록 그의 존재감은 커져가고 심지어 매력적으로 여겨진다.

'유명한' 범죄는 가치와 의미를 거듭 부여받으며 생명을 연장해나간다. 로버트 레슬러는 이런 경향을 대중 매체뿐 아니라 심지어 수사관들 사이에서도 볼 수 있다고 비판적으로 지적한다. 이를테면 '샘의 아들'이라 불리던 연쇄 살인범 데이비드 버코위츠의 경우, 그 이름을 언급하기만 해도 판매 부수가 늘어난다는 이유로 끊임없이 그를 화젯거리로 다루며 독자들의 공포를 부추겼던 매체들에 적극 호응했다고 한다. "유명한(혹은 악명 높은) 사람이 되고 싶어 했으며 세상에 충격을 주고 이목을 집중시켜서 특별한 대접"을 받고 싶어 했던 버코위츠의 지질한 욕망이 TV과 신문사 등의 선정적 보도를 통해 충족되었다는 것이다. 레슬러는 호들갑스러운 보도가 버코위츠로 하여금 "앞으로도 살인을 하도록 부추긴 짓이나 다름없었다."(131~132쪽)라고까지 강경하게 썼다. 또한 행동과학부의 프로파일링 작업이 주요한 성과를 얻기 시작하자 수많은 요원들이 뒤늦게 '범죄인 성격 조사 프로젝트'에 관심을 보이기 시작했는데, 레슬

김용언

러는 그런 순간에조차 포착됐던 요원들의 허영을 냉정하게 회고한다. "맨슨이나 버코위츠처럼 유명한 살인자들과의 면담은 하지 못해서 안달이었지만, 유명하지는 않아도 비슷한 정도로 끔찍한 범죄를 저지른 다른 살인범을 면담하기 위해 시간과 수고를 들이는 일은 싫어했다."〔99쪽〕

로버트 레슬러의 신중한 경고를 기억하며 범죄자가 아닌 '범죄'를 기술하는 방식에 대해 좀 더 이야기해보자. 참혹한 범죄를 다루되 범죄자와 그가 저지른 악행의 디테일에 은근한 흥분과 동일시의 쾌감을 실어주는 태도를 최대한 배제하는 콘텐츠가 가능할까? 범죄자에게 불의의 공격을 받아 억울하게 숨을 거둔 피해자들의 삶에 하나하나 눈길을 보내고 범죄자의 흔적을 찾아 쉼없이 탐문하고 조사하고 가설을 세우며 수많은 용의자를 현실에서도 꿈에서도 뒤쫓으며 자신의 사생활마저 무너지기 일보 직전까지 몰고 가는 수사관들을 더 집중적으로 조명하는 콘텐츠가 가능할까? 나의 대답은 '그렇다.'이다. 이제부터 소개하려는 범죄 논픽션 『어둠 속으로 사라진 골든 스테이트 킬러』와 『그림 슬리퍼』가 그 주인공이다.

범인이 남긴 공란의 새 주인들, 유족·생존자·수사관: 『어둠 속으로 사라진 골든 스테이트 킬러』

* 미셸 맥나마라, 『어둠 속으로 사라진 골든 스테이트 킬러』,
유소영 옮김, 알마, 2020.

먼저 『어둠 속으로 사라진 골든 스테이트 킬러』(이하 『골든 스테이트 킬러』)부터 살펴보자. 1976년부터 1986년에 이르기까지 캘리포니아주 몇몇 지역에서 50여 건의 성폭행과 13건의 살인 사건이 벌어졌다. "정보를 공유하고 서로 소통하는 것이 아주 수월하지 않았던 캘리포니아주 전역의 여러 관할권에 걸쳐"(23쪽) 있었기 때문에 오랜 시간에 걸쳐 발생한 유사한 사건들은 동일 지역 내에서 벌어진 경우를 제외하면 서로 유관하다고 인식되지 않았다. "여러 수사 기관 사이의 협력은 지금도 삐걱거리지만 1980년대 말에는 대놓고 형편없었다. 경찰들이 다른 기관의 사건에 대해 전해 듣는 유일한 길은 경찰 무선 통신 혹은 입소문이었다."(224쪽) 그 덕분에 '오리지널 나이트 스토커', '동부 지역 강간범', (저자 미셸 맥나마라가 붙인 별칭인) '골든 스테이트 킬러' 등으로 불리던 범인은 자신이 특별히 선호하는 동네나 주택[2]을 점

---

2 골든 스테이트 킬러의 '취향'은 분명했다. 그는 "새크라멘토 지하에 미로처럼 얽힌 운하와 배수 도랑을 가로지르며 동네 전체를

찍어 집요하게 관찰하다가, 누구도 예상하지 못하는 한 밤중에 손쉽게 공격을 감행할 수 있었다. 아주 오랫동안, 아주 자주.

『골든 스테이트 킬러』는 대체 왜 이 범죄자가 그토록 오랫동안 잡히지 않았는지 질문한다. 그 답을 찾아가는 과정은, 감히 예상하지 못했고 상상조차 할 수 없던 종류의 사악함을 맞닥뜨린 공동체의 공기를 재현하는 과정이자, 실제로 피해를 당했든 그렇지 않든 그 무거운 분위기에 짓눌렸던 이들의 기이한 태도를 이해하는 과정이다. 일단 사람들은 겁에 질려 있었다. 겨울이가고 봄이 오면 사람들은 대개 파릇파릇해지는 나무와 화단의 변화를 즐길 것이다. 하지만 정체를 알 수 없는 강간살해범이 휩쓸고 간 새크라멘토 지역민들에게 울창하게 우거진 나무들은 "신록의 차양이라기보다 사냥

스토킹"했고, "보통 모퉁이에서 두 번째 집, 그린벨트 지역 인근, 들판이나 공원 근처를 좋아했다."〔253쪽〕저자는 새크라멘토 이외의 범행 발생 지역을 살펴보러 갔다가 경악했다. "집은 1972년 건축되었고 단층, L자 모양, 이 블록의 다른 집들과 거의 동일한 면적의 대지였다. 그간 본 다른 범행 현장의 집들과 너무나 비슷해 보여서 나는 놀랐다. 집만 들어다가 다른 동네에 내려놓은 것 같았다." 동행한 형사도 그 지적에 동의했다. "그가 표적으로 삼은 동네 중에는 2층집이 거의 없습니다. 〔……〕 단층집에서는 무슨 일이 벌어지고 있는지 창문에서 창문으로 오가면서 파악하기가 더 쉽습니다."〔278쪽〕

꾼 초소처럼" 보였고, 그래서 사람들은 "집 주위 나뭇가지를 자르고 관목을 뽑아냈다."〔110쪽〕 그들은 "범인이 숨을 수 있는 가능성을 완전히 제거"하길 바랐다. "5월 16일, 집집마다 새로 설치된 조명들이 크리스마스트리처럼 동부를 환히 밝혔다. 어느 집은 문과 창문마다 탬버린을 달았다. 베개 밑에는 망치가 자리 잡았다. 1월부터 5월까지 새크라멘토 카운티에서는 3000정 가까운 총기가 판매되었다. 새벽 1시부터 4시까지 잠을 자지 않는 사람들도 늘어났다."〔111쪽〕 그 시기에 자물쇠라든가 뒷마당에 설치하는 조명의 주문량이 폭증했다는 기록도 남아 있다.

이 주민들은 명백한 징조와 단서들과 지속적으로 마주쳤다. 그들은 틀림없이 보았다. "차가 있을 곳이 아닌, 집 뒤 텅 빈 벌판에서 비치는 헤드라이트 불빛. 〔……〕 인구 조사를 하지 않는 해에 조사원이 현관에 찾아와 이 집에 몇 명이 사는지 물었다." 그들은 틀림없이 들었다. "누군가 창문 방충망을 뜯는 소리, 에어컨에 쿵 부딪히는 소리, 미닫이문을 조작하는 소리."〔246~247쪽〕 하지만 그걸 보거나 들은 즉시 신고하지 않았더랬다. 1976년 9월 1일 세 번째 강간 사건 직후 경찰의 탐문 조사 기록에 따르면, "5~6명의 이웃들이 비명을 들었지만 밖을 내다보지 않았다고 진술했다."〔248쪽〕 어떤 주민은 자기 집 마당에서 수상쩍은 스키 마스크와 장갑

김용언

미셸 맥나마라 ⓒ로빈 본 스웽크, HBO

이 든 가방을 발견하고 신고했지만(몇몇 피해 생존자들은 범인이 스키 마스크를 쓰고 있었다고 증언했다.) 센터에서는 '그냥 버리라.'고 지시했다고 한다. 맥나마라가 이에 대한 의문을 제기하자 동석한 형사는 씁쓸하게 인정했다. "사람들은 그[범인]가 너무 영리하다고 하지요. 사실 그는 항상 영리할 필요가 없었습니다."[250쪽]

극도의 두려움과 방어 심리에 휩싸인 주민들은 적극적으로 무언가를 하러 나서기보다 집안에 틀어박힌 채 예고 없이 불쑥 찾아오는 범인의 발걸음이 다른 데를 향하기만을 바라게 되었다. "뭔가를 목격하면 문을 잠그고, 불을 끄고 침실로 들어가서 범인이 오지 않기만 기도하는 것이다."[256쪽] 누군가의 비명을 듣고 도움을 주러 달려가거나 경찰에 신고하면, 범인의 다음 표적이 될지도 모른다는 평범한 두려움 말이다. 맥나마라는 당시 범인이 동일 지역에서 여러 건의 범행을 저지르면서 '점 잇기' 퍼즐을 짜릿하게 즐겼다고 확신한다. 사람들은 스키 마스크를 쓴 범인의 머리카락 색깔도 제대로 기억하지 못해 서로 증언이 엇갈렸고, 그의 키가 큰지 작은지도 확신하지 못했다. 하지만 범인은 이 지역 사람들에 대해 아주 잘 알고 있음을 종종 과시했다. 깊이 잠든 타인을 갑작스럽게 공격하는 것으로 자신의 통제력을 충족시키곤 했던 비겁한 범죄자의 뽐내기에 불과했지만, 그럼에도 어떻게 맞서야 할지 갈피를 잡지 못하던 이들에게는 충분히 공포스러운 상황이었다.

예를 들어 범인은 첫 피해자에게서 윈스턴 담배 2갑을 훔쳐서 네 번째 피해자의 집 밖에 버렸다. [……] 어떤 피해자들은 성이나 직업이 같았다. 이것은 권력의 과시로 자신은 어디에나 있다는 신호였다. 나는 어디에도 없고 모든 곳에 있다. 너는 네가 이웃과 공통점이 있다는 걸 모를지 몰라도 공통점은 있다. 바로 나다. [……] 너희들이 서로를 찾지 못할지라도 계속해서 너희를 연결해주는 실마리.[256쪽]

저자가 인터뷰했던 수사관 한 명은 또 다른 견해를 제시했다. 그는 이 범인을 어마어마하게 대단한 존재, 흔적 하나 남기지 않는 "정찰의 명수"로 생각하지 말라고 충고했다. 범인을 과대평가하면서 실체 없이 두려움을 부풀릴 필요가 없다는 것이다. 그는 골든 스테이트

김용언

킬러의 행적을 조사할수록 "대단한 사전 계획이나 내부 정보가 필요한 범행"이 아니었다고 단언했다. 경찰 역시 범인이 이미 휩쓸고 간 현장을 밤마다 돌며 정보를 모으고자 할 때 비슷한 체험을 한다고 했다. 야간 순찰 중인 경찰이 범인처럼 어두움과 그늘에 숨어 다니면서 타인의 시선에 무방비한 상태로 일상을 영위하는 사람들을 지켜보는 건 "세상에서 가장 쉬운 일"(294쪽)이라는 것이다.

당연한 말이지만, 골든 스테이트 킬러를 그토록 오래 잡지 못한 것[3]이 주민들 탓이라는 뜻이 아니다. 저자도, 당시 수사관들도 주민들의 신고와 감시가 적극적으로 이뤄지지 못했던 데 아쉬움을 표할지언정, 당시의 혼란은 여러 불리한 상황들이 조금씩 겹치고 축적되면서 검거를 위한 많은 노력이 하나로 모아지지 못한 결과임을 분명히 한다. 이를테면 어떤 수사관은 현장에서 맞닥뜨린 용의자를 뒤쫓아가기까지 했지만, 스키 마스크를 쓴 용의자의 권총에 맞는 불운을 겪기도 했다. 앞서 언급했다시피 범행 공간을 여러 번 바꿨던 범인의 행적, 다른 지역 경찰들끼리의 소통 부재, 새벽 시간 집 안으로 침입해 남성 가족이 있는 경우에도 개의치 않고 남

---

3 2018년 4월에 이르러서야, DNA 분석 덕분에 마침내 골든 스테이트 킬러의 정체가 밝혀졌다.

녀 모두를 굴복시킨 범인의 놀라운 배짱, 자신의 통제 하에 웅크리고 엎드린 사람들의 공포와 불안을 한껏 들이마시며 즐기겠다는 범인의 의지, 범인의 흔적을 눈앞에서 보거나 듣고도 이를 제대로 알아차리지 못했거나 심리적 방어벽 때문에 의혹을 흘려보냈던 이웃들의 실수가 전부 운 나쁘게 겹쳐 있었던 것이다.

저자 맥나마라는 진범이 체포되기 얼마 전 불의의 지병으로 숨을 거두었다. 저자가 책을 완성하기 이전에 진범의 정체를 모른 채 사망했다는 점은 자칫 범죄 논픽션이 '미완성'으로 끝날 수 있다는 치명적 단점이 될 수도 있다.[4] 하지만 『골든 스테이트 킬러』의 경우, 그 느닷없는 중단이 독특한 장점으로 작용했다. 저자는 골든 스테이트 킬러의 진정한 힘이 아직 벗겨지지 않은 그의 무표정한 가면에서 비롯된다는 사실을 끊임없이 지적하며 범인이 자취를 감춘 지 30여 년이 지났지만 우리가 왜 그를 계속 뒤쫓아야 하는지, 왜 그의 별칭을 계속 언급하며 그의 존재를 알리고 새로운 단서를 업데이트해야 하는지 거듭 설명했다. 골든 스테이트 킬러가 경찰력을 압도하는 무시무시하게 비상한 존재라고, 즉 비범인이라고 강조하려는 의도가 아니었다. 예전엔 무지

---

4 맥나마라가 남긴 자료를 남편과 동료들이 정리해 책의 후반부를 채웠다.

김용언

와 두려움 때문에 몇 번의 결정적인 기회를 놓쳤지만, 이제는 피해자의, 피해자 가족의, 공동체의, 나아가 우리 모두의 두려움을 떨쳐내고 상처를 치유할 수 있는 기회를 다시 한 번 우리 손으로 만들자고 권유하는 것이다.

누군가 살인을 저지르고 사라지면, 뒤에 남는 것은 그저 고통만이 아니다. 다른 모든 것을 압도하는 부재, 극도의 공백이 남는다. 신원을 밝히지 못한 살인범은 열리지 않는 문 뒤에서 항상 문고리를 돌리고 있다. 그러나 우리가 그를 아는 순간, 그의 힘은 증발한다. 우리는 그의 평범한 비밀들을 알게 된다. 그가 수갑을 찬 채 땀을 흘리며 환히 불을 밝힌 법정으로 끌려 들어가는 것을 바라본다.[148쪽]

범인의 얼굴이 텅 비어 있고 이름은 빈칸으로 남겨져 있었기 때문에 맥나마라는 범인에게 집중하지 않고 범인이 남긴 상흔과 고통을 섬세하게 따라갈 수 있었다. 범인의 정체를 알지 못한다는 치명적 공백을, 지식의 부재를, 그는 다른 종류의 지식으로 채워나가고자 했다. 그래서 우리는 『골든 스테이트 킬러』를 통해 범행의 잔혹한 디테일을 음미하는 게 아니라 피해자 가족, 생존자, 수사관들의 삶에 대해 새롭게 배우게 된다.

아는 것은 (진실로) 힘이 된다. 우리는 범인도 알지 못했던 '사건 이후'의 디테일을 배워나간다. 그리고 마침내 책의 결말에 이르러 진범의 이름과 정체까지 알게 되는 순간, 우리와 그의 시선이 (책장을 통해) 맞부딪히는 순간, 그는 강간과 폭행을 통해 세상 사람들을 전부 굴복시킬 수 있었던 것처럼 굴던 순간의 통제력과 지배력을 모두 상실하기에 이른다. 골든 스테이트 킬러는 더 이상 불가해한 악도, 신출귀몰한 밤의 스토커도 아니다. 그저 여성혐오에 찌들어 있는, 강압과 파괴를 통해서만 성적 만족을 얻을 수 있는, 기괴하게 비틀린 정신의 소유자일 뿐이다.

이유는 중요하지 않다:『그림 슬리퍼』

* 크리스틴 펠리섹,『그림 슬리퍼: 사우스 센트럴의 사라진 여인들』, 이나경 옮김, 산지니, 2019.

『그림 슬리퍼』는『골든 스테이트 킬러』보다 한층 더 복잡한 콘텍스트에 위치한다. 1985년 미국 로스앤젤레스 동남쪽에 위치한 사우스센트럴 뒷골목에서 가슴에 총을 맞은 흑인 여성의 시신이 발견되면서 기나긴 악몽이 시작됐다. 살인자는 그때부터 2007년에 이르기까지 무려 20여 년 동안 반경 6킬로미터밖에 안 되는 좁은 지역에서 열 명의 흑인 여성을 무자비하게 강간하고 살해했다. 여기서 열 명은 신원이 확실하게 파악된 이들의 숫

김용언

자이며, 시신이 아예 발견되지 않았거나 '살해되진 않았지만' 침묵하는 성범죄 피해자들은 분명 훨씬 더 많을 것이다.

1985년 당시 후미진 뒷골목에서 끔찍한 상태로 발견된 여성의 시신은 큰 주목을 받지 못했다. 이유는 세 가지 정도로 압축될 수 있다. 첫째, 흑인 매춘부는 이목을 끌지 못한다. "로스앤젤레스에서 매춘부의 죽음은 연쇄 살인이 아닌 한 저녁 뉴스에 실리지도 않았다. 방송사는 대량 살인이나 아름다운 대학생의 실종에만 집중하는 경향이 있었다."(21쪽) 둘째, 1985년 로스앤젤레스 경찰들은 '나이트 스토커Night Stalker'라는 별칭으로 불리던 연쇄 살인범 리처드 라미레스5를 뒤쫓는 데 혈안이 돼 있었다. 라미레스의 피해자들은 "거의 모두 로스앤젤레스 지역의 중상류층에 속했다."(39쪽) 셋째, 사우스센트럴은 예전부터 폭력으로 악명을 떨치는 지역이었

---

5 리처드 라미레스는 1984년 6월부터 1985년 8월까지 캘리포니아를 공포에 몰아넣은 연쇄 살인범이자 성폭행범이다. 살인 열세 건, 살인 미수 다섯 건, 강간 열한 건, 강도 행위 열네 건으로 재판을 받았다. 앞서 언급한 골든 스테이트 킬러의 여러 별칭 중에는 '오리지널 나이트 스토커'도 있었다. 1970년대 중반부터 한밤중 캘리포니아 곳곳을 돌아다니며 살인과 강간을 저질러서 처음엔 '나이트 스토커'로 불렸지만, 이후 라미레스와 구별하기 위해 '오리지널 나이트 스토커'라고 명명됐다.

다. "1980년대 로스앤젤레스에서는 매년 평균 800건 가까이 살인이 일어났는데, 그중 절반 이상이 사우스센트럴에서 발생했다."(39쪽) 왜 사우스센트럴은 지옥 같은 우범 지역이 돼버렸을까? 마약 때문이다.

『그림 슬리퍼』의 저자 크리스틴 펠리섹은 1980년대부터 1990년대까지 사우스센트럴에 팽배했던 긴장의 배후를 꼼꼼하게 서술한다. 1980년대 초부터 사우스센트럴에 유입된 코카인은 강력한 중독성으로 순식간에 마약계를 평정했고, 판매권을 둘러싼 무자비한 다툼은 하루가 멀다 하고 거리의 유혈 사태로 터져 나왔다. "앞뒤로 강화 철문을 단 코카인 거래소가 사우스센트럴의 복잡한 거리에 우후죽순처럼 생겨났고, 약을 찾는 좀비 같은 사람들이 줄줄이 모여들었다."(63쪽) 코카인을 얻기 위해서라면 무슨 짓이라도 하겠다는 사람들이 너무 많았고, 가난한 흑인 여성은 그 먹이 사슬에서도 가장 취약한 끄트머리에 속했다. 어떤 여자들은 약물에 취한 채 밤거리를 서성거리며 몇 푼의 돈을 위해 남자들을 상대하다가 쥐도 새도 모르게 사라졌는데, 살아 있을 때도 "보이지 않는"(141쪽) 취급을 당했다. "그들은 거의 절망적일 정도로 길을 잃은 상태였다. 그들이 마약 중독으로 인해 살해되어 발견된 시기는 이미 친지들의 눈에서 사라진 이후였다."(142쪽)

1990년대 초 미국 현대사의 가장 큰 상처 중 하나로

김용언

남은 로드니 킹 폭동 사건이 끼친 영향도 빼놓을 수 없다. 1991년 3월 3일 로스앤젤레스 카운티를 가로지르는 추격전 끝에 백인 경찰관 네 명이 과속 운전을 하던 흑인 로드니 킹을 무차별적으로 폭행했고, 1992년 4월 29일 열린 재판에서 경찰관들에게 무죄평결이 내려지며 역사상 최대 규모의 무장 폭동이 발발했다. 이 시기 로스앤젤레스에 거주하는 흑인이라면 (대부분 백인으로 구성된) 경찰을 믿지 않았고, 경찰이 가난한 흑인 여성의 죽음을 진지하게 조사할 것이라 신뢰하지 않았으므로 사우스센트럴의 수사 과정에 연루되거나 개입하고 싶어 하지 않았다.

사우스센트럴에서는 계속해서 흑인 여성들이 사라졌다. 시신은 훼손된 채 모욕적으로 거리 한복판에 아무렇게나 내버려졌다. 격무에 시달리는 형사들은 사건이 접수될 때마다 나름대로 노력을 기울이며 피해자의 신원을 알아내고 주변 사람들에게 정보를 모으려 애썼지만, 범인의 정체에 도달하기는 불가능해 보였다. 흑인 커뮤니티는 노골적으로 경찰을 싫어했고, 아무렇게나 던지고 보는 오염된 정보가 지나치게 많았다. 게다가 약물에 중독된 나머지 자신의 안전에 대해 걱정할 여유가 없는 어린 흑인 여성의 수가 엄청났다.

그러나 꾸준히 범인의 상을 좁혀나가며 추적을 계속해온 수사관들의 헌신이 있었고, 마침내 체포된 진범에게 합당한 처벌을 내리려는 법조인들의 노력이 있었다. 오랜 기다림 끝에 열린 재판에서 지방 검사보 베스 실버먼은 다음과 같이 호소했다. 실버먼은 살인범과 마주치고 그의 꾐에 넘어간 피해 여성들의 불운을 탓하지 않았고, 피해 여성들을 유혹할 수 있는 가장 약한 고리를 집요하게 건드렸던 살인범의 교활함을 강조했다.

여성들을 먹이로 삼는 사람, 길거리와 어두운 골목들을 자기 손바닥처럼 잘 알고 있는 사람, 거기 살고 있어서 잘 섞일 수 있는 사람, 약물 중독자이자 어쩌면 매춘부인 여성들이 주로 어디에 모이는지 아는 사람, 코카인을 주겠다며 잠재적 희생자를 으슥한 곳이나 고립된 차로 꾀어내는 법을 아는 사람에게 이건 완벽한 기회였습니다. 연쇄 살인마가 로스앤젤레스의 거리를 전혀 들킬 위험도 없이 돌아다니기에 완벽한 장소이자 시간이었습니다.[366쪽]

판사 캐슬린 케네디 역시 검사보의 주장과 피해자 유족들의 탄원에 호응했다. 판사는 범인의 동기라든가 어린 시절이라든가 그가 성범죄에 집착하게 된 어떤 계기가 있더라도 전혀 궁금하지 않으며 다만 사법 조항을 근거로 삼아 그에게 합당한 처벌을 선고하겠노라 단언했다. 그리하여 확인된 열한 건의 살인에 대해 전부 사형을, 한 건의 살인 미수에 대해 종신형을 선고했다.

김용언

이런 일들이 '왜' 일어났을까요? '왜' 당신은 이런 짓들을 저지른 겁니까? [······] 저는 이런 결론에 도달했습니다. '왜'는 중요하지 않다고. 당신이 저지른 짓에는 어떤 정당화도 있을 수 없습니다. 당신이 저지른 짓은 하나님의 법으로도 인간의 법으로도 정당화될 수 없기 때문입니다. 그러니 '왜'는 중요하지 않습니다. [······]
누군가가 이 범죄들처럼 끔찍한 짓을 저지르면 사회에서 결정을 내릴 권리가 있다고, 처벌이자 다른 사람들에 대한 보호책으로 그 사람은 계속 살아갈 자격이 없다고 사회에서 말할 권리가 있다고 저는 믿습니다.[438~439쪽]

재판 결과는 슬픔에 잠긴 유가족들에게 그나마 바랄 수 있는 가장 만족스러운 종결로 다가왔다. 수사관들 역시 비로소 안도할 수 있었다. 저자가 인터뷰했던 형사 중 한 명은 "허풍선이, 아는 체하는 인간, 대장이 되려는 인간"이었던 진범의 정신세계를 들여다보며 이런 보잘것없는 인간에게 희생된 여성들과 남은 가족들에게 어떻게든 최선의 결과를 안겨주고 싶다고 고백했다. 그 형사는 참혹한 죽음을 되돌려놓을 순 없더라도 소외받던 연약한 계층에게 가장 적절한 정의를 소환시킬 수 있다는 걸 보여주고 싶어 했다. 동시에 유가족들이 그동안 경찰이 저지른 온갖 무책임한 실수와 오판에 대해 엄중하게 비난하고 불신했던 것에 대해서도 "희생자 가족들에게 경찰이 그들의 적이 아니며, 이 사건이

경찰에게도 매우 중요한 사건이라는 확신을"(333쪽) 주
길 원했다. 범죄자에 대한 합당한 처벌은 정의 구현의
첫 걸음이자 공동체의 깊은 상처를 회복하는 중요한 시
작이라는 사실을 다시 한 번 일깨우는 대목이다.

소위 '섹시하지 않기' 때문에 신문이나 방송의 헤드
라인으로 다뤄지지 않는 정보들이 있다. 하지만 "온 거
리에 그런(약물에 중독된 흑인) 여성의 시신이 흩어져 있
는 셈인데도, 아무도 그들을 눈여겨보지 않는 것 같"다
는 사실에 충격을 받은 기자 펠리섹은 "그들을 위해 사
람들이 움직이기를 바랐다. 슬퍼하는 피해자 가족이 어
떻게든 상실을 인정받고, 고통을 조금이나마 위로받기
를 바랐다. 지역 신문사의 기자로서 그들에 대해 기사
를 쓰고 그들의 사연을 그 도시 사람들에게 알리는 것
이 내 본분이라는 생각이 들었다. 그들을 보여주어 지
역 사회가 이 역겹고 뒤틀린 문제를 직면하기를, 그리고
그것을 더 잘 처리해주기를 원했다."(21쪽)라면서 이 사
건 파일을 오랫동안 들여다보고 유족들의 목소리에 귀
기울였다.

펠리섹은 누구의 관심도 받지 못한 채 죽어간 여성
들의 이름을 매 챕터의 제목으로 삼았고, 그들의 성장
과정과 정보를 최대한 그러모아 마지막 행적에 대해 밝
혀낼 수 있는 만큼 자세하게 기록했다. 한참 뒤 체포된
진범의 '만족스러운' 회상(로버트 레슬러와 존 더글러스는

김용언

크리스틴 펠리섹 ⓒ폴 해리스

범죄자들이 거듭 자신의 범죄를 곱씹는 과정에 탐닉한다고 나란히 지적했다.)에 기대지 않고, 시신으로부터 나온 증거와 유족의 기억을 바탕으로 피해자들의 삶을 생생하게 소환했다. 그리고 어떤 살인은 그토록 많은 주목을 받고 또 어떤 살인은 무관심하게 잊어지는가에 대한 질문을 지속적으로 던지며 악당이 불러일으킨 거대한 불행 앞에서 언론은 어떤 자세를 취해야 하는가를 상기시켰다.

1980~1990년대 로스앤젤레스 사우스센트럴에는 연쇄 살인을 막아내지 못했던 불리한 악조건이 겹겹이 축적돼 있었다. 하지만 사람들에게 계속해서 악당의 존재를 일깨우며 결국엔 그의 어두운 비밀을 밝혀내는 데 일조한 이들도 분명히 존재했다. 안타깝게 죽은 이들에게 최소한의 위안을 돌려주려는 정의를 향한 집념이 그들을 계속 추동했다. 여기에 무려 20년 동안 솜씨 좋게

정체를 감추고 연쇄 살인을 저지른 악당에 대한 '매혹'의 시선 따위는 끼어들 여지가 없다. 악 자체가 아니라 악에 의해 무분별하게 선택된, 그리고 어처구니없는 불운에 희생된 이들에 대해 집중하고 정중하게 예를 갖추고자 하는 태도가 단단한 중심을 이룬다. 지금의 우리가 신중하게 선택해야 하는 태도는 이쪽에 가깝지 않을까.

매혹을 경계하며 악을 알아가는 법

"심연을 너무 오래 들여다보지 말라. 심연도 너를 들여다볼 것이다." 허무주의에 잡아먹히지 않도록 조심하라는 니체의 잠언은 악의 어둠에 몰입하는 이들에게 보내는 멋들어진 경구 정도로 압축돼버렸다. 이제는 어떤 신선함도, 두려움도, 전율도 느낄 수 없는 관용어가 되어버린 불운한 문구. 우리 시대의 각종 '콘텐츠'가 범죄를 다루는 방식 역시 그렇게 닳아빠져 반들반들한 광택만을 과시하는 경우가 점점 늘어나고 있다.

하지만 우리는 그 광택에 현혹되지 않은 채, 심연 끄트머리에 서서 더욱 단호하게 그 어둠을 응시하며 심연 속 괴물이 결국 견디지 못하고 기어 나올 때까지 기다려야 한다. 굴복하지 않는 시선, 쉽게 매혹되지 않는

김용언

시선, 편안하고 익숙한 방식으로만 보려 하지 않는 시선이야말로 우리의 가장 강력한 무기임을 거듭 기억해야 한다.

악을 아예 다루지 말아야 한다, 혹은 악인에게 목소리를 주지 말아야 한다는 결론을 쉽게 내리고 싶진 않다. 악은 도처에 존재하고 우리는 매일 매 순간마다 크고 작은 악의 돌부리에 발이 걸려 비틀거린다. 그 돌부리가 우리의 나아갈 길을 모조리 막아버리는 거대한 산처럼 느껴지고 그 앞에서 주저앉지 않기 위해, 우리는 더 잘 알아야 한다. 보는 것이 아는 것이며, 지식은 실천의 밑거름이 된다. 다만 우리가 경계해야 할 것은 우리 같은 범인凡人들이 감히 상상하지 못하는 어떤 '경계'를 쉽게 돌파해버린 범죄자들에 대한 매혹, 알고 보면 저런 범죄를 저지르는 이들에게도 그런 상황으로 내몰린 가슴 아픈 비밀의 이유가 있었다는 관대한 이해, 범죄의 과정에서 빚어지는 공포와 불안을 최대한 잘 전달하겠다는 이유로 범죄자의 1인칭 시점에서 피해자를 '사냥'하는 과정을 집요하게 고수하는 태도 같은 것들이다.

우리는 악에 대해 알고, 악을 무작정 두려워하거나 시선을 돌리지 않은 채 그런 주의 사항들을 넘어설 수 있도록 더 전진해야 한다. 악을 굳이 메두사의 공포에 비할 필요는 없겠지만, 만약 필요하다면 청동 방패에 비친 악의 모습을 응시하며 그 공포의 정체를 까발리고 목을 베어낼 수 있는 지혜를 갖추는 게 중요할 것이다. 다시 한 번, 심연을 응시하는 것이 심연의 힘을 인정하는 패배로 그치는 게 아니라, 심연에 삼켜지지 않을 수 있다는 의지로 이어질 수 있길 소망한다.

김용언

논픽션 미셸 맥나마라, 『어둠 속으로 사라진 골든 스테이트 킬러』유소영 옮김, 알마, 2020.

다큐시리즈 「난 어둠 속으로 사라질 거야」미셸 맥나마라 원작, HBO, 2020~2021.

논픽션 크리스틴 펠리섹, 『그림 슬리퍼: 사우스 센트럴의 사라진 여인들』이나경 옮김, 산지니, 2019.

논픽션 로버트 K. 레슬러, 『살인자들과의 인터뷰: 이상 살인자들의 범죄 심리를 해부한 FBI 심리분석관 로버트 레슬러의 수사 기록』황정하·손명희 옮김, 바다출판사, 2021.

논픽션 존 더글러스·마크 올셰이커, 『마인드헌터』이종인 옮김, 비채, 2017.

시리즈 「마인드헌터」데이비드 핀처 외 제작, 넷플릭스, 2017~2019.

나쁜 놈도
눈물 흘려야 할 이유:
서부극, 공동선과 윤리를
탐구하는 악인 서사

강덕구

앤서니 만

샘 페킨파

로버트 올드리치 등

강덕구

영화 평론가. 한국예술종합학교에서 영상이론을 전공했다.
영상 비평지 《오큘로》 편집위원을 역임했고, 비평 공유
플랫폼 《콜리그》를 운영하고 있다. 『익사한 남자의 자화상』
『밀레니얼의 마음』을 쓰고, 『사탄 박사의 반향실』을
우리말로 옮겼다. 사회, 문화, 예술이 만나는 접경에 관심을
갖고 글을 쓰고 있다.

어제 노랑퐁트의 주임 신부님에게 어느 본당에서나 선과 악은 무게 중심을 아주 아래쪽에 둔 채 힘의 평형을 이루고 있는 것 같다고 말했다.

— 조르주 베르나노스, 『어느 시골 신부의 일기』

여러 남자들이 둘러 앉아 포커를 치고 있다. 남자들은 친구의 모친, 여성의 성기를 가지고 농담하고 있다. '혐오발언'으로 규정할 만한 농담들이 무차별적으로 들린다. 루이 C.K.가 연출한 시트콤 「루이」의 한 장면이다. 한 친구는 '패곳faggot'이라는 날선 농담을 동성애자 친구에게 던진다. 모욕적인 농담을 들은 남자는 전혀 문제 되지 않는다는 듯, 패곳이라는 표현이 어디서 유래했는지 들려준다. 남자는 마녀사냥이 횡행하던 시절, 마녀를 붙잡아 화형식을 거행하기 위해 쌓아놓은 장작을 일컬어 패곳이라고 불렀다는 이야기를 풀어놓는다. 게이들은 패곳이라는 멸칭을 듣고, 또 사람들에게 두들겨 맞았다. 패곳이라는 낱말은 게이들의 수난을 상징하는 고통의 단어다. 잠시 숙연한 분위기가 이어지고, 뒤에서 누군가 그에게 말한다. "그래, 알려줘서 고마워, '패곳'. 계속 명심하고 있을게."

모두 웃음을 터트리고, 남자는 그 말을 한 친구에게 볼 뽀뽀를 건넨다. 이 장면은 '표현의 자유'가 가설된 무대라는 점을 여실히 보여준다. 물론 시트콤 속 상황은 사적인 자리지만, 공적인 자리에서조차 농담은 언제까지나 허구다. 모욕적 표현을 들은 게이 남성 역시 상대에게 신랄한 농담으로 반격한다. 정치적 올바름의 손아귀는 그저 정체성에 모욕감을 주는 혐오표현에만 한정되지 않는다. 나쁜 것, 악, 사악함으로 통칭될 수 있는 도덕적 범주를 향한다. 악인이 저지른 악행을 정당화해주는 것은 모두 부당하다는 논지까지 이르고 있다. 그러나 어떤 이가 정치적 올바름을 내세울지라도, 우리는 악인이 무엇이고 서사가 무엇인지 되짚을 수 있다. 악과 부정성, 우리의 추악함이 형성하는 가치의 운동은 도덕적 판단의 메커니즘을 드러낸다. 지금 알려달라고? 아직 이르다. 그건 글의 맨 마지막에 알 수 있다.

서부극, 신화

악을 다루기에 앞서, '서부극'이라는 현대의 신화(하지만 이 신화 역시도 얼마나 낡았는지…… 오늘날 신화란 것은 존재하지 않는 걸까?)로 운을 띄워보자. 무엇보다 '서부극'은 신화다. 이때 우리는 신화라는 개념에 담긴 정확한 의미를 논할 수 있다. 신화란 우리 세상을 설명하는 근본적인 인식 틀이다. 그리스 신화는 그리스인들이 세상을 설명하는 기초적인 도구 상자로, 신화라는 이야기는 불가해한 자연현상과 인간사의 운명을 규명했다. 서부극이라는 신화는 근대 이후에 출현한 미국이라는 민주주의 국가를 설명하는 도구다. 철학자 로버트 피핀은 미국이라는 국가를 유지시키는 법적 질서의 정체를 서부극에서 찾는다.

「수색자」는 미국 영토의 기원이 악의적인 인종차별과 원주민 대량학살 전쟁에 의존했다는 점과 직접적으로 대립한다. 이 전쟁은 존 웨인의 캐릭터와 같은 등장인물이 품고 있는 인종차별적 증오가 없었다면 불가능했을 것이고 아마도 승리할 수 없었을 것이다. 오늘날 공식적인 공언은, 우리가 과거를 후회하고 그러한 태도를 극복했다는 것이다. 그러나 이 영화는 그러한 공언과 정치적으로 행해진 일과 행해지지 않는 어떤 것 사이의 관계에 대한 미묘한 질문들을 제기한다. [……]
「레드 리버」에서 정치적 유대감을 가능하게 하는 것은 카리스마적이거나 형제적인 리더십이다. 「리버티 밸런스를 쏜 남자」에서 정치적 유대감을 가능하게 하는 것은 기원에 대한 이야기나 신화, 불행하게도 거짓말이다. 그리고 「수색자」에서 우리의 공통적인 소속감의 기초는 인간의 강력하고 폭발적인 열정과 증오로, 이들은 자연적 혈연관계나 공통적인 인종성의 또 다른 측면이기도 하다."[1]

---

1   Robert Pippin, "What Is a Western? Politics and Self-Knowledge in John Ford's The Searchers," *Critical Inquiry*, Vol. 35, No. 2,

피핀은 서부극이 미국을 정초하는 폭력을 성찰하는 도구인 양 본다. 서부극의 의미는 그저 우리가 저지른 폭력을 반성한다는 데 한정되지 않는다. 그렇다면 서부극은 죄책감을 자극하는 길티 플레저^{guilty pleasure}에 불과할 테다. 서부극은 미국인이 저지른 과거의 폭력을 중립적 대상으로 바라본다. 이는 문화에 혼재된 가치들을 탐구할 수 있게 만든다. 서부극의 주제로 다뤄지는 카우보이의 폭력은 두말할 필요 없이 부당했다. 자유주의자를 자처하는 지식인이 지극히 정의로운 표정으로 서부극에 담긴 폭력을 후회할 순 있다. 그럼에도 그러한 폭력이 미국의 기원을 형성한 것은 누구도 부정하지 못한다. 피핀이 지적한대로 서구가 자행한 폭력은 모두가 반성해야 할 더러운 짓인 동시에 우리를 만든 근간이기 때문이다.

서부극 신화의 폭력에 담긴 이중성은 과거의 인류가 신화를 사용한 방식과 동일했다. 그리스·로마 신화에서 일어나는 우스꽝스러운 연애극과 피비린내 나는 잔혹극은 그리스인이 세상을 인식하는 틀이다. 그리스인이 신화를 이용하는 방법은 우리가 문화를 이용하는 방법과 크게 다르지 않다. 동시대의 문화에는 쉽게 정의하지 못하는 무수한 문제가 담겨 있다. 문화는 모호하

Winter 2009, p. 227.

강덕구

다. 그곳은 우리가 나눌 수 없는 불가분의 공간이다. 과학이 세상의 신비를 완벽히 설명함에도 문화는 결코 단번에 문제를 해결하고 나갈 수 없다. 그 애매모호함을 서부극이 다뤘다. 서부극은 문명/자연, 야만/발전, 백인/인디언와 같은 단순한 짝패를 통해 문화가 맞닥트린 모호함과 대결했다.

국가의 신화로서 서부극은 폭력이 무정부 상태를 짓밟고 세우는 법적 질서를 사회의 틀로 승인한다. 그러므로 더러움을 고발하는 행위는 애초부터 서부극에게 '부수적인' 효과에 불과하다. 원래 효과였던 것이 어느새 의도처럼 받아들여진 것일 뿐이다. 하지만 부수 효과로서 폭로와 고발은 서부극에 묘한 균열을 낳는다.

한편 1950년대 중반에 이르면, 서부극은 사망 선고를 받기에 이른다. 서부극 몰락의 최종적 신호로 존 포드의 「수색자」를 들지만, 서부극 몰락을 본격적으로 가시화하는 영화는 앤서니 만의 「서부의 사나이」로 봐야 정확하다. 만의 영화들은 서부극 신화에서 수행되는 작용과 반작용을 보여준다. 만은 폭력과 반성 사이에서 일어나는 균열이 무럭무럭 자라는 풍경의 파노라마를 그린다. 만이 그려내는 균열이야말로 우리가 부르는 '악'의 정체를 밝히는 열쇠가 될 것이다.

악, 선을 규정하다

악이란 신화 안에서 언제나 선을 규정하는 상수다. 즉 우리는 사악한 가치를 규명함으로써 올바름을 추구할 수 있다. 가치 규범의 시소게임을 이해하고 있던 만은 이 게임에 속임수를 도입한다. 오늘날 대중은 악인의 서사에 분개하지만, 악인에 부여된 서사가 왜 만들어졌는지 알기를 거부한다. 만은 이 서사의 필요성을 일궈내는 가치들의 게임을 악마적으로 수행한다. 「서부의 사나이」의 이야기는 앤서니 만이 즐겨 다루던 '근친살해'라는 신화적 테마가 중심 줄기다. 그는 이미 「윈체스터 73」에서 아버지를 죽인 형을 사냥하러 다니는 동생의 이야기를 다룬 바 있다. 동생이 얻은 윈체스터 소총을 강제로 빼앗는 형은, 다시 이 소총에 의해 살해당한다. 만은 운명을 그리는 이야기에 담긴 멜로드라마적 어조를 제거한다. 가족을 죽이는데 누구도 눈물을 흘리지 않는다. 대신에 만은 그리스 비극을 냉정한 동족상잔으로 치환한다.

서사가 정체성을 형성하는 바에 대해선 모두 수긍할 수 있다. 정신분석은 이야기가 '나'를 구성하는 방법론을 밝혀냈다. 서사란 폭력이 낸 흔적으로서 트라우마를 이어 만든 길인데, 이야기는 이때 생겨난다. <u>아나 O, 쥐 인간, 슈레버</u>는 외부의 폭력이 자아낸 마음의 지형

강덕구

을 거닌다. 그러나 그 길이란 통상적인 길과는 전연 다르다. 길 위에 있는 우리는 「드래곤볼」에 나오는 정신과 시간의 방에 있는 것같이 느낀다. 기억은 뚝뚝 끊긴다. 기억이 비춘 생생한 이미지는 다른 이미지와 뒤섞이고 만다. 이야기는 사라진 기억과 파괴된 정체성을 하나로 봉합한다. 이야기는 개인적 차원에 한정되지 않고, 집단을 구성하는 근간이 되기도 한다. 정체성을 형성하고 기억을 재구성하는 이야기란 결국 과거에 관한 것이다. 이야기는 과거를 재조합하고, 지나간 시간을 현재로 꺼내 와서 움직인다.

「서부의 사나이」는 "악인에겐 사정이 있다."라고 요약될 만한 서사와는 다르다. 영화의 주인공은 음험한 과거를 가진 선인이다. 「서부의 사나이」는 으레 다른 서부극이 그렇듯 기차에서 사건이 일어난다. 좌석에 앉은 게리 쿠퍼는 옆에 앉고자 하는 여자를 거절한다. 그 대

나쁜 놈도 눈물 흘려야 할 이유

신 신줏단지 모시듯 옆자리에 자신의 가방을 놓는다. 가방 안에는 교사를 데리고 오기 위해 마을 사람들이 모은 돈이 들어 있다. 문제는 기차가 정차하면서 일어난다. 한 무리의 비적이 기차를 턴다. 비적들을 피해 쿠퍼 일행은 근처에 있다는 쿠퍼의 옛집에 방문한다. 그러나 그곳이 바로 비적들의 소굴이었다. 비적들은 쿠퍼의 가족이었다. 쿠퍼의 삼촌과 사촌들은 쿠퍼가 자신들을 배신했다고 분노하지만, 한편으로 쿠퍼의 귀환을 환영한다. 이러한 전사前史는 악인과 선인 모두에게 서사를 부여하는 전략이다. 만은 가족 서사로 악인과 선인 모두를 편입시킨다. 선인에게 전사를 부여하는 것은 동시에 악인에게도 서사를 부여하는 것과 마찬가지다.

악인은 배경에서 걸어 나와 선인과 동일한 부피감으로 조형된다. 동성 강간에 가까울 만한 혈투 장면은 악인의 부피감을 그려내는 대표 사례다. 비적들의 집에선 쿠퍼의 사촌 콜리가 여성의 옷을 벗기며 희롱하는 만행을 저지른다. 쿠퍼에게 이 악행이 저지당하자 콜리는 앙심을 품는다. 쿠퍼는 강제적으로 다시금 비적 떼에 합류하는데, 그때 사촌과 쿠퍼 사이엔 사소한 말다툼이 일어난다. 쿠퍼는 사촌을 가학적으로 괴롭힌다. 때리는 것에 그치지 않고, 옷을 벗긴 후 여성이 사촌에게 당했던 만행을 그대로 돌려준다. 사촌이 여성에게 가했던 성폭력을 그대로 돌려준다는 의미에서 이 장면은 동

「서부의 사나이」 ©유나이티드아티스츠

성 강간의 뉘앙스가 짙다. 그러한 뉘앙스는 수치를 견디지 못하는 표정을 짓는 사촌, 그를 바라보며 당혹감과 죄책감을 느끼는 쿠퍼의 표정에서도 알 수 있다. 선인의 전사는 한순간에 가공할 만한 폭력의 형태로 폭발하고야 만다. 서부극은 가치 규범의 대결이 이뤄지는 곳이고, 이는 선과 악의 분류가 확실하다는 것을 뜻한다. 악인에게 부여한 서사는 분리된 선과 악[2]을 뒤섞기 시작한다.

악인의 서사는 악행에 의미를 부여하고, 그의 범죄에 합당한 이유를 마련한다고 여겨진다. 이런 관점은 대체로 진실에 가깝다. 우리는 범죄자의 행동을 합리화

---

2 영화에서 쿠퍼와 가족은 오랫동안 떨어져 있는 것으로 나온다. 쿠퍼는 자신만의 가족을 만들었고 올바른 일을 한다. 반대로 가족은 비적 떼로서 사악한 짓을 지속한다. 그들은 쿠퍼가 기차에 타기 전까지는 철저히 분리돼 있었다.

하는 행위를 비난하는 이들을 어디서나 마주칠 수 있다. 하지만 그들이 던지는 비난을 단순히 기각하기에는 '악'의 의미에 담긴 다양한 논쟁의 역사가 만만치 않다. 멀리도 갈 필요 없이 우리는 사이코패스를 대중의 무의식이 어떻게 바라보는지 알고 있다. 대중의 눈에 사이코패스는 절대적인 악이다. 절대적인 악에겐 핑계가 필요하지 않다. 오원춘 같은 살인자는 그저 한 마리의 짐승이므로 그는 인간의 시선으로 도저히 이해할 수 없다. 그래서 악인에게도 서사를 허용해야 하느냐는 질문은 "'사이코패스' 같은 악에 핑계를 부여할 거냐?"라는 힐난처럼 들릴 수 있다. 그러나 이러한 힐난이 합리성을 결여한 감정적 외침인 것은 아니다. 악인 서사는 악을 까다로운 대상으로 변화시켜 우리의 판단을 유보시키기 때문이다. 선과 악의 경계를 분명히 하고 악의 구역을 구획 짓는 것은 도덕적인 만족감을 남긴다. 누구도 도덕적 이윤을 포기하기 쉽지 않다.

선이 주는 도덕적 이윤만큼 악으로 인한 도덕적 판돈 역시 유혹적이다. 꽤나 많은 작가들은 사람들에게 충격을 주기 위해 쉽사리 악을 소환한다. 그렇게 소환된 악은 결코 무찌를 수 없는 절대적 존재로 의인화된다. 소설가 미셸 우엘벡은 나치에 부역한 프랑스 작가들이 '악'의 이름으로 정당화되는 데 신경질을 낸다. "내가 보기에 그들에 대한 기이한 과대평가는 앞서 언급한

강덕구

격언에 대한 비뚤어진 강조에서 비롯된 것 같은데, 이 격언은 '만약 그가 개새끼라면, 그는 아마도 훌륭한 작가일 테다.'로 다르게 쓰일 수 있다."[3] 즉 악을 절대화하고 그것에 예술적 특권을 부여하는 진술은 어쩌면 악을 과대평가함으로써 악을 원천 봉쇄하는 도덕적 분위기를 초래하는 데 기여했을지 모를 노릇이다. 그러한 '개자식 작가'의 반대편에 리얼리즘 작가들이 서 있다. 그들은 도덕적 스펙트럼을 만들고, 선과 악이라는 양자택일의 문제를 평균과 극단 사이의 변이로 번역한다.

꼭 홀로코스트 같은 대량학살을 저지른 나치를 사례로 들지 않더라도, 오래 전부터 논자들은 범죄자가 타고난 것인지 만들어진 것인지 논쟁했다. 절대화된 악은 인간의 지평을 초월한다. 이러한 논지는 악이 타고났다는 데 베팅을 걸 수밖에 없다. 악은 인간의 힘에 의해 결정되는 것이 아니라 신이 결정한 존재다. 골상학, 담즙질 등 인간의 내면을 규정하는 온갖 사이비 과학이 출현한 것도 이 때문이다. 시간이 갈수록 범죄자가 선천적으로 규정된다는 주장은 힘을 잃어갔다. 과학적 발견도 의미가 컸지만, 당대의 이데올로기는 그것을 용납

---

3   Michel Houellebecq, "Emmanuel Carrère and the problem of goodness," *Interventions 2020*, translated Andrew Brown, Polity, 2022.

하지 않았다. 인종차별주의나 파시즘이 선천적 차이를 고정해 이를 근거로 소수자를 차별했기 때문이다. 이러한 사고관의 결과는 인간성의 마멸이었다. 홀로코스트는 금융을 굴리는 '영악한' 유대인들을 악마화하는 데서 출발했다. 유대인은 사악한 종이므로 그들을 원천적으로 제거해야 한다는 사고는 악을 우리의 삶 너머에 있는 절대화된 존재로 바라보았다.

이와 반대로 리얼리즘 작가들은 악이 도덕적 스펙트럼의 극단에 위치한 변이로 보았고, 이를 추함으로 번역했다. 발자크와 모파상의 소설에서 인물들은 절대적 악으로 현신하진 않는다. 그들은 자본주의가 추동하는 이윤 동기 혹은 집단 심리가 이끄는 '행동'에 가깝다. 이는 악을 인간성의 여러 스펙트럼 중 하나로 인식하게끔 만든다. 우리는 사회, 가족, 경제 등 수많은 요인이 범죄자를 만든다는 데 합의했다. 범죄자 교화에 담긴 의미는 범죄자가 일반 시민으로 돌아갈 것을 전제로 삼지 않는다. 오히려 이는 범죄자 또한 인간으로서 잠재적 형태의 선을 안고 있으며 그의 덕성은 발휘되지 않았을 뿐이라는 의미로 받아들여져야 한다. 리얼리즘 소설이 펼쳐놓은 도덕적 스펙트럼은 인간의 보편적 본성이 미와 추만큼 다양하다는 사실을 뒷받침했다. 우리는 인간의 어둠을 조건화하고 인간성의 영역을 확장하는 데 성공했다.

강덕구

그러나 오늘날에는 사회적 합의가 정반대로 굴러가고 있다. 범죄자에겐 어떤 변명도 용납되지 않는다. 물론 오늘날의 정치적 올바름이 유전적 특징으로 범죄자를 규정짓는 과거의 악랄한 이데올로기와는 다를 터이다. 그럼에도 요즘 사람들은 법률이 정한 사회 정체성과 도덕에 따른 사회 정체성을 균등히 놓는다. 다시 말해, 우리 시대는 법과 도덕을 혼동하고 있다. 잔인무도한 악에 대한 '처벌'은 어떻게 이뤄져야 할까? 처벌은 두 번 이뤄진다. 법은 범죄자에게 항변할 기회를 준다. 범죄자는 자신이 결백하다고 주장할 수 있다. 그가 법적으로 처벌받은 이후의 상황을 상상해보자. 그는 범죄자라는 낙인이 찍혔고, 공동체 내에서 한 명의 성원으로 대접받지 못한다. 그는 도덕이 지탱하는 공동체에 의해 가중 처벌을 받는다. 나아가 법이 그를 무죄로 판결했더라도 그는 도덕에 의해 심판받는다. 우리는 법을 대신하는 도덕의 손아귀를 본다. 도덕은 법의 자리에 앉는다. 법률이 아니라 우리가 처벌의 권한을 가진다. 대중은 법률가가 마무리 짓지 못한 처벌을 완수한다. 우리 시대의 선과 악은 중세 시대처럼 절대화되며 윤리적 판단이 수반하는 까다로움은 사라진다. 양극단으로 쏠려 있는 도덕적 스펙트럼은 대중이 도덕의 이름으로 행사하는 폭력을 정당화한다.

얼굴, 우리가 감당 못하는

다큐멘터리스트 루이 서루는 다큐시리즈 「LA 이야기」
의 한 에피소드에서 법뿐만 아니라 도덕에서도 용납될
수 없는 범죄자로 낙인찍힌 '성범죄자'들을 그린다. 미국
의 허허벌판에 있는 주택가에 서루가 방문한다. 이곳엔
막 출소한 성범죄자들이 머문다. 성범죄자들은 법에 의
해 처벌당했지만, 여전히 사회에서 추방된 상태다. 그들
은 도덕률이라는 유리 감옥 안에서 살기 때문이다. 법
말고도 도덕의 견지에서 이중 처벌을 받은 그들은 어디
에도 정착하기 힘들다.

　서루는 성범죄자들을 동물처럼 다룬다. 그때 동물
이란 자연을 거니는 진짜 동물이 아니라 동물 다큐멘
터리에 재현된 동물을 의미한다. 인간을 동물처럼 담는
데 필요한 것은 냉혹한 시선이다. 인물 사이에서 벌어
지는 일을 동물이나 사물 사이에서 벌어지는 일처럼 그
려야만 한다. 제작진을 성범죄자 격리소에 데려다준, 그
곳을 관리하는 남자의 정체가 밝혀지는 대목에서 서루
의 냉혹함이 폭발한다. 성범죄자들을 관리하는 이는 바
로 자신의 딸을 성추행한 성범죄자였다. 서루는 그에게
집요하게 따져 묻는다. 남자의 표정은 어느 순간 영혼이
사라진 것처럼 중립적인 사물이 된다. 우리는 그의 얼
굴을 보고 있지만 정확한 의미에서 얼굴은 아니다. 즉

　　　　　　　　　　　　　　　　　　　　강덕구

정체성과 자아를 외부로 드러내는 '얼굴'이라는 표면이 사라지고 만다. 그의 얼굴은 정물화처럼 중립적인 대상으로 변한다. 그것은 오늘날 법과 도덕이 완전히 맞물리는 지점이다.[4] 악인에게 서사를 지운다는 것은 그의 얼굴을 지운다는 것을 뜻한다. 그는 얼굴을 빼앗긴다.

앙드레 바쟁의 설명에 따르면 서부극에선 광활한 대지를 점유하는 법적 질서와 그에 대항하는 개인의 모럴이 부딪힌다. 보안관은 법적 질서를 담당하고, 마을에 도착한 정체불명의 개인은 법적 질서에 순응하지 않는다. 서부극에서 법적 질서는 결코 선악을 구분하는 척도가 아니다. 선악은 개인의 모럴에 의해 좌우된다. 어쩌면 오늘날 서부극을 다시 봐야 하는 이유는 여기에 있을지 모른다. 서부극은 법적 규범과 개인의 모럴, 달리 말하자면 추상적 질서에 저항하는 얼굴을 그리기 때문이다. 그러나 개인의 모럴이 그저 법적 질서를 보완하는 서부극도 적지 않다. 하워드 호크스의 「리오 브라보」에서 보안관과 외지인은 한 팀이 돼 적들과 싸운다. 그들의 죽음은(두 사람은 함께 죽는다.) 마을에 공적인 '정의'를 보장한다.

---

4 나는 동시대의 이런 현상을 비난하는 것이 아니다. 정신 나간 인간이 아닌 이상, 성범죄자를 사회에서 격리해야 한다는 주장에 반대를 표할 사람은 없다.

반면 바쟁이 '초서부극', '소설적 서부극'으로 부르는 수정주의 서부극에서 얼굴은 법적 질서에 끝까지 저항하며 법적 질서 이면에 존재하는 폭력을 폭로한다. 피핀이 말했던 서부 진출에 담긴 더러운 비밀을 폭로하는 서부극들이 줄지어 나온다. 이는 서루가 동물처럼 다뤘던 성범죄자의 얼굴, 존재 이유를 말소시킨 폐허 같은 얼굴이 주인공이 된 장르다. 장 뤽 고다르는 「서부의 사나이」에 나타난 쿠퍼의 얼굴을 "비결정적인 얼굴"[5]이라 표현한 바 있다. 고다르가 부연하는 설명은 비결정적인 얼굴이 가진 의미를 강조한다. 쿠퍼의 얼굴은 "만이 근본적인 진실로 돌아가고 있음"을 의미한다는 것이다.

만 영화의 인물들은 항상 서로에게 바짝 붙어 육박전을 행한다. 얼굴을 손가락으로 밀고, 상대방을 주먹으로 갈긴다. 얼굴은 엉망이 된다. 「윈체스터 73」에서 동생은 형을 죽이기 위해 안간힘을 쓴다. 동생은 형의 얼굴을 밀어내는 통에 손과 얼굴은 마치 전쟁을 벌이는 것처럼 변한다. 만의 서부극에서 핵심은 얼굴을 전쟁터로 만드는 행위다. 서루의 다큐멘터리에서 성범죄자의

---

5 "일전에 나는 만의 영화에 나타난 식물적 아름다움에 대해 이야기한 바 있다. 「서부의 사나이」에서 게리 쿠퍼의 비결정적인 얼굴은 광물의 왕국에 속한다. 이는 앤서니 만이 근본적인 진실로 돌아가고 있음을 증명한다." Jean-Luc Godard, *Godard on Godard*, translated by Tom Milne, Da Capo Press, 1986, p. 120.

「윈체스터 73」ⓒ유니버설픽처스

얼굴이 지워졌다면, 만의 서부극에선 악인의 얼굴과 선인의 얼굴에 똑같은 이야기가 부여된다는 점에서 중립적이라 할 수 있다. 우리는 짐승이라는 낯선 타자의 표정을 해석하는 데 어려움을 느낀다. 서루가 촬영한 성범죄자의 얼굴은 해석하기 곤란하다. 반면 (고다르가 지적한) 쿠퍼의 비결정적 얼굴이 드러내는 진실은 영혼이 빠져나간 표정의 해석 불가능성과 완전히 일치하지 않는다. 이는 얼굴이 일종의 빈 서판blank slate이 되었다는 의미에 보다 가깝다. 무엇이든지 쓰일 수 있는 얼굴은 "선과 악이 무게 중심을 아래로 둔 채 평형을 이루고 있는" 인간의 조건을 벌거숭이 상태로 노출시킨다.

만의 영화에서 악인은 선인의 가족이다. 주인공은 형제(「윈체스터 73」), 삼촌과 조카(「서부의 사나이」), 사위(「분노의 강」)와 적대한다. 그러므로 만의 서부극은 친밀감에 내재돼 있는 폭력을 생생히 보여준다. 믿었던 가족이 내가 쫓아야 하는 적이거나 나를 부지불식간에 배신할 수 있다는 것이다. 반면 거개의 할리우드 영화에서 가족은 안락한 공동체이자 최후의 보루인데, 이런 측면에서 만의 서부극은 공동체의 경계를 지속적으로 해체한다고 말할 수도 있다. 할리우드 영화가 표상하는 가족은 '나'를 외부에서 차단하고 그것으로부터 지켜준다. 할리우드 영화에서조차 가부장제는 나와 타자를 구획 짓는 '사회'의 기본 단위인 것이다. 만은 이 사회의 최소 단위인 가족의 의미를 뒤집는다. 즉 그는 가족이 사회를 표상하는 재현의 기구인 것처럼 묘사한다. 그는 인물 간에 존재하는 혈연이라는 비밀을 숨긴 뒤 그들을 적대하게 만든다. 나와 타자는 서로를 의심하고 부딪히게 된다. 이는 사회 내부의 적대를 묘사할 뿐 아니라 사회의 근간으로서 가족이라는 단위의 정당성을 뒤흔들고 만다.

만이 공동체의 경계를 해체하는 방식은 전적으로 얼굴의 전쟁에, 서사를 부여받은 얼굴이 전쟁을 벌이는 데서 기원한다. 결국 나는 가족을 살해함으로써 친족으로부터 달아난다. 정리하자면 악인의 후경에 이야기를 배치하는 것은 나를 공동체에서 빼내는, 니체적인 의미의 행위다. 만은 악인에게 서사를 부여하는 것이야말로 도덕적 규범이 자리한 통상의 질서를 가로지르는 선택이라는 사실을 보여줬다.

강덕구

수정주의 서부극, 가치의 폐허

바쟁이 소설적 서부극이라 명명했던 만 영화의 심리적 특징은 샘 페킨파에 이르러 우주론으로 확장된다. 페킨파의 영화에선 다른 서부극과 달리 주인공이 홀로 서 있지 않다. 집단과 집단이 대결하고, 주인공은 집단을 이끄는 리더다. 이는 바쟁이 '개인의 모럴'과 '법적 규범'의 충돌 지점이라고 불렀던 서부극을 완전히 새로 쓰는 것과 마찬가지다. 개인은 집단 안에 품어져 있고, 규범이 가진 보편성은 집단의 다양한 가치들로 격하된다.

　페킨파의 「와일드 번치」는 유니폼을 입은 남자들이 말을 타고 마을로 걸어 들어오는 장면으로 시작한다. 관객은 이들이 선한 자들이라고 짐작할 테다. 하지만 그들은 철도 회사를 터는 갱스터다. 반대로 우리는 더러운 얼굴을 한 남자들이 총을 게걸스럽게 핥으며 살육을 애타게 기다리는 모습을 본다. 이렇듯 악당이라 하면 누구나 떠올리는 특징이 있다. 얼굴에 칼자국이 있거나 신체 어딘가에 문신을 하고 있다. 반면 「와일드 번치」는 서부극의 주민들에게 원초적으로 주어진 이 분류 체계를 뒤집어버린다. 영화가 여타 서사 장르보다 표현 면에서 우위를 지닌 것은 '가치'와 '표현'을 일치할 수 있어서다. 페킨파는 영화 매체가 지닌 표현적 역량을 뒤집는 쪽을 선택한다. 그는 야비한 속임수를 집어넣는다. 우리는 더러운 얼굴의 법적 질서를 본다. 선한 얼굴로 악행을 저지르는 광경을 본다. 관객은 선과 악의 분류를 헷갈려하기 시작한다.

서부극 장르가 규범과 무정부 사이의 투쟁을 통해 개척 시대의 '미국의 정신'을 보여준다면, 페킨파의 서부극은 무엇을 보여줄까? 만의 서부극이 얼굴 사이에 벌어지는 투쟁을 드러내 보임으로써 공동체의 기원에 의문을 던졌다면, 페킨파의 서부극은 공동체 너머, 우리가 사는 세계가 악과 혼돈으로 가득 차 있음을 보여준다. 그것은 어떤 의미일까? 얼굴에 검댕이 묻은 아이들이 신나게 놀고 있다. 무언가를 가지고 장난을 치는 듯하다. 카메라가 아이들을 향해 다가가보니 개미 떼에 의해 전갈이 잡아먹히고 있다. 아이들은 천진난만한 표정으로 전갈의 몸에 불을 지핀다. 이는 「와일드 번치」의 핵심을 도려낸 장면으로, 페킨파가 악을 바라보는 관점을 상징적으로 보여준다. 전갈을 갉아먹는 개미 떼와 그들의 몸 위로 불을 지피는 순진한 어린아이들.

만은 법적 질서에 기반하고 있는 공동체를 '가부장제'로 축소했다. 만은 남성적 질서 자체에 근원한 친밀감이 초래하는 폭력성을 (카를 슈미트가 말한 것과 같은 의미의) 규범을 세우는 정초적 폭력처럼 바라본다. 언뜻 법은 만인에게 공평한 규칙처럼 보인다. 그러나 법을 정초하는 것은 (국가든, 지배 계급이든) 폭력이다. 만이 보여

강덕구

「와일드 번치」ⓒ워너브라더스, 세븐아츠

주려고 한 지점은 여기에 있다. 만에게 악인을 질서에 기입시키는 행위는 불가피했다. 그 행위야말로 선인과 악인 모두가 뿌리내린 공동체의 전능함을 잘 보여주기 때문이다. 악인도 질서 안에 속해 있으며 질서의 대행자처럼 군다. 선인 또한 과거에 공동체에 속해 있다. 그는 자신의 과거를 부정하고 과거에서 도망치려고 한다. 그러나 도주로는 악인과 자신을 잇는 '이야기'를 파괴하지 못한다. 그는 제 손으로 공동체를 파괴한다. 그는 더이상 돌아갈 곳이 없다. 만 영화의 주인공은 공동체를 잃는 동시에 과거를 잃는다. 그는 얼굴을 잃는다. 만은 법의 기원에 있는 폭력을 과거와 현재의 싸움으로 만든다. 현재의 나는 과거의 나와 싸운다. 남성들은 오직 남성적 질서를 파괴해야만 남성적 질서에서 빠져나올 수 있다.

영화 평론가 정성일은 서울아트시네마에 「서부의

사나이」를 추천하며 만이 포착하려고 했던 서부극 우주의 끝자락에 대해 아래와 같이 말한다.

거기서 그저 크레인으로 슬쩍 한번 움직였을 뿐인데도 그 공간은 거의 완전한 하나의 우주적 질서를 획득한다. 그런 다음 이 서부극의 신화적 공간은 어느새 마치 다른 혹성의 다른 공간, 그러나 결국은 어느 별에서 시작해도 같은 결론의 신화에 도달할 수밖에 없다는 듯한 체념의 제스처를 보여주는 카메라의 운동을 한껏 펼쳐 보인다.[6]

정성일은 만이 한 개인의 운명을 서부극 전체, 아니 세계 전체로 확장시키는 장면을 정확히 포착했다. 쿠퍼는 자신을 억지로 강도질에 합류시킨 가족에 끌려간다. 그러나 비적 떼가 털려고 한 은행이 있는 마을은 이미 텅 빈 폐허가 돼 있다. 광산이 문을 닫자 마을 사람들은 모두 떠나갔다. 이 아이러니한 상황에서 쿠퍼는 가족들과 총싸움을 벌인다. 쿠퍼는 텅 빈 은행에서 자신의 혈육을 모두 살해한다. 쿠퍼는 은행의 난간 밑에 숨어 있는 사촌을 찾아내고 방아쇠를 당긴다. 빵! 정성일

---

6 문석, 「정성일 추천작 〈서부의 사나이〉 상영」, 《씨네21》, 2022년 1월 23일, http://cine21.com/news/view/?mag_id=39140%5d, 2023년 2월 13일 접속.

이 언급한 크레인 숏은 쿠퍼가 절친했던 사촌을 죽이고 삼촌을 향해 떠날 때 등장한다. 카메라는 쿠퍼의 총에 죽은 사촌 쪽을 잠시 응시하다, 삼촌이라는 악당을 찾아 나서는 쿠퍼를 멀리서 바라본다. 만의 카메라는 사촌을 죽이고 떠나는 쿠퍼의 발걸음이 세계의 운명을 담아내고 있다고 주장하는 듯하다.

그러나 정성일의 설명과는 달리, 이 간단하면서도 함축적인 쇼트는 "우주적 질서"를 성립시키지 않는다. 우리는 오히려 그 쇼트를 통해, 정성일이 말한 "혹성의 다른 공간, 그러나 결국은 어느 별에서 시작해도 같은 결론의 신화"의 한계까지 모험한다. 이는 (고다르에 따르면 근본적 진실일) 우주적 질서란 존재하지 않는다는 사실을 바라보는 데 가깝다. 즉 서부극이 다루는 공동체에는 어떠한 정당성도 없다. 서부극이 세운 공동체는 파괴되고, 아버지가 만든 가족은 뿔뿔이 흩어지고, 태어난 사람은 죽을 뿐이다.

페킨파는 만과 다른 눈으로, 세계를 근간 없는 혼돈으로 바라본다. 이와 관련해 김곡은 『투명기계』에서 수정주의 서부극에 대한 흥미로운 사유의 단초를 던진다. 김곡은 수정주의 서부극의 별칭인 스파게티 웨스턴에서 '스파게티'라는 표현을 가져와 해당 장르의 미학적 특징으로 정초시킨다. 스파게티화란 고전적 서부극의 시공간에 빈틈(생략, 파괴)을 만드는 일이다.

김곡은 이러한 '스파게티화'의 출발점으로 구로사와 아키라를 꼽는다. 구로사와의 영화는 변화하는 집단의 내부, 내집단과 외집단이 부딪히는 외부의 경계를 묘사하는 데 뛰어나다. 구로사와는 생태를 연구하는 과학자처럼 인간 집단의 투쟁을 다룬다. 구로사와는 인과적 설명이나 정합적 편집을 채택하기보다 시간이 잠깐 멈춰선 침묵과 논리적 설명이 포착하지 못하는 '틈'을 영화 내부로 이끌어낸다. 수정주의 서부극은 구로사와의 방법론을 서부극에 도입해 정통적 서부극의 형식과 스토리에 구멍을 뚫는다. 만이 악인과 선인을 뒤섞어 공동체가 존재해야 할 정당성에 도전했다면, 수정주의 서부극은 선과 악의 판단 기준을 붕괴시키고야 만다.

수정주의 서부극은 서부라는 영화적 공간을 불투명하고 측정하기 어려운 공간으로 만든다. 페킨파의 「던디 소령」에선 남북 전쟁에 참전한 미군들이 백인 정착민 마을을 학살한 아파치 인디언을 뒤쫓는다. 던디 소령은 포로수용소의 책임자로, 인디언 무리를 토벌하기 위해 남군 포로들을 규합한다. 그러나 영화에서 인디언 무리는 맨 마지막에 이르러 그 전모를 보여줄 뿐이다. 게다가 던디 소령의 군대는 멕시코를 점령한 프랑스군 주변에 있던 터라 라스트 신에선 거의 몰살에 가까운 일들이 벌어진다. 문제는 인디언 무리를 찾는 던디 소령이 인디언 무리에게 기습당한다는 데서 비롯된다. 추적

「7인의 사무라이」ⓒ도호

자는 사냥감이 된다. 이것은 서부극이 정립한 살인자/시체, 백인/인디언과 같은 이분법의 질서가 무너짐을 의미한다.

　질서의 붕괴는 「던디 소령」의 쌍둥이 영화라고 할 수 있는, 로버트 올드리치의 1972년작 「울자나의 습격」에서 보다 과감히 드러난다. 「울자나의 습격」에선 「던디 소령」과 마찬가지로, 인디언 자치 구역에 살고 있던 아파치 인디언들이 백인 정착민 마을을 학살한다. 인디언들은 자신들만의 방법에 의거해 백인을 잔혹히 살해한다. 죽다 살아난 백인 여성은 잔혹한 학살의 증거다. 그녀는 전쟁 후 외상처럼 인디언에 대한 트라우마를 갖게 된다. 그럼에도 관객은 백인 군대가 아니라 아파치 인디언에 감정 이입한다. 올드리치는 그들을 이끄는 길잡이를 아파치 인디언으로 설정했고, 그 캐릭터는 관객이 인디언을 연민하도록 유도하는 대리인이 된다. 올드리치는 '울자나'라는 인디언이 이끄는 무리를 영화의 주역처럼 다루지만, 실상은 '인디언'이라는 집단을 한 명의 길잡이로 압축(혹은 의인화)함으로써 악당에 대한 감정적 동조화를 이끌어낸다. 영화의 라스트 신, 계곡에서 일어나는 상호 학살은 결국 나(백인)와 너(인디언)를 적대하게 하는 분류 체계에 담긴 병리성을 증명한다.

올드리치 영화에는 인간이 발 딛고 선 대지를 측정할 수 없는 연유가 나타나 있다. 올드리치는 나/너, 땅/하늘, 꿈/현실을 나누는 분류 체계에 내재해 있는 사악함을 고발했다. 페킨파는 구분 도식을 비판하는 대신에 분류 체계의 붕괴로 인해 도래한 혼돈을 만끽하는 편을 택한다. 김곡은 페킨파 서부극의 요체를 다음과 같이 요약한다. "여기는 잠재적 저격수들과 잠재적 표적들로만 구성된 공간, 사방팔방 난사된 총알들이 그려내는 거미줄 공간이고 개미 떼들이 들러붙은 전갈의 시간이다."[7]

분류 체계가 깡그리 붕괴된 폐허야말로 페킨파가 그리려고 했던 지옥이다. 페킨파는 외려 선과 악의 분류 체계를 무너트림으로써 각자도생의 지옥, 생존만이 남은 지옥을 그린다. 그는 「와일드 번치」에 대해 "나의 작

---

7 김곡, 『투명기계: 화이트헤드와 영화의 소멸』, 갈무리, 2018, 218쪽.

「울자나의 습격」ⓒ유니버설픽처스

업은 안전을 최우선 가치로 두지 않는 외부인, 패배자, 외톨이, 부적응자를 담고 있다."[8]라고 말한 바 있다. 페킨파는 외부자(인디언, 흑인, 남부군 포로)들로 이뤄진 내부를 만들고, 그들이 외부의 외부(이를테면 멕시코)로 떠나는 모험을 그린다. 페킨파는 신체를 황량한 광야에 있는 바위로 숨기면서 인간과 자연의 구분도 무화시킨다. 그러한 혼돈은 세계가 무목적성하에 움직인다는 냉혹한 통찰만을 던진다. 그곳에서 인간은 인간성을 통째로 잃는다. 들뢰즈는 페킨파의 세계를 이렇게 요약한다. "그들에게는 아무런 명예도 없다. 그들에게는 더 이상 환상도 남아 있지 않을뿐더러 그들은 아무 목적 없

8　Michael Bliss (ed.), *Doing It Right: The Best Criticism on Sam Peckinpah's The Wild Bunch-Southern*, Southern Illinois University Press, 1994, p. 56.

는 모험을 보여준다. 그것은 아무런 이득도 없는 모험이거나 아니면 여전히 살아 있다는 것에 대한 순수한 만족을 얻게 해주는 모험이다."⁹ 페킨파는 인간을 오로지 자기 보존만을 꿈꾸는 동물로, 인간성 자체를 허구의 일종으로 생각하는 성싶다. 이러한 통찰은 악과 선, 인간과 동물이라는 구분이 지극히 임의적이며 도구적이라는 사실을 반추하게 만든다.

인간, 허구를 먹고 사는 동물

페킨파가 인간이 사는 세계를 바라보는 관점은 우리가 악에 대해 갖고 있는 생각과 일치한다. 오늘날 현대인들이 악에 대해 생각할 때 떠올리는 이름은 백이면 백 '사이코패스'일 것이다.(그런 점에서 어떤 독자의 눈에는 내가 너무 먼 길을 돌아왔다고 생각할 수 있다.) 보통 사람은 사이코패스를 인간의 얼굴을 하고 있지만 그 내부는 악마적인 마음을 가진 자로 상상한다. 또 보통 사람이 사이코패스가 가진 마음의 형태를 추론하자면 그는 인간성을 박탈한 동물과도 같을 테다. 그는 인간이 규정한 분

---

9 질 들뢰즈, 『시네마 1: 운동-이미지』, 이정하 옮김, 시각과언어, 2002, 318쪽.

류 체계 바깥에 있는 자다. 선과 악, 해야 할 것과 하지 말아야 할 것, 욕망할 것과 욕망하지 말아야 할 것……. 사이코패스란 자신만의 모럴을 가진 인간-동물이다. 우리는 정해진 동물성이라는 규정을 활용해 사이코패스를 규정한다. 나는 그런 시선이 잘못됐다고 보지 않는다. 영화에 등장하는 모든 인간은 동물이나 곤충과 닮아 있기 때문이다.

그보다는 사이코패스나 악을 동물성으로 규정하며 그 반대편에 인간성을 놓는 그 체계를 우리는 점검해야 한다. 여기에 악인이 서사를 소유해야 할 최종적인 이유가 있다. 지젝은 인간중심주의적인 명명으로서 다양한 차이들을 환원하는 '동물'이라는 범주를 반추한다. 인간의 반대항으로 존재하는 동물이라는 범주는 인간이 '구성된 존재'라는 점을 일깨운다. 죽음, 섹스, 소유 개념 등 인간이 소유한다고 간주되는 인간적 특징들은 (진화생물학이 설명하듯) 허구다. 그러나 동물의 반대항으로서 인간을 정위시키는 그러한 허구 덕분에 우리는 인간이라는 범주를 구성할 수 있다.[10]

지젝의 진술은 (페킨파가 선구적으로 탐구한) 가치의 폐허를 활보하는 악마적 영화에 적용될 수 있을 테다.

---

10 슬라보예 지젝, 『헤겔 레스토랑』, 조현준 옮김, 새물결, 2013, 734~735쪽.

이 자리에서 나는 범죄자에 대한 영화를 숱하게 열거할 수 있다. 「M」「헨리: 연쇄 살인범의 초상화」「보스턴 교살자」「앙스트」「카니바」. 이 영화들의 특징은 사이코패스를 규정하기 위해 동물성이라는 범주를 가져온다는 점이다. 그러나 이들 영화는 동물성을 단순히 잔혹한 스펙터클로만 그리지 않는다. 그들 대부분은 조용한 이들이다. 홀로 밥을 먹고, 밤거리를 걷는다. 그들은 인간성이 표지하는 모든 특징들이 얼마나 연약하고 임시적인지를 증명한다. 즉 사이코패스는 인간성이라는 범주를 반추하게끔 만드는 테스트베드인 셈이다.

사이코패스에게 서사를 부여한다고 해서 악행을 정당화하는 목적이 있는 건 아니다. 물론 그렇게 오해한다면 어쩔 수 없는 노릇이다. 악인의 이야기는 악행을 납득할 수 있게 하기보다 '악'이 놓인 판단 기준과 그것의 분류 체계를 성찰하게 한다. 더 과감히 말하자면 악의 성격을 설명하기 위해 이야기를 짓는 행위는 공동선과 윤리가 무엇인지를 확인하는 것이다. 만의 서부극에서 악은 우리가 사는 공동체의 기원을 탐색하는 도구였다. 페킨파의 서부극에서 악은 무목적적 파괴 행위가 일어나는 세계 자체를 의미했다. 우리는 악을 통해, 혹은 악이 일어난 이유를 살펴보면서, 혹은 악의 의미를 고찰하면서 그 반대편에 있는 인간성을 확인할 수 있다.

강덕구

마지막에 이르러 밝히는 바지만, 이 글은 액자식 구성을 취한다. 「루이」에선 게이 인물을 향해 날아든 '패 곳'이라는 멸칭을 지우지 않는다. 단지 그 멸칭이 현실에서 사용된다는 이유로 그런 것은 아닐 테다. 진짜 이유는 바로 우리 인간이 허구를 통해 자신을 비춰보는 동물이기 때문이다. 드라마에서 들리는 혐오표현, 악행에 정당화를 부여하는 서사가 허구임을 간과해선 안 된다. 때로 불편하거나 역겨울 수 있는 거짓말은 우리가 사는 공동체의 기원에 담긴 폭력의 정체를 따져 묻게 만들기도 하고, 우리 세계의 잔혹성을 고발하기도 한다. 무엇보다 이러한 허구는 내가 선택해야 할 선^{good}을 나를 대신해 시뮬레이션해준다. 우리가 이야기와 허구를 포기한 순간, 우리는 우리 스스로를 탐구할 수 있는 가장 훌륭한 도구를 잃은 셈이다.

이 글에 등장하는 작품

영화 「서부의 사나이」 앤서니 만 연출, 유나이티드아티스츠, 1958.

영화 「윈체스터 73」 앤서니 만 연출, 유니버설픽처스, 1950.

영화 「와일드 번치」 샘 페킨파 연출, 워너브라더스·세븐아츠, 1969.

영화 「던디 소령」 샘 페킨파 연출, 컬럼비아픽처스, 1965.

영화 「7인의 사무라이」 구로사와 아키라 연출, 도호, 1954.

영화 「울자나의 습격」 로버트 올드리치 연출, 유니버설픽처스, 1972.

소설 조르주 베르나노스, 『어느 시골 신부의 일기』 정영란 옮김, 민음사, 2009.

시리즈 「루이」 시즌1 2화 '포커/이혼', 루이 C.K. 제작, FX, 2010.

영화 「수색자」 존 포드 연출, 워너브라더스, 1956.

영화 「레드 리버」 하워드 호크스 연출, 유나이티드아티스츠, 1948.

영화 「리버티 밸런스를 쏜 남자」 존 포드 연출, 파라마운트픽처스, 1962.

소설 오노레 드 발자크, 『고리오 영감』 박영근 옮김, 민음사, 1999.

소설 기 드 모파상, 『모파상 단편선』 임미경 옮김, 열린책들, 2021.

다큐시리즈 「루이 서루의 LA 이야기」 3화 '성범죄자들 사이에서', 루이 서루 연출, BBC2, 2014.

영화 「리오 브라보」 하워드 호크스 연출, 워너브라더스, 1959.

영화 「분노의 강」 앤서니 만 연출, 유니버설픽처스, 1952.

영화 「M」 프리츠 랑 연출, 페레이니그테스타필름, 1931.

영화 「헨리: 연쇄살인범의 초상」 존 맥너턴 연출, 그레이캣필름즈, 1986.

영화 「보스턴 교살자」 리처드 플레이셔 연출, 20세기폭스, 1968.

영화 「앙스트」 게랄트 카글 연출, 필름자크레이티엔, 1983.

영화 「카니바」 베레나 파라벨·뤼시앵 카스탱테일러 연출, 2017

현실의 낙인,
무대 위의 매혹:
목소리를 빼앗긴 마녀가
무대 위에서 던지는
물음

전자영

「마녀 엘리자베스 소여에 대한 진기한 발견」
「에드먼턴의 마녀」

전자영

서강대학교 영문학부 강사. 셰익스피어부터 현대 희곡까지
다양한 연극 텍스트를 가르치고 있다. 뉴욕시립대학교에서
근세 영국 희곡의 여성과 복화술에 대한 연구로 영문학 박사
학위를 받고 기졸업자 우수 논문상을 수상했다. *Money
and Magic in Early Modern Drama*, *Adaptation*,
《미스테리아》《영어영문학》 등에 논문과 에세이를
발표했다.

이 글은 17세기 영국의 상업 연극 세계를 다루지만, 20세기의 한 극작가로부터 생각의 물꼬를 트고 싶다. 고전음악 평론가이기도 했던 조지 버나드 쇼는 베토벤의 사망 100주기를 맞아 《라디오 타임스》에 기고한 글에서 베토벤과 모차르트를 비교했다. 여기서 모차르트는 베토벤과 대조적인 인물로서 극작가에 비유된다.

> 설령 모차르트가 천수를 누렸다 하더라도 두 사람은 결코 죽이 맞아 지내지는 못했을 것이다. 베토벤은 모차르트의 도덕관을 견디지 못했다. 모차르트는 돈 조반니에게는 귀족 출신의 멋진 배경 주변으로 황홀한 후광을 둘러 그를 한껏 드높이고서는, 타고난 극작가답게 대뜸 언제 그랬냐는 듯 신축적이고 탄력적인 도덕관념을 발휘해서는 자라스트로에게 신성한 후광을 두르고 하느님의 입에 물려도 어색하지 않을 유일한 음악을 써 붙이지 않았던가.[1]

버나드 쇼의 해석에 따르면, 베토벤은 악덕에 고귀한 음악을 부여해서는 안 된다고 단언한다. 악덕은 아름다워서는 안 된다. 돈 조반니[2]는 사기꾼에다 법규를 모독

---

[1] 조지 버나드 쇼, 「베토벤 서거 100주기」, 『쇼, 음악을 말하다: 거장 극작가의 음악 평론』, 이석호 옮김, 포노, 2021, 134쪽.

[2] 이탈리아의 시인이자 극작가인 로렌초 다 폰테가 쓴 대본을 바탕으로 모차르트가 1787년에 작곡한 오페라 「돈 조반니」의 주인공.

하고 질서를 어지럽히는 난봉꾼이다. 모차르트는 그런 그에게 화려한 선율의 노래를 부여해 지위를 드높이고, 주인공이 될 기회를 준다. 베토벤은 모차르트의 또 다른 오페라 「마술피리」의 주인공 자라스트로를 향해서도 이와 비슷한 입장을 견지한다. 자라스토로는 신에게 어울릴 법한 노래를 불러선 안 된다. 그는 나이 어린 여성 인물, 즉 밤의 여왕의 딸인 파미나를 납치하는 가짜 성직자이기 때문이다. 이런 신념 때문에 베토벤은 "극작가는 되지 못했다."[3] 버나드 쇼는 왜 도덕률의 부재나 유연해진 도덕 법칙을 극작가와 동의어처럼 사용한 것일까?

내가 버나드 쇼를 인용한 것은 베토벤이 정말 모차르트를 경멸했다고 주장하기 위해서가 아니다. 실제로 베토벤이 악덕과 미덕을 노래하는지 여부에 따라 음악의 가치를 판단했다고 주장하려는 것도 아니다. 다만 이 인용문에 버나드 쇼의 물음이 드러나 있음을 지적하고 싶다. 극작가란 무엇을 할 수 있는가. 이들은 또 무엇을 할 수 있도록 용인된 존재인가. 버나드 쇼는 상상 속에서 베토벤과 모차르트를 대조함으로써 극작가에게 융통성 있는 도덕 법칙이 있다는 점을 부각한다. 극작가는 도덕관념을 제 맘대로 늘렸다가 줄인다. 극작

---

3 같은 책.

가는 신의 생각이 아닌 인간의 관점을 다룬다. 신과 달리 인간은 오류를 범하고 잘못을 저지르며 질서를 거스르고 벌을 받는다. 인간은 악덕과 가까이 있다. 인간 세상을 모방^{mimesis}하는 극작가는 미덕뿐만 아니라 악덕에도 관심을 가진다. 다시 말해 극작가는 인간의 악덕에 서사를 부여한다. 인간의 악덕에 매력이라는 후광을 두른다.

버나드 쇼의 비평에서 베토벤은 악인을 대하는 윤리적 논점을, 모차르트는 미학적 논점을 대변한다. 악인을 재현하는 '아름다운' 음악은 '도덕적으로' 올바르지 않다. 베토벤의 관점은 오늘날 창작 윤리와 이야기 윤리의 슬로건처럼 여겨지는 '악인에게 서사를 부여하지 않기'와도 맥을 같이한다. 그러나 우리는 악인에게 서사를 부여하는 '행위'가 올바른지 아닌지만을 논하고 있는 것은 아닐까? 다시 말해 누가, 어떻게, 왜 서사를 부여할 수 있는 위치에 있는지, 그 위치를 구성하는 여러―역사적·문화적·사회적·경제적·성적·인종적―맥락은 무엇인지에 대한 논의는 찾기 어려운 것 같다. 창작물 속의 이야기가 모두 작가의 관점을 투명하게 대변한다는 '작가 환원주의' 시대에 이런 논의가 빠져 있다는 것은 짚고 넘어가야 할 문제다.

이 글은 16세기 말부터 17세기 초까지 영국에서 가장 인기 있었던 '악역'이라 할 수 있는 마녀를 재현하는 문제를 살펴본다. 마녀를 다룬 남성 작가의 논픽션과 이를 극화한 남성 극작가들의 작품을 비교하며 작가의 자리에서 실존 인물을 '악역'으로 그려내는 일이 여러 사회경제적 조건의 원인이자 결과임을 탐구한다. 이 비교 독해를 통해 악인이 자신의 서사를 허구로 그려낼 위치를 차지할 수 없을 때 어떤 윤리적 문제가 발생하는지, 그럼에도 그 허구를 향유하는 관객에게 어떤 미학적인 가능성이 열릴 수 있는지를 이야기할 것이다.

진짜가 아니기에 진짜'처럼' 될 수 있는 연극의 묘한 힘

17세기로 돌아가보자. 당시 영국에서 남녀노소의 여가를 책임진 예술은 단연코 연극이다. 버지니아 울프는 "우리 국민의 독서 습관은 연극에서 시작"되었다고 썼다. "연극은 소설보다 수백 년이나 앞서" 있고, 대중은 "여러 세대에 걸쳐 연극에 가는 기술을 훈련해"왔다.[4] 울프가 여가로서의 이야기에 대한 희구라는 의미에서 소설 읽기와 연극 보기를 연결 지은 것은 흥미롭다. 셰익스피어 시대의 극작가는 예술가보다 TV 연속극 작가

---

4 버지니아 울프, 「소설 다시 읽기」, 『버지니아 울프 산문선 3: 어느 보통 독자의 책 읽기』, 최애리 옮김, 열린책들, 2022, 55~69쪽.

10~16세기 영국 연극은 주로 성서의 내용을 단막극 형식으로 각색한 작품으로, 상인 조합에서 여러 곳을 오가며 상연했다. 그런데 1598년 연극 배우 제임스 버비지가 상설 극장인 글로브 극장을 설립한 것을 계기로 고정 관객과 레퍼토리가 생겨났다. 그 결과 한 공연에 관객이 2000~3000명씩 몰릴 만큼 17세기 영국에서는 연극이 대중여가로서 성행했다.

에 더 가까웠고, 극장으로 사람들이 몰린 만큼 연극은 적도 많이 만들어냈다.

반反극장론자들은 연극이 기만이라고 보았다. 연극은 관객으로 하여금 무엇이 현실이고 허구인지 헷갈리게 한다. 배우가 머리, 손, 팔, 다리, 어깨, 발 등 신체 여러 부위를 움직이며 대사를 내뱉기 때문에 연극은 듣는 귀와 보는 눈 모두를 현혹하는, 진짜 같은 모조품을 만들어낸다. 게다가 연극은 성적으로도 불온하다. 1660년 찰스 2세가 망명 생활에서 돌아와 왕정을 복고하기 전까지 영국에서 여성은 무대에서 전문적으로 연기할 수 없었다. 변성기가 지나지 않은 소년들이 여성의 옷을 입고 무대에 올라 여성 배우의 역할을 대신했는데, 반극장론자들은 남녀가 각자의 생물학적 성과 맞지 않는 옷을 걸침으로써 문란한 성 문화를 부추길 뿐 아니라 성차를 드러낼 시각적 기호가 쓸모없어진다고 믿었다.

방종한 배우들은 [……] 인간의 시각이 인지할 수 있는 제일 저급한 것을 만들어 전시하면서도 전혀 부끄러워하지 않는다. 관객들이 [연극에서] 저급한 것을 듣고 보는 것은 관객 본인에 대한 낭비이자 시간 낭비다. 이 악덕은 귀에도 나쁘지만 눈에는 더 나쁘다. 귀와 눈이라는 두 열린 창으로 영혼을 파괴하는 죽음이 들이닥친다. 시각만큼 인간의 기억력에 손쉽게 침투하는 것은 없다. 귀로 듣는 것은 그냥 지나가고 말 수도 있다. 하지만 페트라르카가 말했듯, 눈으로 본 것은 우리가 원하든 그렇지 않든 우리 정신에 남으며 예외는 아주 드물다.[5]

위 인용문을 작성한 앤서니 먼데이는 한때 극작가였다. 전해지는 이야기에 의하면 관객들이 그의 작품을 본 뒤 조롱과 야유를 퍼부었고, 야망이 컸던 먼데이는 그 반응에 크게 상심한 모양이다. 먼데이는 극장을 떠나 전향해 위의 글이 인용된 소책자를 펴냈다. 이후 다시 극작가로 돌아오긴 했으나, 이 소책자에서 먼데이는 연극을 "제일 저급한 것"으로 취급했다. 그는 배우와 관객을 동등하게 비판한다. 배우는 이 저급한 픽션을 만들어내는 장본인이고, 관객은 그 "저급한 것"을 오락거

---

5 Anthony Munday, "A Second and Third Blast of Retreat from Plays and Theaters," Tanya Pollard (ed.), *Shakespeare's Theater: A Sourcebook*, Blackwell Publishing, 2004, pp. 75–76; first published 1580. 인용문의 영한 번역은 모두 글쓴이의 것이다.

상징적이고 난해하기도 한 시, 한 번에 한 명의 독자에게만 읽힐 수 있는 소설과 달리, 연극은 동시에 다수의 관객과 만날 수 있어 파급 효과가 컸다. 그래서 권력자들은 자신에게 유리한 여론을 만들기 위해 이에 부합하는 연극을 창작해줄 작가들을 후원하거나 알력 다툼을 벌이기도 했다. 특히 오락을 죄로 여기던 청교도들은 잉글랜드 내전으로 권력을 잡은 뒤 1642년 극장 공연을 전면 금지한다.

리로 소비하는 주체이기 때문이다. 연극적 재현은 질병이다. 이는 배우의 신체라는 병원체를 매개로 관객에게 전파되고 그들을 허구의 세계로 오염시킨다. 여성 관객들은 이런 연극적 볼거리를 현실로 착각하는 문제에 더욱 취약하다.

극작가 토머스 헤이우드는 연극 비판론자들이 공격하는 그 지점을 무기로 삼는다. 가짜를 진짜처럼 믿게 하는 연극의 힘에 주목한 것이다. 여러 극단에서 직접 연기를 하기도 했던 헤이우드는 동시대 연극에서 고대 그리스·로마의 문학과 일화에 이르기까지 다양한 사례를 들어 연극이 인간에게 꼭 필요한 예술이며 배우는 그런 연극을 만들어내는 가치 있는 존재라고 역설한다. 헤이우드는 1612년에 발표한 56쪽짜리 소책자 「배우를 위한 변명」에서 어째서 시 문학, 회화 같은 다른 예술보다 연극이 관객의 마음을 더 잘 사로잡는지 지적한다.

묘사는 귀로 듣고 눈으로 보지는 못하는 그림자일 뿐이다. 생생한 초상화도 눈에 보이는 형태에 지나지 않으며 행동이나 열정, 운동성, 신체의 움직임 등은 보여주지 못하고 감상자의 영혼을 고양할 수도 없다. 하지만 연극에서는 군인이 군인의 외양을 하고서 군인처럼 걷고 말하고 [……] 관객들은 연기하는 사람이 연기하는 대상과 일체화된 것처럼 보이는 뛰어난 공연을 보게 될 것이다. 그 생생하고 혼이 담긴 연기는 너무나 매혹적이어서 관객들의 마음을 새롭게 주조하거나 관객들이 고귀하고 훌륭한 시도를 하게끔 만들 수 있다. [극장에서] 자국민의 용맹함을 보면서 자신의 소심함에 부끄러워하지 않을 겁쟁이가 어디 있으랴? [……] 그토록 애국심으로 가득한 스펙터클을 마주한다면, 금방이라도 마음이 불타올라 그와 비슷한 업적을 이루기에 알맞은 상태가 되지 않을 리 있겠는가?[6]

신체를 경유한 연극의 이미지는 무대 밖까지 연쇄 반응을 일으킨다. 배우들은 신체와 목소리로 이전 시대의 영웅들과 우리 시대의 애국자들을 관객들의 눈앞에서 생생히 재현한다. 관객들은 그 영웅들이 표상하는 숭고한 가치를 흡수하고, 나아가 그 가치를 실천하고자 할 것이다. 헤이우드는 반연극론자들의 언어를 그대로

---

6 Thomas Heywood, "An Apology for Actors," Tanya Pollard (ed.), *Shakespeare's Theater: A Sourcebook*, Blackwell Publishing, 2004, pp. 220-221; first published 1612.

가져다 썼다. 다만 문제의 원인은 그대로 두되, 결과가 다름을 강조한다.

헤이우드는 연극이 민족 국가가 증진하고자 하는 가치에 부합할 수 있다고 주장한다. 연극은 인간의 시각을 통해 기억에 침투하고, 연극의 스펙터클은 지극히 진짜처럼 보이기 때문이다. 용맹함이나 애국심과 같은 미덕이 극장에서 배우의 연기를 통해 재현되는 모습을 목격한 관객들은 그 미덕에 감탄하는 데 그치지 않고 이와 합일하고 싶어 한다. 진짜처럼 보이는 시각적 스펙터클이 관객에게 자기 동일시를 유도하는 것이다. 따라서 배우는 악덕이 아니라 미덕을 추구할 수 있다. 헤이우드의 논지를 받아들이면 우리는 연극이야말로 인간이 미덕을 행하도록 촉구하는 데 가장 적합한 예술이라고도 말할 수 있다.

이와 같은 관점에서 보면 연극은 픽션과 픽션 아님의 경계에 서 있다. 관객들은 그들이 보는 것이 실제 상황이 아님을 인지하지만(헤이우드는 '처럼as if'이라는 표현을 유지한다.), 그렇다고 그것의 진정성이 떨어진다고 생각하지도 않는다. 오히려 진짜가 아니기 때문에 진짜'처럼' 될 수 있는 것에는 묘한 힘이 있다. 그들이 보는 헥토르는 진짜 헥토르가 아니지만, 그렇다고 헥토르의 '그림자'인 것도 아니다. 진짜가 아니라 진짜 '같은' 것이기 때문에 오늘 밤 극장에서 상연된 것이 내일도 상연될 수 있으며 관객들은 거리감을 유지하면서도 자신이 보는 것에 매혹될 수 있다. 진짜가 아니기 때문에 그 헥토르-배우는 감상의 대상이 되고, 그 인물로부터 취사선택한 가치를 관객에게 효과적으로 전달할 수 있다. '처럼'이 주는 서사의 힘이 미덕을 가능케 한다. 그리고 비록 헤이우드는 여기에 대해 한마디도 하지 않았지만, 이는 악덕의 서사도 가능케 한다.

인터뷰이 없는 마녀와의 인터뷰:
「마녀 엘리자베스 소여에 대한 진기한 발견」

* Henry Goodcole, "The wonderfull discoverie of Elizabeth Sawyer, a Witch," Marion Gibson (ed.), *Early Modern Witches: Witchcraft Cases in Contemporary Writing*, Taylor & Francis, 2001, pp. 299–315.

당시 연극은 다른 오락거리들과 경쟁해야 했다. 이 오락거리들은 주로 사회에서 추방된 '빌런'들을 둘러싸고 만들어졌는데, 그중 가장 인기 있던 빌런은 사형수와 마녀였다. 1571년 런던에 첫 공개 교수대가 설치되었다. 교수대는 야외극장의 돌출한 직사각형 무대와 비슷한 구조여서 관객들이 마치 연극을 관람하듯 주위를 둘러싸

전자영

고 교수형을 구경할 수 있었다.[7] 죽음을 앞둔 사형수들의 고백을 듣는 것이 이 '관람'의 하이라이트였다. 한편 마녀재판을 서사화한 발라드와 재판 기록물은 가벼운 읽을거리로 출판 시장에서 수요가 있었다. 마녀로 몰린 여성이 불에 타죽거나 목이 매달리게 되면, 평민들은 술집이나 여관, 시장통에 모여 이 사건을 소재로 발라드를 지어 불렀다. 그들은 재판에서 밝혀진 자극적 소재들―마녀가 죽음을 사주한 방법, 마녀 때문에 죽은 이웃 사람이 겪은 고통스러운 죽음, 마녀가 악마와 소통한 방식 등―을 즐거이 노래했다.

이제 연극사적 배경에서 여성 악역으로 피사체의 심도를 조정해, 이 같은 '마녀 서사'에 대해 이야기해보자. 한쪽 손에는 마녀 이야기가 자극적으로 소비되는 현실에 개탄하며 어느 '마녀'의 옥중 고백에 종교적 설교를 충실히 담으려 했던 작가 겸 종교인의 팸플릿이 있다. 다른 쪽 손에는 남성 극작가 세 명이 그 기록에 기초해 공동으로 집필한 허구의 희곡이 있다. 두 작품에서 여성 악역이 활용된 방식을 들여다보면, 우리는 이 남성 작가들이 여성의 자기 재현에 대한 욕망에 별 관심이

---

7 Molly Smith, "The Theater and the Scaffold: Death as Spectacle in The Spanish Tragedy," *Studies in English Literature 1500-1900*, Vol. 32, No. 2, 1992, pp. 217-232.

없었다는 사실을 알 수 있다. 그런데도 작품에 나타난 마녀의 욕망과 악덕은 관객에게 옮겨 간다. 후술할 논의를 통해 알게 되겠지만, 심지어 이 악덕은 불온한 동시에 퀴어하기까지 하다. 어떻게 그럴 수 있을까? 이 또한 열쇠는 연극 예술의 특수성에 있다.

여자의 이름은 엘리자베스 소여다. 소여는 런던에서 그리 멀지 않은 미들섹스 지방의 에드먼턴이라는 마을에 살았다. 남편과 함께 자식을 키웠고, 빗자루를 만들어 팔았다. 가정을 이루고 지역 경제에도 참여하며 정상 가정의 테두리 안에서 살아가던 소여는 1621년 어느 날 애그니스 래드클리프라는 이웃 여성과의 불화에 휘말린다. 래드클리프는 소여가 기르던 가축에 해를 입히는데, 가축은 당시 가정 경제의 가장 중요한 자산이었다.[8] 래드클리프는 소여의 암컷 돼지를 빨랫방망이로 때렸고, 이에 분노한 소여는 복수를 다짐한다. 그로부터 며칠 후 래드클리프는 갑작스레 매우 몸이 안 좋아져 병석에 눕게 된다.

---

8 가축으로 대표되는 가정 경제 자본이 마녀와 이웃 주민과의 다툼에서 핵심 사안으로 불거지는 문제에 관해서는 다음 저작을 참고했다. Molly Hand, "'To Kill Harmless Cattle': Animal Victims and The Witch of Edmonton," *Early Theatre*, Vol. 24, No. 2, 2021, pp. 99–120.

래드클리프의 남편이 법정에서 선서하고 진술한 바에 따르면, 래드클리프가 고통받은 방식은 매우 이상하고 특이했다. 래드클리프는 발병 나흘 만에 사망했는데, 죽을 때도 아주 이상했다는 것이다. 병석에서 입에 거품을 물고 정신이 아주 이상해졌는데, 남편뿐 아니라 마을 사람들도 이 모습을 목격했다고 한다. 뭔가 수상하다고, 누군가가 저주를 내렸다는 의심이 생겨났다. 래드클리프가 사망 직전 밝히길, 그 저주를 내린 건 다름 아닌 엘리자베스 소여였다. 래드클리프는 만약 자기가 죽는다면 그건 소여의 짓이라고, 빨랫방망이로 소여의 암컷 돼지를 때린 일로 소여가 큰 앙심을 품어 자기가 죽게 된 거라고 했다.[305쪽]

소여는 래드클리프 외에도 에드먼턴에 사는 젖먹이와 가축들을 죽였다는 세 가지 죄목으로 기소되었다. 두 혐의에 대해 재판부는 증거 불충분으로 무죄를 선고했다. 하지만 래드클리프가 죽도록 저주를 내린 것만큼은 유죄임을 인정해 소여에게 사형을 언도했다.

사형은 1621년 4월 19일에 집행됐다. 유죄 판결에 가장 결정적으로 작용한 증거물은 소여의 몸에서 나왔다. 당시 영국의 마녀재판에서는 악마와 계약을 맺었는지를 증명하는 절차가 중요했다. 악마에게 몸과 마음을 넘겨주었음이 증명되면, 소여가 악마를 사주해 래드클리프를 죽게 만든 것도 저절로 증명된다고 여겼기 때문이다. 그런데 그로부터 이틀 전, 헨리 굿콜이라는 범죄

<u>팸플릿</u> 작가가 런던의 뉴게이트 감옥을 방문해 소여를 면회했다. 굿콜은 이때의 인터뷰와 재판 과정에 관해 취재한 내용을 엮어 일주일 후 「마녀 엘리자베스 소여에 대한 진기한 발견」(이하 「진기한 발견」)이라는 소책자를 발간했다. 오늘날로 치면 굿콜은 르포 작가였던 셈이다.

악마와의 계약 여부가 무엇보다 중요한 쟁점이었기에 굿콜은 재판 과정에서 "소여의 몸에 생겨난 은밀하고도 이상한 표식"(306쪽)에 관해 가장 공들여 기술했다. 재판에는 세 명의 여성이 입회해 소여의 몸을 검사했다. 이들은 검사를 마친 뒤 소여의 엉덩이 조금 더 윗부분에 "크기는 새끼손가락만 하고 길이는 손가락 반마디만 하며 윗부분은 젖꼭지처럼 갈라진 자국"이 있다고 증언했다. 이는 악마가 여자의 은밀한 신체로부터 피를 빨아 마시다가 생긴 자국으로 받아들여졌다. 여자의 영육을 모두 악마의 것으로 만드는 계약이 이로써 확정됐다고 본 것이다. 소여는 재판정에서 이를 "완강히 부인했다."(307쪽) 하지만 이후 굿콜과의 면회에서는 악마가 자신의 몸을 수차례나 빨았음을 인정했다. 무려 8년에 걸쳐 일주일에 세 번씩, 악마는 "항상 개의 모습을 하고 나타나"(309쪽) 소여의 피를 빨아 영양분을 얻었다.

마녀와 개의 모습을 한 심부름 마귀familiar의 관계는

16세기 영국에서는 인쇄술의 발달과 분업화, 인쇄·자본의 투자와 축적, 문해력·인구·구매력 확대로 인한 자국어 인쇄물 수요 증가 등으로 대중서 출판 시장이 급격히 확장됐다. 이에 따라 출판업자들은 자극적인 제목과 홍보물을 활용하거나 작가의 명성을 이용해 시장에서 살아남고자 했고, 짧은 분량의 팸플릿(소책자)이 가벼운 오락거리로 인기를 끌었다.

성적인 뉘앙스가 풍부하며 마치 뱀파이어를 연상시키기도 한다. 유럽 대륙이 마녀와 마귀의 결합을 주로 인큐버스를 통해 이해한 반면, 영국의 마녀 담론에만 존재하는 심부름 마귀는 성적 함의가 노골적이지 않다. 마녀와 마귀의 성적 행위는 암시 또는 유피미즘으로 대체된다. 하지만 마귀의 흡혈 자국이 엉덩이 근처에 있는지를 확인하려는 재판부의 시도에는 성적 의도가 노골적으로 담겨 있었다. 이 기록은 작가인 굿콜은 물론, 재판에 참여하고 참관한 이들, 나아가 독자 모두가 엘리자베스 소여가 악마와 맺은 친밀한 관계에 대해 일종의 "관음적 관심"을 보였음을 보여준다.〔300쪽〕

하지만 굿콜의 관심사는 좀 더 작가적이고 종교적이었다. 굿콜은 소여가 타락한 원인이 언어 수행에 있다고 생각했다. 훗날 소여가 고백했듯 악마는 욕, 저주, 신성모독, 악담을 일삼는 소여의 '혀' 덕분에 그에게 접근할 수 있었다. 굿콜은 소여가 재판 중에도 저주와 욕설을 일삼았기 때문에 사형을 피하지 못했다고 주장했다. 재판에서 소여는 자신을 변호할 이해 가능하고 완전한 문장을 전혀 구사하지 못했다. 굿콜이 보기에 이 언어적 무능함은 신의 권능을 방증했다. "따라서 하느님은 불가사의한 방법을 통해 소여의 사악함을 초월하셨다. 이전에 많은 죄인들이 그러했듯 소여의 그 혀는 오히려 재앙을 초래하는 원인이 되었다."〔304쪽〕

법정에서도 불손함으로 일관하던 그 혀는 형장에 당도한 뒤에야 비로소 회개한다. 팸플릿의 결말부, 처형 직전의 소여는 자신이 저지른 죄를 모두 인정하고 참회하며 그리스도교 유일신에 귀의한다. 그는 자신이 굿콜에게 고백한 내용이 모두 사실임을 밝히고, 형장에 모인 사람들에게 자신의 죄를 사하는 기도를 하느님께 올려달라고 부탁한다.〔314쪽〕 굿콜은 마지막 한 문단을 할애해 기독교인 독자들에게 교훈적 메시지를 전달한다. 부디 입을 조심하라. 함부로 혀를 놀리지 말라. 악마는 사악한 언어 행위와 가장 가까이 있다.

마녀의 이런 고삐 풀린 언어 행위는 엘리자베스 시대의 여성이 가져야 하는 덕목에 정면으로 위배된다. '입 험한 여자shrew'는 당시 대중이 상상할 수 있는 가장 불편한 종류의 여성이었다. 변화하는 17세기 전후를 배경으로 하는 도시 희극 장르에서는 말을 험하게 하는 런던의 중류층 여성들이 남성성을 위협하는데, 한국에

전자영

「마녀 엘리자베스 소여에 대한 진기한 발견」 1621년 초판 표지

는 「말괄량이 길들이기」라는 제목으로 널리 알려진 셰익스피어 희곡의 '말괄량이'가 바로 'shrew'이다.(따라서 원제의 본뜻을 살리려면 「입 험한 여자 길들이기」 혹은 「기 센 여자 길들이기」가 더 알맞은 번역이다.) 중상류층 여성의 언어를 감독하려는 시도는 문학 작품 바깥으로도 이어졌다. 그 결과 이들 여성을 대상으로 한 여러 종류의 예절 교육 매뉴얼이 출간되었다. 이런 맥락에서 마녀가 "함부로 입을 놀리"는 것은 여성의 언어가 단속되지 않았을 때 생기는 최악의 문제다. 남성중심적 제도로서 종교는 여성의 위험한 언어를 단속하는 방식으로 작동하기 때문이다.

한편 굿콜이 소여와의 면회 내용을 질문과 답변

의 형식으로 써서 출판한 것은 "질문자, 기록자, 편집
자"〔307쪽 각주17〕로서의 작가적 자의식을 구체화한
다. 굿콜은 소여의 고백을 "토씨 하나도 틀리지 않게
verbatim"〔307쪽〕 전달했다고 쓰고 있지만, 그 주장의 신빙
성은 의심스럽다. 굿콜은 "신의 말씀의 대리인"〔314쪽〕을
자칭하며 소여의 회개 과정을 감독하는 제도 권력의 완
장을 찬다. 악마와 손을 잡은 타락한 영혼인 소여가 자
신에게 죄를 고백함으로써 주 예수 그리스도의 용서를
구하는 기독교인으로 변화했다고 본 것이다. [9]

　동시에 그는 팸플릿 작가로서 소여에게 무엇을 질
문하고 기록할지를 결정한다. 이 팸플릿에서 소여의 답
변은 일인칭 화자 '나[1]'의 목소리로 기록돼 있다. 그런데
우리는 소여의 답변이 진행되는 도중에 굿콜의 목소리
로 된 '나'가 끼어드는 것을 만나게 된다.

　악마가 처음으로 나타났을 때 나는 저주하고 욕하고 신을 모독하
　고 있었습니다. 내가 그런 행동을 하자 그[악마]가 나에게 곧장 나타
　났습니다. 이전에는 내가 그 악마를 본 적도, 그가 나를 본 적도 없
　었어요. 그런데 악마가 나에게 다가오더니 이렇게 말했습니다. 이것

9　이는 푸코가 말한 자기 고백을 통한 섹슈얼리티 통제와도 닮았
　다. 미셸 푸코, 『성의 역사 1: 지식의 의지』, 이규현 옮김, 나남출
　판, 2020.

봐라! 네가 저주하고 욕하고 신을 모독하는 모습을 내가 보았구나! 너는 이제 내 것이다. 이 경멸스러운 죄악을 저지르는 이들 모두에게 아주 훌륭한 경고가 될 것이다. 신께 기도하노니, **나는** 그녀의 이 끔찍한 본보기를 보고 모두가 이 죄악을 멀리하고 혐오하길, 저주받은 지옥의 말에서 멀어지고 자기들의 혀를 더 신성한 언어를 말하는 데 쓰길 기도한다.[308쪽, 강조는 인용자]

처음 독자들은 인용 표시가 없는 이 목소리를 소여의 것으로 착각할 여지가 있다.[10] 우리는 그것이 소여가 아니라 굿콜의 목소리임을 곧 깨닫게 되는데, 이 목소리 '덮어 쓰기'는 굿콜이 자신의 작가적 힘을 소맷단에 슬쩍 넣어놓고 있다가 야바위를 치고 있는 것이다. 어디까지가 소여의 자기 고백이고 어디에서부터 굿콜의 편집이 시작되는가? 소여의 불안정하고 믿기 어려운 혀와 굿콜의 신뢰할 수 있는 논픽션 글쓰기는 정말로 완전히 다른 것인가?

굿콜은 "소여가 마녀가 된 진짜 이유를 소상히 밝히기 위해" 이 팸플릿을 집필했다고 밝혔다. "아주 천박하고 잘못된 발라드" 때문에 소여의 재판과 죽음에 얽

---

10 Todd Butler, "Swearing Justice in Henry Goodcole and The Witch of Edmonton." *Studies in English Literature 1500-1900*, Vol. 50, No. 1, 2010, p. 132.

힌 '가짜 뉴스'가 저잣거리에 다 퍼져버린 것을 못마땅해했다. 심지어는 그가 "사형장에서 돌아오는 길에 이미 사람들은 발라드를 지어 부르고 있었다." 굿콜은 마녀의 사연이란 "술집 의자보다 법정 진술에 더 잘 어울린다."(303쪽, 원문 이탤릭체 미적용)라고 적었다. 더 정확히 말하자면, '굿콜이 편집하고 수정한' 법정 진술에 더 잘 어울린다고 해야 할 것이다.

근세 영국에서는 출판 시장에 유통되는 글쓰기에 접근할 수 있었던 작가들이 주로 소수의 남성 지식인이었고, 글을 쓰려는 대상을 골라 인터뷰하고 글로 옮겨 출판하는 과정은 작가의 욕망을 반영하는 선별적 절차였다. 물론 르포물에서 무엇에 렌즈를 들이대고 어떤 의미를 읽어낼 것인가는 그 작업을 수행하는 사람의 시선과 해석을 반영하는 것이 일반적이다. 그러나 굿콜이 활동한 시대에는 현대적 의미의 인터뷰 윤리가 없었을 것이고 '반영'은 곧 '곡해'로 이어진다. 게다가 굿콜과 소여의 예시에서 볼 수 있듯, 인터뷰이가 마녀재판에 회부돼 결국 사형을 언도받은 여성일 경우, 여성의 1인칭 고백에 개입해 그 고백의 방향과 의도를 수정하는 남성 작가의 존재는 젠더적 불평등을 야기하기도 한다.

펜을 쥔 쪽이 남성이고 고백을 털어놓는 쪽이 여성인 관계에서 굿콜은 소여가 자신이 원하는 말을 털어놓길 바랐다. 나아가 소여의 말을 그대로 전하는 척하며

1인칭을 슬쩍 자신으로 바꿔침으로써 마치 복화술사처럼 소여의 목소리를 조종하기도 한다. 마치 뮤지컬「시카고」의 한 장면에서 복화술 인형이 돼 입만 벙긋거리는 범죄자 록시의 말이 변호사 빌리의 목소리로 전해지듯 굿콜의 팸플릿에서 범죄자(이자 마녀)인 소여의 말은 굿콜의 목소리가 대신한다. 굿콜은 소여가 악역으로서 대중적 인기를 누리길 바라지 않았다. 그는 소여가 악역으로서 대중에게 반면교사가 되길 바랐다. 악역의 서사적 매력보다는 도덕적 교훈에 무게를 실었다. 그럼으로써 술집에서 불리는 노랫가락보다 자신의 글에 더 큰 권위를 실어 작가 제도까지 공고히 하려고 했다. 사회에서 정화돼야 하는 악역은 굿콜의 펜촉에서 만들어진 것이다.

공동체의 죄의식을 정화해주는 '언더클래스 안티히로인':「에드먼턴의 마녀」

* Thomas Dekker, John Ford and William Rowley, Lucy
  Munro (ed.), *The Witch of Edmonton* (Arden Early
  Modern Drama), Bloomsbury, 2017, pp. 109-260.

극작가인 토머스 데커, 존 포드, 윌리엄 롤리는 소여의 재판이 끝난 후 재빠르게 움직였다. 굿콜의 팸플릿이 출간된 지 8개월여밖에 지나지 않은 그해 12월, 이들이 함께 쓴 희곡 「에드먼턴의 마녀」가 프린스 찰스 극단 The Prince Charles's Men에 의해 처음 상연되었다. 세 극작가는 굿콜의 '르포'에서 뼈대를 취했지만 모든 내용을 그대로 가져오지는 않았다. 이런 면에서 세 극작자들은 굿콜과 비슷한 편집자의 역할을 수행한다. 그러나 후술할 일련의 편집 과정은 그들의 목적이 굿콜과는 사뭇 달랐음을 시사한다. 상업 작가였던 데커, 포드, 롤리는 '팔리는' 극을 만들어야 했으므로 굿콜과는 반대로 움직여야 했다. 즉 세 극작가는 마녀를 종교적 가르침의 본보기가 아니라 세속적 사회를 이야기하는 존재로 그리려 했다.

먼저 엄밀히 말해 엘리자베스 소여는 이 작품의 주인공이 아니다. 이 작품의 플롯은 이렇다. 에드먼턴에 사는 프랭크 소니는 유부남이지만 가문의 재정 상황이 좋지 않아 아버지가 원하는 대로 어느 부자의 유산을 노리고 그의 딸에게 접근해야 하는 처지가 되었다. 소니는 결혼 사실을 숨긴 채 위장 결혼을 한다. 하지만 그는 두 번째 결혼으로 얻은 아내를 살해함으로써 끝내 파멸에 이른다. 한편 소여는 서브플롯에서 등장하는데, 큰 줄기는 굿콜이 적은 바와 같다. 소여 앞에 개의 모습을 한 악마가 나타나고, 그는 악마와 거래한다. 그 악마는 소여가 원하는 대상을 괴롭히고, 소여는 래드클리프를 죽게 사주한 마녀로 몰려 죽는다. 다만 굿콜이 가장

전자영

중요하게 다루는 마녀재판이나 죄를 고백하는 절차는 이 희곡에 생략돼 있다.

같은 마을에서 벌어진다는 것 외에 메인 플롯과 서브플롯은 크게 관련이 없어 보인다. 두 플롯을 연결하는 고리는 개의 모습을 한 악마다. 톰 또는 토미라는 애칭으로 불리는 이 악마의 개는 소여가 굿콜에게 고백한 이야기에도 등장하지만, 이 희곡에서는 훨씬 더 비중이 크고 중요한 존재로 그려진다. 톰은 소여가 원하는 대상에 저주를 내릴 뿐 아니라 에드먼턴 마을의 크고 작은 악행에 관여한다. 톰이 주민을 만지거나 건드리면 마음속에 있던 악마의 씨앗이 싹을 틔운 듯 그들은 살인을 저지르거나 미쳐버린다. 톰은 아내를 죽이기 직전의 소니를 만지기도 한다. 그는 정령이기 때문에 사람들의 눈에 보이지 않는데(소여와 광대 캐릭터인 커디 뱅크스만이 예외적으로 그를 볼 수 있다.), 마치 볼 수 없는 바이러스처럼 에드먼턴 공동체 곳곳을 돌아다니며 사악한 기운을 옮기고 다닌다.

이때 소여는 공동체에서 밀려나 사회적으로 고립된 인물로 그려진다. 이를 위해 세 극작가는 소여가 가내 수공업자로서 지역 경제의 생산과 소비에 참여하고 있었으며 남편과 아이와 함께 가정을 이루고 있었다는 사실을 삭제한다. 이 희곡에서 픽션의 필터를 통해 걸러진 소여는 이웃 주민과의 불화 때문에 흑마법을 부리기로 결정한 게 아니라 이미 마을 사람들로부터 괴롭힘을 당하고 있었다. 소여는 "가난하고, 불구에다, 못 배운"〔2막 1장 3행〕 노파다. 현대의 학자들은 근세 영국의 마녀를 설명하는 모델로 '실패한 자선'을 들었다.[11] 이 모델에 따르면, 상업 자본주의가 발달하면서 계층 분화가 가속화돼 경제적·사회적 약자들의 어려움이 커졌으나 공동체 의식이 약화된 탓에 그들은 다른 구성원들로부터 도움을 받지 못했다. 생계 수단이 없었던 하층민들은 범죄를 저지를 수밖에 없었고, 그 범죄를 벌하고 공동체가 도와주지 못한 죄의식을 덜기 위해서 앙심을 품은 여자가 마녀가 돼 복수를 한다는 허구의 이야기를 꾸며냈다는 것이다. 간단히 말해, 마녀는 초기 자본주의의 징후적 존재다. 「에드먼턴의 마녀」 또한 이 해석을 뒷받침하기에 유용한 텍스트로 보인다. 중요한 것은 소여 스스로가 이렇게 말하고 있다는 점이다. 소여를 연기하는 배우는 소여에게 입을 부여해, 자신이 마녀가 된 것은 타인의 모욕("온갖 고약하고 차별적인 말들"〔2막 1장 2행〕) 때문이라고 밝힌다.

---

11 Keith Thomas, *Religion and the Decline of Magic*, Scribner, 1971; Alan MacFarlane, *Witchcraft in Tudor and Stuart England*, Harper & Row, 1970.

어떤 이들은 나를 '마녀'라 부르는데,

내가 어떤 사람인지 알지도 못하면서 그들은

나한테 마녀가 되는 방법을 가르치려 들어. 내가 나쁜 말을

하게 만드는 건 바로 그들이야—그자들이 내뱉는 독설이 나를 그리

　　만들지—

그래서 내가 그자들의 소에, 옥수수에 흑마법을 거는 거야.

그들 자신, 그들의 하인, 그들의 젖먹이 아기한테까지 흑마법을 걸

　　었지.

이건 다 그들이 나에게 압력을 가한 결과야.[2막 1장 8~14행]

　　소여의 선언과도 같은 이 독백은 김현경이 지적한
모욕의 수행성을 구체화한 하나의 사례라 할 수 있다.
김현경은 모욕을 "감정적 표현 내지는 잘못된 재현으로
이해할 때, 말과 몸짓이 지니는 수행적 차원은 간과"되
고 만다면서 복수의 공동체 구성원들이 가하는 모욕이
구성원 간의 상호작용 의례의 일부를 대체한다고 관찰
했다.[12] 모욕은 모욕하는 자의 상한 기분을 보여주는 유
리창만도, 모욕당한 자의 억울한 사회적 지위를 드러내
는 검사지만도 아니다. 모욕은 사회적 상호작용에 변화
를 일으켜 실제로 모욕당한 자가 사회에서 바로 그 모욕
에서 묘사한 존재가 되게끔 압력을 가한다. 소여는 '원

12　김현경, 『사람, 장소, 환대』, 문학과지성사, 2015, 108쪽, 강조는 원문.

해서' 에드먼턴의 마녀가 된 것이 아니다. 에드먼턴 공동체가 소여를 마녀라고 부름으로써 마녀를 배태한 것이다. 사회적 압력이 곧 마녀의 수원지였던 셈이다.[13]

간단히 말해, 마녀는 성원으로 받아들여지지 않은 존재다. 그러나 소여는 여기서 한발 더 나아간다. 사회가 성원권이 상실된 자들을 처벌해야만 하는 악역으로 설정함으로써 죄책감을 덜어낸다면, 소여는 그렇게 하는 사회가 바로 마녀(또는 악역)인 것이 아니냐고 반문한다. 4막 1장, 자신을 체포하러 온 법관과 주민들에게 일갈하는 소여를 보자. 소여는 묻는다. "내가 마녀라고? 마녀 아닌 자가 있느냐?"〔4막 1장 120행〕이로써 그는 '마녀'라는 명칭의 좁은 정의, 즉 불법적 마법을 행하며 악마와 소통하는 특정 나이대의 여성이라는 규정을 탈피해 '마녀'라는 꼬리표의 의미를 재정의한다.

소여가 보기에 마녀는 자신과 같은 존재를 의미하는 게 아니다. 오히려 못 가진 자들을 착취하며 호의호식하는 도시 남녀들이 마녀다. "멋진 옷을 입은 사람들. 그 사람들의 등은 호칭과 명예로 굽었어. 내 등보다 더 굽었지. 내가 만약 마녀라면, 그자들은 나보다

---

13 Susan D. Amussen, "The Witch of Edmonton : Witchcraft, Inversion, and Social Criticism." *Early Theatre*, Vol. 21, No. 2, 2018, pp. 167-180.

전자영

The Witch of Edmonton

A known true S T O R Y.

Composed into

A TRAGI-COMEDY

By divers well-esteemed Poets;

William Rowley, Thomas Dekker, John Ford, &c

Acted by the Princes Servants, often at the Cock-Pit in Drury-Lane,

once at Court, with singular Applause.

Never printed till now.

Ho hane I found thee Cursing

Sanctabecehur nomen tuum

Mother Sawyer

Cuddy Banks

London, Printed by J. Cottrel, for Edward Blackmore, at the Angel in

Paul's Church-yard. 1658.

「에드먼턴의 마녀」 1658년 8절판 표지

더 마녀 같아.”〔4막 1장 104~107행〕 그는 이런 자들을 ‘도
시마녀city-witches’〔4막 1장 132행〕라고 부르는데, 이들은 에
드먼턴이라는 시골 마을에 살아가는 자신보다 더 무시
무시한 마법을 부릴 수 있다. 그 마법은 바로 돈이다.
“남들이 20년 동안 벌까 말까 한 돈을 1년 만에 다 써
버리는 이자들은 그럼 마녀가 아니란 말인가?”〔4막 1행
135~136행〕 소여는 날카롭게 묻는다. 비록 교수형에 처
하기 직전 소여는 자신의 죄를 인정하며 악마의 유혹에
빠지지 말라고 경고하지만, 그 경고가 마녀에 대한 웅
변보다 더 인상적인 목소리였을지는 의문이다. 17세기
관객들은 이 웅변에 더 강렬히 반응하지 않았을까? 그
리고 한편으로는 양심에 더 찔리지 않았을까?

환대받지 못한 자들이 벌인 정사의 여파

많은 학자가 소여의 마녀됨에 대한 사회학적 연구를 진행했다. 원작이 된 굿콜의 팸플릿에 비해 데커, 포드, 롤리는 소여의 법적 처벌과 종교적 회개에 관심이 없다. 마치 이 남성 극작가들은 굿콜이 제공한 기록을 한 번 더 입맛대로 바꿈으로써 소여를 17세기 영국 사회를 비판하는 안티히로인으로 만들고 싶었던 것 같다. 그러나 각색 과정에서 소여에게 부여된 건 서사만이 아니다. 헤이우드가 그토록 소상히 밝힌 연극 예술의 특수한 미덕을 다시 생각해보자. 배우가 진짜처럼 펼쳐내 보이는 시각적 스펙터클은 관객에게 직접 참견하고 명령하기보다 그들의 영혼을 고양해 미덕과 악덕을 자기 것으로 만들고 싶게끔 초대한다. 먼데이가 인용한 페트라르카의 말을 빌리자면 "눈으로 본 것은 우리가 원하든 그렇지 않든 우리 정신에 남는다." 무대 위에서 배우가 전달하는 미덕과 악덕은 관객의 일부가 되고 그 관객을 위한 서사가 된다. 이 작품의 빌런 또는 안티히로인으로서 소여에게는 관객에게 악덕을 전달할 기회가 주어진다. 관객들은 이 마녀와 공명할 것이다.

한편 17세기 마녀재판을 관찰하는 사회학적 관점으로 「에드먼턴의 마녀」를 독해하다 보면, 우리는 소여가 마녀됨을 즐기고 있을 가능성을 간과할 수 있다. 상술했듯 이 작품에 묘사되는 마녀라는 정체성은 소여 스스로 자처한 것이 아니며 스티그마(낙인)처럼 기능한다. 이로써 우리는 그가 "의례적 관점에서 오염되었다고"[14] 여긴다. 하지만 소여는 마녀됨을 통해 득을 보고 있기도 하다. "〔나를 마녀라 부르는〕 마을 사람들이 내가 내리는 저주를 고맙게 여기게끔 했어."〔2막 1장 14~15행〕 그는 자신의 독설과 폭력으로 마을 사람들의 재산이나 아이들에 위해를 가하는 일을 복수라고 생각하며 내심 이를 즐긴다.

그리고 「에드먼턴의 마녀」의 소여가 즐기는 것이 하나 더 있다. 바로 이 작품의 악덕을 퍼 나르는 악마인 톰과 별스러운 애정을 나누는 일이다. 「진기한 발견」은 톰을 중요하게 다루지 않았다. 그는 이 논픽션에서 악마와 마녀 사이의 성적 관계를 엿보는 관음증적 시선의 대상일 뿐 주요 인물은 아니었다. 그러나 「에드먼턴의 마녀」에서는 대사와 존재감을 가진 인물로 거듭난다. 당시 톰을 연기한 배우는 양가죽, 새틴, 캔버스 천으로 만든 개 모양의 검은색 옷을 입고 무대에 올랐으리라고 추정된다.[15] 이런 옷을 입고 인간처럼 행동하는 개를 연

---

14 김현경, 『사람, 장소, 환대』, 문학과지성사, 2015, 122쪽. 스티그마에 대한 자세한 논의는 같은 책 121~123쪽을 보라.

15 Lucy Munro, "Introduction," Thomas Dekker, John Ford and William Rowley, Lucy Munro (ed.), *The Witch of Edmonton* (Arden

기하는 인간 배우는 개와 인간의 혼종을 극화하는 존재가 되고, 소년 배우가 연기하는 늙은 여자 소여는 이 개-악마-인간과 종을 초월해 애정에 가까운 우정을 나누게 된다.

연극과 굿콜의 팸플릿은 톰과 소여의 신체적 접촉에 대해 보여줄 수 있는 것이 서로 달랐다. 무엇보다 무대에서는 톰이 소여의 볼기 부근을 빠는 모습을 직접 보여줄 수 없었다. 이는 팔을 빠는 것으로 대체되었지만 이것만으로도 적지 않은 의미가 있었다. 팸플릿에서는 세 명의 여성이 재판에 입회해 그 자국을 검사했다는 사실이 사후적으로만 기술되지만, 연극 무대에서는 자국이 생긴 과정이 관객의 눈앞에 곧장 재현될 수 있었다.

이 재현성은 특별한 퀴어함을 불러왔다. 톰이 소여의 팔에서 피를 빠는 행위는 뱀파이어적 성애부터 아이에게 젖을 물리는 유사-모자 관계까지 여러 각도로 해석되었다. 어떤 관계를 매개하건 톰과 나누는 이 신체적 친밀함은 소여에게 각별한 의미가 된다. 공동체에서 받지 못했던 인정과 환대를 인간과 비슷하지만 인간은 아닌 어떤 존재로부터 받게 되었기 때문이다. 물론 이 둘은 소여의 영혼을 담보로 갑을 관계를 맺고 있다. 게

Early Modern Drama), Bloomsbury, 2017, p. 85.

전자영

「에드먼턴의 마녀」 1984년 공연 사진
ⓒ셰익스피어생가재단

다가 남성으로 설정된 악마-개가 나이든 여성의 신체를 빠는 행위는 남근적 정동에서 벗어난다고 보기 어렵다.(톰은 남성 대명사로 지칭되며 사탄은 주로 인간 남성의 모습으로 묘사된다.) 그럼에도 톰과의 관계에서 정서적 위안을 얻는다는 소여를 수동적 여성상의 피해자로만 해석할 수는 없다. 이 관계에서 소여는 분명히 욕망하는 존재로서 행동하기 때문이다.

지역 경제에서 배제되고 공동체의 정서적 끈에도 묶여 있지 못한 소여는 기꺼이 마귀에게 피를 제공하는 쪽을 택한다. 이 증여와도 같은 행위가 소여에게 육체적 만족감을 가져다줬는지는 희곡 텍스트에 분명하게 드러나 있지 않다.(프로덕션에 따라 그렇게 연출할 수는 있

을 것이다.) 다만 정서적 충족감을 가져다준 것은 확실하
다. 아무리 계약에 따른 행동임에도 이런 증여 덕분에
애정 어린 관계는 비로소 가능해지고, 소여는 자신도
누군가에게 사랑받고 또 누군가를 사랑할 수 있는 존재
임을 확인한다.

피를 증여하는 것보다 유대감을 나누는 것이 소여
에게 더 중요하다는 사실은 더는 나눠줄 피가 없을 때
선명해진다. 반복된 흡혈 때문에 소여의 피는 말라버린
다. 소여는 이를 안타까워하며 피를 나눠줄 수 없다면
대신 서로를 위로해주자고 제안한다.

너의 달콤한 입술을 적셔줄 피가 더는 남아 있지 않구나.

뒷다리로 일어서 보렴. 키스해줘, 나의 토미.

내 눈썹에 내려앉은 이 주름들을 없애주지 않으련,

내 늙은 갈비뼈들이 기쁨으로 들썩일 수 있게.

네 재주를 보여주지 않으련. 무얼 하고 있어? 즐겁게 지내자꾸나.

[서로 껴안는다.] [4막 1장 173~177행과 지시문]

흡혈이 없어진 자리를 대신하는 것은 친절한 입맞춤
과 포옹, 그리고 개만이 부릴 수 있는 재주다. 이 장면
에서는 개의 모습을 한 마귀의 악마성보다 인간의 가장
친한 친구인 개라는 성질이 더 우선한다. 정서적 교감
은 소여의 시름을 달래주고, 소여를 기쁘게 하며, 그가

보내는 시간을 즐거움으로 채워준다. 우리가 반려 동물에게서 얻는 정서적 즐거움과 매우 닮아 있다. 어쩌면 소여는 흡혈을 돌봄으로 이해한 것일 수도 있다.

신체의 일부를 증여해 누리는 정서적 만족감은 분명 폭력적이며 하층민 여성의 고립된 위치를 재확인하는 데 그칠 수도 있다. 그러나 소여가 마녀로서 톰과 계약을 통해 취득하는 애정을 "억압과 배제의 조건"으로만 보지 않는 방법도 있을 것이다. 사회가 낙인찍은 정체성이라 해도 그 정체성을 "인간의 조건이자 그 자체의 즐거움을 가진 것"[16]으로 볼 수는 없을까? 비슷한 맥락에서 흡혈을 허락하는 소여를 '반-어머니anti-mother', 즉 모유를 먹여 젖먹이를 기르는 어머니의 패러디로만 볼 것이 아니라 정서적 만족감과 고통을 동시에 수반하는 돌봄의 주체로 이해할 수는 없을까?

개의 형태로 소여 앞에 나타난 악마는 소여를 현혹하고 파멸로 이끄는 동시에 사랑하는 대상이 부재할 때의 달콤한 고통을 안겨주기도 한다. "내 최고의 사랑!" "달링!" 등으로 호명되는 톰은 무대 위에 현현하는 육체만큼이나 분명한 정동의 에너지(환희와 절망 모두)를

---

16 진송, 「젠더의 즐거움과 인간의 존엄」, 네이버 블로그, 2022년 2월 6일, http://blog.naver.com/zinsongzin/222658525306, 윤아랑, 『뭔가 배 속에서 부글거리는 기분』, 민음사, 2022, 11쪽에서 재인용.

소여에게 선사한다. 개의 모습을 한 악마와 마녀라고
불리는 여자, 환대받지 못하는 비관습적이고도 비가시
적인 이 존재들이 무대 위에서 서로 껴안고 입 맞출 때,
굿콜과 세 극작가가 저마다 의도한 종교적 설교와 사회
비판은 후경으로 사라진다.

입체적·매혹적 악역의 가능성과 관객에게 주어진 몫

버나드 쇼가 설명한 베토벤과 모차르트의 대립처럼 실
존 인물을 허구로 창조해내고 사회의 악역 또는 징후로
읽어내는 일련의 작업에서 예술로서의 미학과 현실의
도덕은 거듭 충돌한다. 굿콜은 도덕을 내세워 소여의
서사적 즐거움을 희석시키려 했고, 데커, 포드, 롤리는
도덕보다 상업 연극의 즐거움을 위해 여러 요소를 첨가
했다.

　게다가 이 남성 작가들 간의 상이한 두 방식 모두
소여를 얼마나 당사자의 의도에 맞게 재현하는지에 대
해서는 선뜻 답하지 못하는 윤리적 문제를 안고 있다.
소여의 의도를 무시한 채 자신이 원하는 가치를 그 빈
자리에 넣을 수 있었던, 다시 말해 서사를 부여할 수 있
었던 남성 작가들의 위치는 그 자체가 계급적·젠더적
특권으로, 사회에서 추방된 마녀로 대표되는 악역을 재

현하고 소비하는 행위의 윤리에 질문을 던진다.

소여는 스스로를 악역이라고 설정할 기회가 없었다. 악역이라는 배역이 조건으로 주어졌을 뿐이다. 남성 작가들은 이를 활용해 이야기를 창작해냈고, 자신들이 만든 '콘텐츠'를 통해 각각 종교적 또는 사회학적 함의를 읽어내고 또 주창했다. 그 과정에서 우리가 '진짜' 소여의 목소리를 읽을 수 없음은 부정할 수 없다.

그러나 연극의 에너지는 남는다. 헤이우드가 주목한 것처럼 진짜가 아니라고 해서 무대 위에 재현된 허구가 미학적 가치를 잃는 것은 아니다. 오히려 관객들의 눈앞에는 헤이우드가 말한 "생생하고 혼이 담긴 연기"가 펼쳐진다. 공동체에 악덕을 행하는 자가 여성일 때, 이 마녀와 악마의 이중창은 "너무나 매혹적이어서" 미덕을 행하는 용맹한 영웅들 못지않게 "관객들의 마음을 새롭게 주조해낼 수 있"었을지도 모른다.

이렇듯 「에드먼턴의 마녀」의 종을 넘나드는 퀴어한 이중창은 픽션과 논픽션을 가로지르는 연극이 17세기를 대표하는 여성 빌런인 마녀를 무대에 세움으로써 수용자에게 보여줄 수 있는 어떤 매혹의 가능성을 우리에게 시사한다. 그럼으로써 재현된 빌런에 어디까지 공감하고 애정을 느낄 것인지 수용자들이 직접 결정하라고 묻는 것처럼 보인다.

주류에 속하지 못한 존재인 마녀는 악역으로 낙인

찍힌다. 그런 그가 연극에서 마땅히 기대되는 도덕성을 초과하는 모습으로 무대 위에 존재한다면, 이 초과된 것들을 어떤 감정과 규칙으로 이해해야 할까? 결국 이 물음에 대한 답은 수용자 스스로가 정하는 수밖에 없다. 17세기 연극이 담당한 역할을 영화와 드라마가 맡고 있는 현재의 우리에게도 여전히 유효한 질문이다.

전자영

이 글에 등장하는 작품

팸플릿   Henry Goodcole, "The wonderfull discoverie of Elizabeth Sawyer, a Witch" First published 1621; Marion Gibson (ed.), *Early Modern Witches: Witchcraft Cases in Contemporary Writing*, Taylor & Francis, 2001, pp. 299-315.

희곡   *The Witch of Edmonton* Written by Thomas Dekker, John Ford and William Rowley, first performed 1621; Lucy Munro (ed.), *The Witch of Edmonton* (Arden Early Modern Drama), Bloomsbury, 2017, pp. 109-260.

오페라   「돈 조반니」 로렌초 다 폰테 극본, 1787 초연.

뮤지컬   「시카고」 프레드 에브·밥 포시 극본, 1975 초연.

응징할 수 없는 악에 관하여: '빌런'이 득시글거리는 모녀 서사

최리외

『피아노 치는 여자』(엘프리데 옐리네크)

『연인』(마르그리트 뒤라스)

『루시』(저메이카 킨케이드) 등

최리외

번역가. EBS 다큐팀 리서처,《여성신문》기자로 일했고,
이화여자대학교 영문학 박사 과정에 있다.《자음과모음》
게스트 에디터로 여성 디아스포라 작가에 관한 특집을
기획하고,『별들의 음악』『당신의 소설 속에 도롱뇽이
없다면』등을 우리말로 옮겼다. 문학과 관계하는 행위로서
낭독에도 관심이 많아, 낭독자로서 다수의 퍼포먼스에
참여하며 배수아 등과 협업했다.

'타협하지 않는uncompromising 작가.' BBC가 2022년 노벨문학상 수상자 아니 에르노를 소개하며 헤드라인에 내건 문구다.[1] 무엇에 타협하지 않는다는 것인가? "직접 체험하지 않은 것은 쓰지 않는다."라는 기치하에 자전적 서사만을 끝없이 변주하면서 수치, 굴욕, 경멸, 질투, 자기 인식을 향하는 여정에서 발생하는 무력함까지 묘사하는 데 거리낌이 없다는 점에서 에르노는 타협하지 않는 작가다. 때로는 사회적 불의가 아니라 스스로의 불의를 폭로하는 것이 용기가 된다. 스스로의 불의를 폭로하는 것, 그것은 왜 용기가 되는가?

우리의 일기장을, 블로그 포스팅을, 소셜미디어 비공개 계정의 기록을 펼쳐보자. 무엇이 들어 있는가? 아름답고 기쁘고 즐거운 순간이 아닌, 남들에게 보여주고 싶지는 않으나 부디 누군가 읽고 공감해줬으면 하는 내용들, 추하거나 악하거나 부끄러운 모습이 반드시 담겨 있을 것이다. 부모를 역겨워하는 나. 뻔한 욕망을 뻔하게 전시하는 이들을 비난하는 나. 말과 행동이 다른 직장 동료나 유치하게 구는 지인을 내려다보며 비웃는 나. 그것은 모두 '나'다. 도덕과 정치적 올바름이라는 마스

---

1 Helen Bushby and Ian Youngs, "Annie Ernaux: 'Uncompromising' French author wins Nobel Literature Prize," BBC, October 6, 2022, https://www.bbc.com/news/entertainment-arts-63156199, 2023년 2월 13일 접속.

크를 벗은 나, 친한 친구를 거리낌 없이 질투하고 결핍감에 몸부림치는 나. 만인에게 알려지는 건 수치스럽지만 반드시 누군가는 알아주리라 믿는 자신의 이면, 반사회적이거나 파괴적이거나 증오로 가득한, 부조리한 진실이 버젓이 쓰여 있을 것이다.

많은 경우, 선과 악은 뚜렷이 구분되지 않는다. 현실에서는 법의 언어가 죄의 유무를 지시하고, 여론이 '악인'을 판단하기도 하며(중요한 질문: 누가, 어떤 방식으로, 어떤 방향으로 악인을 손가락질하고 낙인찍는가? 가령 '사회악'이라는 단어를 들으면 어떤 이미지가 떠오르는가? '공공질서를 해치는'이라는 표현을 들으면?), 권선징악을 지향하는 블록버스터 영화들에서는 대개 특정한 방식으로 형상화된 '빌런'이 등장해 나름대로 응징당한다. 그러나 흔히들 말하는 악인이란 실상 '나에게' 악인인 경우가 더 많지는 않던가? 우리가 제삼자에게 그 '악인'에 대해 토로한다고 해서 무조건적인 동조를 받으리라는 보장은 없다. 오히려 이야기를 들은 이는 어리둥절해하며 맥락을 이해하지 못할 수도 있고, '그 사람 나한텐 그런 적 없는데.'라며 선을 그을지도 모른다. 그때 우리는 불현듯 억울해지고 분에 겨워지고 무엇보다도 내 경험을 내 방식대로 말하고 싶어진다. 그리하여 일기장이나 비공개 계정에 내 방식대로 말하기를 시도하는데, 그 과정에서 빌런은 필연적으로 자의성을 띠게 된다. 우리의 의도와

아니 에르노 ⓒ울프 안데르센

달리 그는 '악인'이라는 추상적 관념으로 통칭되는 대신 '악한 면모를 지닌 인간'이 되는 것이다. 우리는 그를 절대적 악인으로 납작하게 형상화하지만, 만약 타인이 그 기록을 읽는다면 고개를 갸우뚱거릴 테니 말이다. 온전한 악인이야말로 현실에서는 거의 불가능하기 때문이다. 완벽한 선인이 불가능하듯.

근래 선명히 들리는 몇 가지 목소리를 짚어보자. '악인에게 서사를 주지 말라.'고들 한다. 문제의 인물이 돌이킬 수 없는 피해를 입혔다고 한다. 그렇다면 이 피해를 누가, 어떻게 정의하는가? 만인이 동의하는가?(만인은 대체 누구를 가리키는가? 만장일치 제도가 기이하게 변형돼 강요되고 있지는 않은가? 모 아니면 도, 내가 혹은 우리가 무조건 옳고 당신은 무조건 틀리다는 당당한 이분법은 과연 어디까지 손을 뻗칠 것인가?) 악인이라는 표지를 단 자에게도 갱생 가능성이 있다는 식의 당위를 논하려는 게 아니다.

다만 문학은 필연적으로 저 의문들, 결국 '도대체 그 경험/기억/사건은 어떻게 해석할 수 있는가?'를 다루는 장르이자 필연적으로 그 복잡성을 수용하는 행위라는 점을 다시금 논할 필요가 있다.[2] 무엇보다 문학은 소통을 지향한다. 일기장이나 비공개 계정이 아니라 불특정 다수에게 공개해 전달되고자 하는 매개인 것이다. 자신의 수치스러운 면모, 욕망과 모순된 정념으로 들끓는 면모조차 기필코 누군가에게 전달되리라 믿는 사람이 적극적으로 재구성한 기록, 그것이 때로는 문학이 된다.

'악인의 사연이 궁금하지 않다.'는 목소리도 들려온다. 그러나 한편으로 우리는 끝없이 악인 서사를 소비한다. 사기 치고, 도망가고, 부도덕한 방식으로 부를 축적하고, 살인도 일삼는 악인들이 매혹적으로 그려지는 대중 서사는 차고 넘치며 앞으로도 그럴 것이다. 우리는 악인의 내막을 궁금해하고, 그의 이면을 들춰보고 싶다는 욕망을 참기 어려워하고, 심지어 악인을 끝까지 변호하려 한다. 이쯤에서 중요한 질문을 덧대보자. 우리는 혹시 현실과 픽션의 세계를 이미, 자주 혼동하고 있는 것은 아닌가? 스스로의 개인적 현실에서 실천하진

---

2 여기서 '행위'라는 표현을 쓴 것은 복잡함을 수용하려 애쓰는 움직임이나 몸부림 자체를 강조하기 위함이다. 결과가 어떠한가보다 그 시도 자체와 (쓰고 고치고 지우고 덧대는) 시간성이 중요하다.

최리외

못하면서 남들에게 내보이고 과시하고 싶은 사고의 일면을, 선하고 무해하며 아름다움을 지향하려는 거의 맹목적인 태도를 어쩌면 문학의 멱살을 잡고 요구하고 있지는 않은가?

문학은 첨예한 윤리적 문제를 제기하면서도 응징에만 초점을 맞추지 않는다. 응징은 적어도 문학의 역할은 결코 아니며(그렇다면 문학은 무력한가? 그렇지는 않다.) 당위를 한껏 부여해 '내가 옳으며 선하다.'고 주장하는 장르도 아니다. 오히려 응징할 수 없는 악이 있음을 인정하는, 손쉬운 비난을 넘어서는, 날카롭고도 섬세한 성찰이 깃든 작품을 우리는 은밀하게 사랑하게 된다. 그것은 우리가 선함을 지향해서라기보다 '또 다른 (불의한) 나'를 발견해 이해하고 싶어 하기 때문이다. 문학을 접하는 독자로서 우리는 '욕먹는' 일에 관한 강박과 검열로부터 잠시 탈출할 수 있다. 우리는 문학에서 '불의한 나'를 만나고 그와 얼싸안는다. 문학이 우리를 울게하는 것은 조화와 안정과 화해라는 극적이고 낭만화된(심지어는 실현 불가능한) 이미지를 접할 때뿐 아니라 내가 감히 소리 내 말할 수 없는 것, 비난받을 게 두려워홀로 숨기는 것, 그럼에도 엄연히 내 안에 도사린 불순한 욕망들과 적개심, 증오 같은 불쾌한 감정이 툭 불거져 나올 때다. 그때 우리는 비로소 어떤 공적인 페르소나 없이, 당위를 넘어선 지점에서 이해받았다고 느낀다.

발설하기 꺼려지는 감정의 가장 내밀한 지점에 다다르는 작품은 그렇게 규범화된 선악의 경계를 돌파한다. 그렇기에 우리는 (다른 사람에겐 어땠을지 몰라도) 내게는 명확히 빌런이었던 존재를 문학적 차원에서 치열하게 탐구해야 한다. 이렇듯 악인임에도 서사를 내어줄 수밖에 없는 장르, 악인의 사연이 궁금하지 않다고 말하면서도 사실은 이를 몹시도 갈망하여 써내려간 결과물로서의 탁월한 예시가 있다. 그깟 '빌런'이 서사의 가장 중요한 추동력이 되는, 그리하여 작가 자신이 생존자이자 피해자로서 그 빌런의 삶과 속성을 낱낱이 드러냄으로써 작가적 존재감을 (재)확인하는 글쓰기, 그것은 바로 딸들의 어머니 쓰기다.

'어머니 죽이기'의 곤혹스러움

왜 하필 어머니와 딸인가? 전통적으로 가부장제 사회에서 아버지는 집안의 중심이자 특권을 지닌 존재, 정치적 차원에서는 근대 민족 국가 형성의 중심에 서 있는 상징적 존재다. 베네딕트 앤더슨이 제안한 상상된 공동체로서 근대 민족주의 이데올로기는 형제애^{fraternity}, 즉 복수의 남성으로 상정된 시민들이 지니는 우애적 감정에서 촉발된다. 특권적 주체 내지 권위자로 상정된 아버지는 사라지고 그 자리에 남성(아들)들 사이의 형제애에 입각한 '시민성'이 자리하게 된다는 것이 젠더 질서의 불균형에 기반을 둔 근대 국가 탄생의 이데올로기다. 그렇게 아들의 '아버지 죽이기'는 기존 권력 질서의 전복과 새로운 질서 수립이라는 상징을 부여받는다. 굳이 프로이트의 정신분석 이론을 들춰보지 않더라도 가부장적 사회에서 부친살해 모티프는 모든 자녀, 특히 아들에게 일종의 숙명과도 같은 과제이자 때로는 필연적 통과 의례처럼 간주된다. 그런 점에서 아버지와 아들 사이의 상징적 대립 구도는 일견 단순하다. 아버지와 딸 사이의 대립 구도 역시 명징한 편이다. 학대나 증오, 극단적 애착처럼 비교적 단순한 형태를 띠는 이유는 부녀간의 권력 관계가 명확하기 때문이다.

그러나 상징적 차원에서 '어머니 죽이기'는 단순하지 않다. 모녀 관계는 대체로 보호나 의존이라는 문제에 지배와 피지배가 얽힌 복잡하고 유착적인 양상을 띤다. 여성인 딸의 내면에 어머니라는 존재는 까마득한 어린 시절부터 깊이 각인돼 있기에 딸들은 어머니를 벗어나는 데에도, 뒤틀리고 얽힌 감정을 분리하는 데에도 애를 먹는다. 강한 반발심이 생기거나 경멸, 혐오의 감정까지 치밀더라도 거리 두기는 어려워진다. 어머니는 딸의 최초의 양육자이자 원초적 대상, 딸과 같은 젠더로 분류되는 존재, 때로는 유사한 운명을 공유하기까지

하는 존재다. 그러니 명쾌한 감사나 용서, 혹은 공동 의
존 관계로 적절한 거리감을 유지하는 일이 힘겨울 수밖
에. 많은 딸들이 인정하기 싫어할 테지만 이미 딸의 내
면에 어머니라는 존재가 '전능할' 정도로 깊숙이 침투해
있기에 딸에게 어머니 죽이기란 결국 스스로를 죽이는
일과 다르지 않을 수 있다. 어머니를 부정하면 결국 자
기 자신을 잃게 되는 셈이다.

쥘리아 크리스테바는 정신분석학자 멜라니 클라인
의 대상 관계론을 두고 이렇게 썼다. "어머니는 최초의
욕망을 불러일으키는 실재 속의 절대자로 우리 앞에 귀
환한다."[3] 클라인이 정립한 대상 관계론에 따르면, 오이
디푸스 콤플렉스를 겪기 이전의 어린아이는 외부 세계
의 대상을 '좋은' 대상과 '나쁜' 대상으로 구분한다. 이
런 분류의 근원은 '원초적 젖가슴', 즉 어머니다. '좋은
젖가슴'과 '나쁜 젖가슴'이 모두 동일한 어머니에게서
연원했음을 어린아이(자아)는 아직 알지 못한다. 클라
인은 바로 여기에서 분열이 발생한다고 지적하며 이 지
점을 '망상-분열적 위치paranoid-depressive position'라고 일컫는
다. 이 위치를 지나 마침내 환상과 증오(혹은 공포)가 단
일한 어머니를 구성하고 있음을 깨닫게 될 때 '우울적

---

3 줄리아 크리스테바, 『정신병, 모친살해, 그리고 창조성: 멜라니
   클라인』, 박선영 옮김, 아난케, 2006, 6쪽.

위치^{depressive position}'에 이르게 된다. 크리스테바는 이 자아가 "내부로부터 끊임없이 젖가슴을 고갈시키고, 타자를 건설하고—비우면서 자기 자신을 건설하고—비움으로써 외부 세계로 젖가슴을 몰아낸다."[4]라고 보았다. 이를 달리 표현하면 '어머니 죽이기'다. 그러나 원초적 대상인 어머니가 끼치는 영향력은 매우 지대하기에 환상적 전능성의 지배로부터 벗어나기란 결코 쉽지 않다.(우리가 아버지에게 느끼는 연민과 어머니에게 느끼는 연민이 어떻게 다른지를 생각해보자. 물론 이들에게 연민이라는 감정을 느낀다는 전제하에.)

제인 갤럽 역시 『페미니즘과 정신분석』에서 딸에게 비춰지는 어머니를 "삶과 죽음, 의미와 정체성의 신비한 과정을 지휘하는, 알고 있을 것이라고 추정되는 주체, 전이의 대상, 남근적 대문자 어머니"[5]라고 본다. 상징적 질서가 무너지지 않도록 딸은 어머니와 스스로를 동일시함으로써 어떤 의미에서는 영원히 "마비" 상태에 존재하게 된다는 것이다. 이로써 "어머니를, 어머니의 이야기를 재생산해야 하는 딸의 의무"[6]가 생겨난다. 뤼스 이리가레 역시 딸을 마비시키는 어머니의 지배력에 관

---

4 같은 책, 131쪽.

5 제인 갤럽, 『페미니즘과 정신분석: 딸의 유혹』, 심하은·채세진 옮김, 꿈꾼문고, 2021, 216쪽.

6 같은 책, 213쪽.

해 이렇게 썼다.

당신은 자신을 내 입속에 밀어 넣고, 나는 질식한다. [……] 또한 외
부에도 계속 있어라. 자신을/나 또한 외부에 계속 두어라. 당신으로
부터 나에게 전달되는 무언가에 삼켜지지 말고, 그것으로 나를 삼키
지 마라. 우리 둘 다 여기에 있기를 진심으로 바란다. 한 사람이 다
른 사람 속으로 사라지거나 다른 사람이 한 사람 속으로 사라지지
않기를.[7]

어머니는 자신을 딸의 입속에 밀어 넣고, 딸은 질식
한다. 어머니와 딸은 서로를 삼키고 삼켜지며 어느 한
쪽에 잠식되기 쉬운 관계다. 독자적 정체성을 구성하기
에는 지나치게 닮았거나 지나치게 가까운 어머니와 딸.
둘은 분리돼야 한다. 그렇지 않으면 서로가 서로를 잡
아먹고, 삼켜버리고, 질식하고 말 테니까.

---

7 Luce Irigaray, *Et l'une ne bouge pas sans l'autre*, Editions de Minuit,
1979, pp. 9-10, 제인 갤럽, 『페미니즘과 정신분석: 딸의 유혹』,
심하은·채세진 옮김, 꿈꾼문고, 2021, 214쪽에서 재인용.

최리외

어머니-빌런의 유형: 여자를 미워하는 여자들

어머니는 통상적으로 '악인'이라고 여겨지지 않는다. 정상성을 수호하려 애쓰는 무수한 가족 서사에서 어머니는 무한한 사랑, 알려지지 않은 희생, 고통이 아로새겨진 얼굴, 충분히 의미화되지 못한 노동의 주역 등으로 숱하게 형상화돼왔다. 어머니를 빌런으로 칭하는 것 자체가 은근한 금기처럼 여겨질 지경이다. 모성의 신화는 아직도 끈질기게 통용된다. 어머니라는 단어에 들러붙는 숱한 상투적·신파적 특징들을 떠올려보라.

그러나 문학의 장 안팎에서 지속적으로 생산돼온 모녀 서사 작품 중에는 그야말로 '빌런'에 가까운 엄마들이 등장하는 경우, 서로의 영역을 마구 침범하는 애증적 모녀 관계를 다룬 경우가 적지 않다. 소설뿐만 아니라 회고록을 비롯한 다양한 장르의 자전적 작품에서 딸들의 어머니 쓰기는 필연적으로 어머니의 '빌런화'를 내포한다. 특히 어머니와 다른 인간(여성)이 되고자 하는 딸들은 어머니를 증오하는 단계를 거칠 수밖에 없기 때문이다. 그리고 그 단계를 거치면서 잔인할 정도의 경멸과 피해의식, 자기연민이 한없이 뒤얽힌다.

딸들이 어머니를 악인처럼 그리는 이유는 무엇인가? 성인이 된 이후에도 부모를 '나쁘게 말하는' 것은 자립하지 못했다는 증거라는 규범적 인식이 널리 퍼져 있고, 수많은 딸들 역시 그 속박으로부터 자유롭지 않다. 그러나 어머니에 관한 서사는 결코 선하고 무해하기만 할 수 없다. 어머니와는 다른 딸이 되기로 결심한 작가들은 바로 그 결심과 더불어 거리감을, 때로는 펄펄 끓는 증오에 가까운 분노를 어머니에게 투사하면서 자신만의 목소리를 찾아가므로. 딸의 기록 안에서 어머니는 징그럽고 유해하며 때로는 폭력적이다. 견딜 수 없는 사랑으로 얽힌 모든 관계가 그러할 것이다. 앞으로 소개할 여성 작가들의 자전적 모녀 서사에서 '무해함'은 낱낱이 해체된다. 어머니는 학대하고, 질투하고, 양면적으로 굴고, 냉담하고, 사랑을 준다.(사랑을 줘도 딸은 어머니를 증오하게 되는가? 안타깝게도 그렇다.)

어머니-빌런들의 유형화에 앞서, 이 불완전한 유형화에 자주 등장할 '폭력'이라는 단어를 재정의해보자. 상식적인 가족관에 따르면, 가족이란 권력이나 폭력과는 무관한 애정 공동체여야 한다. 그러나 과연 그런가? 이 글에서 언급될 폭력은 '타자에게 당하는 원치 않는 침입'이라는 점에서 폭넓게 정의된다. 그런 점에서 어머니는 딸에게 매우 폭력적인 존재다. 여기에서 또 하나의 아이러니가 발생한다. 어머니는 출산의 과정에서 자신의 몸을 침입하다시피 점유한 딸을 방출하고, 그 과정에서 어머니의 몸은 필연적으로 훼손된다. 그러나 그렇게 세상에 나온 딸은 다시 어머니의 침입에 노출된다. 아이를 꽉 껴안는 애착의 행위부터 언어적 모욕, 다른 관계들을 차단하고 딸을 고립시키는 행위에 이르기까지 침입은 매우 다채롭게 나타난다.

1. 억압하는 어머니: 엘프리데 옐리네크

* 엘프리데 옐리네크, 『피아노 치는 여자』, 이병애 옮김,
  문학동네, 2009.

첫 번째로 다룰 수밖에 없는, 아마도 가장 극단적인 유형은 엘프리데 옐리네크가 그린 어머니다. 1983년에 발표된 『피아노 치는 여자』에 등장하는 에리카 코후트와 어머니 사이의 관계는 도착적이고 기괴하다. 에리카는 30대 후반이지만 어머니와 같은 침대를 쓰고, 어머니의 시야 안에 존재해야 하고, 피아노 강사로 일하며 어머니에게 돈을 쥐여줘야 한다. 딸을 매 순간 곁에 둬야 직성이 풀리는 어머니는 시도 때도 없이 고함을 지르고, 딸이 지켜야 할 계명을 세우고, '우리 사이엔 어떠한 비밀도 없어야 한다.'는 원칙하에 돼지우리 같은 에리카의 방을 아무렇지 않게 침범하며 묻는다. "우리끼리만 사는 거야, 에리카. 우리는 그 누구도 필요 없지 않니?"(19쪽) 어머니는 딸을 철저히 소유하고 있다는 생각에 조종하고 길들이고 지배하고 고문하는 것을 당연하

『피아노 치는 여자』를 원작으로 제작된 영화「피아니스트」ⒸMK2

게 여긴다. 어머니는 전지적 영향력의 소유자, 그야말로 "최고 권력자"[11쪽]다. 에리카는 순간 광기에 휩싸여 어머니의 희끗희끗한 머리카락을 미친 듯이 잡아 뽑기도 하고, 돌아가신 아버지가 사용하던 면도칼로 자신의 성기에 상처를 내기도 한다. 뚝뚝 흐르는 피를 보며 에리카는 쾌감을 느낀다. 자신의 몸을 스스로 확인하는 행위는 자해로써만 가능하다. 그러니 몸에 상처를 내 벌을 줌으로써 몸을 통제하고 있다는 지배 감각을 느끼는, 파괴 욕구에 가까운 비틀린 '통제'가 딸에게서 나타날 수밖에. 청결을 향한 과도한 강박도, 관음증도 마찬가지다.

장면과 행위의 충격성만큼 조명받지는 못했던 한 가지 사실은 이 소설이 자전적 작품이라는 점이다. 에리카처럼 옐리네크 역시 어린 시절 자신을 탁월한 피아니스트로 만들기 위해 철저하게 훈육한 어머니를 증오했고, 어머니에 대한 반발심으로 음악대학을 졸업한 뒤 독문학과 연극으로 길을 틀었다. 그리고 우리는 욕망과 꿈을 딸에게 모조리 투사함으로써 딸의 목을 조르는 어머니들, 정서적 학대의 가해자에 가까운 어머니들을 숱하게 알고 있다.

2. 양면적인 어머니: 마르그리트 뒤라스

사랑과 열정, 섹슈얼리티, 죽음과 충동의 글쓰기로 잘 알려진 프랑스 작가 마르그리트 뒤라스에게서 빼놓을 수 없는 인물은 어머니다. 어쩌면 삶의 화두 중 하나이자 영원토록 말끔히 풀리지 않는 매듭이었을 것이다. 뒤라스는 한 인터뷰에서 어머니에 관해 이렇게 말한 적 있다. "내 삶은 엄마를 관통해서 흘러왔어요. 엄마는 내 안에 살아 있다 못해 강박이 되었죠."[8]

　뒤라스에게 어머니는 누구보다 예측 불가하고 부조리한 존재, '가장 미친 존재'였다. 잘 알려져 있듯 뒤라스의 자전적 소설에는 어머니의 그림자가 비치는데, 『태

8　마르그리트 뒤라스·레오폴디나 팔로타 델라 토레, 『뒤라스의 말: 중단된 열정, 말할 수 없는 것들에 대하여』, 장소미 옮김, 마음산책, 2021, 29쪽.

평양을 막는 제방』이 출간되자 어머니는 소설이 사실을 왜곡하고 있다며 딸에게 격노한다. 그도 그럴 것이 소설에는 남편을 일찍 잃고 내던져진 가난에서 벗어나기 위해 경작이 불가능한 논을 사들여 수년 동안 헛된 노력을 쏟아붓는 여자가 등장한다. 태평양을 막는 제방은 달성될 수 없었고, 어머니의 정신도 제방처럼 무너져 내린다.

딸은 혼란과 경악 속에 어머니의 기대를 충족시키려 이리저리 노력해본다. 하지만 결국 어머니의 절망을 흡수하지 않고자, 어머니가 부려놓은 장애물로부터 도망치고자 몸부림친다. 책을 읽고, 야성적인 자연으로 뛰어들고, 인종이 다른 남자와 섹스한다.(어머니는 길길이 날뛰다가도 그 남자에게서 돈을 얼마나 받아낼 수 있을지 고심한다. 정말이지 종잡을 수 없는, 일관성과는 거리가 한참 먼 어머니다.)

소설과 마찬가지로, 성마르고 극성스러우며 염세적인 어머니의 면면은 뒤라스의 내면에 영원히 각인되었다. 우리 모두 망했다는 말을 달고 살고, 모두를 죽여 버릴 전쟁이나 자연재해를 하염없이 기다리는 어머니는 한편으로 딸이 지나치게 유식해지는 것을, 즉 자신이 온전히 이해하지 못하는 것을 딸이 이해하게 될까 봐 두려워한다. 망상에 빠진 어머니가 불어넣은 공포와 열등감은 집구석에 대한 딸의 혐오감으로 이어진

최리외

마르그리트 뒤라스와 그의 모친 마리 도나디외

다.[9] "우리 모두는 엄마가 미리 정해놓은 것이 우리에게 가능한 유일한 모험이기 때문에, 집에서 도망치는 게 아닐까요?"[10] 친숙하고 유구한, 그러나 한없이 낯설어 딸을 경악하게 하는 '언캐니'한 어머니의 면모는 뒤라스의 대표작으로 일컬어지는 『연인』에서도 가감 없이 드러난다. 그때 이미 어머니는 세상을 떠난 지 오래였다.

---

9 이랬다저랬다 하는 어머니의 모든 요구에 부응하기란 애초에 불가능하다. 어떤 딸은 도리 없이 오래도록 휘둘리고, 어떤 딸은 명민히 눈치를 보면서 자신의 욕망과 요구 사이를 저울질한다. 뒤라스는 후자에 가깝다.

10 마르그리트 뒤라스, 『태평양을 막는 제방』, 윤진 옮김, 민음사, 2021, 34쪽.

응징할 수 없는 악에 관하여

3. 지나친 사랑을 주는 어머니: 저메이카 킨케이드

* 저메이카 킨케이드, 『루시』, 정소영 옮김, 문학동네, 2021.

아낌없이 사랑을 주는 듯한 어머니도 때로는 빌런화된다. 카리브해 출신 작가 저메이카 킨케이드의 자전 소설 『루시』의 화자이자 주인공인 루시는 지긋지긋한 가족을 떠나("가족이란 결국 내 삶의 목덜미에 맷돌처럼 매달린 사람들 아니던가?"[12쪽]) 홀로 뉴욕으로 이주해 백인 중산층 가정의 보모이자 하숙생으로 지낸다. 음식부터 날씨, 가족 간의 대화, 그 밖에 중산층의 위선과 허위가 담긴 다채로운 일상을 바라보며 루시는 끊임없이 '모국'(어머니의 나라!)을 상기한다. 소설에는 '증오심'이라는 단어가 빈번히 등장하는데, 주인공의 분노는 대부분 떠나온 고향과 가족, 특히 어머니를 향한다.

어머니는 하나뿐인 딸을 사랑한다. 기나긴 편지에 어느 이민자 소녀가 지하철을 타고 가다가 목이 베였으니 조심하라는 당부를 쓰는 어머니에게 나름대로 따뜻한 답장을 보내면서도, 일기와도 같은 글(소설)에는 어머니를 향한 조롱을 숨기지 않는다. 세상이 자신을 부드럽고 사랑스럽고 따뜻하게 보듬어주는 것 같을 때, 딸은 오히려 그것을 견딜 수 없어 한다. 길가에 서서 운다. 왜인가? 어머니의 사랑이 피식민 국가의 취약성을 거울처럼 비추기 때문이다. 딸을 얼마나 사랑하는지 모

최리외

『루시』한국어판

른다는 찬사가 어머니에게 쏟아질 때, 딸은 어머니가 자기만족에 취하는 모습에 소름이 끼친다. 가진 자원을 그러모아 딸에게 내어주는 희생적 모성은 딸에게 온전히 가닿지 않는다. 딸이 자신보다 잘 살길 바라며 나름의 최선을 다하는 어머니의 사랑은 딸에게 '분신 만들기'처럼 여겨질 뿐이고, 딸은 "누군가의 분신이 되느니 차라리 죽어버리는 게 낫겠다."(33쪽)라고 읊조린다. "내가 태어난 순간부터 나를 알았다는 이유만으로 나를 판단할 권리가 있다고 믿는 사람들의 냉혹한 비판을 절대 받아들이지 않으리라."(44쪽)

킨케이드의 어머니는 이렇듯 딸과 심리적 거리감 없이 엉겨 붙은 존재로, 일방적인 친밀감을 아낌없이 쏟아붓는다. 자신이 누리지 못한 것에 대한 결핍을 딸에

응징할 수 없는 악에 관하여

게 투사하며 딸의 욕망이 자신과 다를 수 있음을 한 치도 고려하지 않는다. 그런 의미에서 순수하고, 그런 의미에서 공포스러운, 일방적 사랑에 헌신이 버무려질 때, 딸이 이 모성을 거부하며 '나는 당신과 다른 존재'라고 말하기란 쉽지 않다. 상대를 낯선 시선으로 바라보며 있는 힘껏 밀어내지 않고서는.

애증의 모녀 서사, 응징의 불가능성

흥미롭게도 위에 열거한 어머니-빌런들은 전부 자전적 성격이 짙은 작품에 등장한다. 이들을 비롯해 수많은 여성 작가들이 어머니의 삶과 죽음에 관한 자전적 작품을 남겼다. 비비언 고닉의 『사나운 애착』에는 말 그대로 '사나운' 모녀 관계가 여실히 드러나고, 한국계 이민자의 딸인 미셸 자우너가 쓴 『H마트에서 울다』에는 '죽었을 때나 우는 것'이라며 딸을 훈육하는 냉엄한 어머니의 모습이 빼곡하다. 아니 에르노는 어떤가. 『한 여자』부터 『나는 나의 밤을 떠나지 않는다』『사건』『빈 옷장』『얼어붙은 여자』에 이르기까지 그의 자전 소설에서 어머니는 경멸 또는 연민의 대상('어머니는 나보다 약하며 불쌍한 존재'라는 온정주의적 정의감), 서로를 적극적으로 모욕하거나 질투하는 대상으로 드러난다.

지금껏 언급한 작가들은 모두 여성의 권리를 옹호하는 페미니스트로 분류될 만하며 빌런-모녀 서사의 계보에서 크고 작은 축을 형성해왔다. 딸들이 어머니를 악인으로 그리는 이유는 우리가 흔히 아는 '빌런'들의 결말처럼 고발하고 단죄해 쾌감을 얻기 위함이 아니다. 응징과 복수를 통해 극복하려는 것도 아니다. 다만 지긋지긋할 만큼 자신과 닮은, 그럼에도 도저히 연대할 수 없는 이 여성 타자를 정확히 직시하고, 비판적으로 성찰하고자 한다. 이로써 우리는 모녀의 역할이라는 관계에 해방구를 마련하게 된다. 개인적·내면적 문제로 여겼던 관계를 공적 무대에 올리는 작업은 반드시 환멸을 동반하며, 오로지 그 자괴와 환멸의 기반 위에서 애증의 모녀 서사는 성립된다. 화해는 불가능하다.

그렇다면 여성 사이의 지배와 종속 관계를 드러내는 이야기, 어머니와 반목하는 딸의 이야기는 뿌리 깊은 여성혐오로 회귀하는가? 그렇지 않다.[11] 오히려 여성 간의 연대, 혹은 여성 주체 자체가 얼마나 성립되기 까다롭고

---

11 '화목한 가족'의 이름으로 은폐된 가정폭력을 탐구한 임상 심리사 노부타 사요코도 이와 관련한 반론을 탁월하게 제기한 바 있다. "어머니에 대한 비판을 부인하고, 용서했다는 안이한 자아도취나 극복했다는 착각에 빠지는 태도야말로 여성혐오를 낳는다." 노부타 사요코, 『가족과 국가는 공모한다: 생존에서 저항으로』, 조지혜 옮김, 그린비, 2022, 32쪽.

또 불가능한지를 드러내고 여성들 사이에 존재하는 심연과도 같은 차이를 적나라하게 보여준다는 점에서 모녀 서사는 중요하다. 빈곤한 여성관, 편협한 여성상에서 비껴 있는 인물들이 등장해 다면적 면모를 여과 없이 내보이므로. 한편 성공적인 빌런 서사에서 결국 독자(관객)는 빌런에게도 애착을 느끼게 된다. 빌런을 이해하고 그의 맥락과 역사를 인지하며 정서적 거리감을 줄일 수도 있다. 그런 점에서 모녀 서사는 '어머니를 향한 딸(들)의 이해'라는 거의 불가능한 목표를 겨냥한다.

　이쯤에서 눈 밝은 독자들은 눈치 챌 수 있을 것이다. 어머니가 빌런화되는 작품에서 가해-피해 구도는 경직되지 않는다는 사실을. 그런 점에서 오히려 서사는 정치적으로 역동성을 띤다. 물론 비대칭적 관계에서 어머니가 일삼는 행위를 폭력이라고 규정하는 일은 피해자의 입장에 서는 위치성을 전제한다. 이때 피해자는 정의로운 행위자로서 무조건적 옹호의 대상이 되기 쉽다. 그러나 애증적 모녀 서사에서 피해자는 절대적 정의가 아니며 가해자도 절대적 악이 아니다. 정의 구현, 악의 말끔한 제거, 응징은 가능하지 않다. 어머니와 딸은 극단적으로 대립하다가도 둘 사이의 가해-피해의 역학 관계가 역전되기도 하며 그 관계성이 변화하기도 한다. 애증의 필연적 속성이 바로 그것이다.

　어머니를 향해 도덕적 우월감을 표출하면서도 비틀

린 애정을 수용하고 전략적으로 활용하기도 하는 딸들의 모습은 지난한 관계성을 다시 비춘다. 따라서 어머니가 악인이니 무조건 비난받아야 마땅하다는 일방적 당위는 성립되지 않는다. 역으로 딸의 무결한 피해자성이 한없이 강조되지도 않는다. 누군가를 악인으로 만드는 과정은 자연히 주체의 인간성을 드러내기 때문이다. 인간성에는 물론 개성과 결핍이 포함될 것이다. 피해와 가해가 발생한 복잡한 층위와 맥락 전체를 살피지 않은 채 피해자성만을 선점하고 강조하는 행위는 때로 또 다른 권력을 낳기도 한다. 애증적 모녀 서사는 당사자성을 드러내면서도 손쉬운 선점과 확언을 비껴간다. 말끔하고 선악 구분이 확실한 길 대신, 먼 길을 돌아가며 거의 불가능한 이해를 향해 간다. 따라서 어머니-빌런을 바라보는 독자는 섣부른 판단의 욕망을 유보한 채 이들 모녀의 구체적 사연에 귀를 기울이게 된다.

부조리한 진실의 힘

모녀 서사는 물론 지극히 특수하고 개인적인 문학적 형상화다. 다른 가정에는 통용되거나 보편화되지 않는 경우가 많다. '당신이 내 부모 겪어봤어?'라는 말이 목 끝까지 차올랐던 경험을 해본 적 있는 이들은 이 사실을 누구보다 통렬히 체감할 것이다. 같은 가정에서 자란 게 아니라면 누군가가 부모와 맺는 관계성을 외부에서 온전히 이해하는 데는 필연적으로 한계가 있다. 설득은 커녕 입 밖에 내기도 어렵다. 내게는 악인인 누군가가 반드시 만인의 악인이진 않으며 그것이 오히려 현실적이다. 다만 평생에 걸쳐 부모가 화두일 수밖에 없었던 작가들, 그중에서도 어머니를 향해 끈질긴 애증을 통과한 여성 작가들은 문맥화되지 않는 기억을 더듬고 해체하고 다시 직조해 문학이라는 이름으로 불화와 불의를 발화한다. 다른 누구보다도 스스로를 규명하고 직시하기 위해. 앞서 제시한 모녀 서사 작품들은 그 지긋지긋한 개별성과 주관성을 끝까지 밀고 나가면서 화해의 불가능성을 예증한다.

우리 모두는 안다. 가족 이야기, 부모 이야기, 어머니 이야기, 그중에서도 특히 그들로 인해 어떻게 얼마나 괴로웠는지에 대한 이야기는 너무 흔하고 뻔해 보인다는 것을. 그러나 가족 내 억압의 역사는 바로 그 손쉬운 판단 때문에 타자화된다. 부모와 거리를 두기 위해 부모를 악인으로 형상화하면서 우리는 비로소, 간신히 '(부모와) 다른 사람'이 되기도 한다. 그러나 재빨리 '익숙한 것'으로 치부하고 '그렇고 그런 것'으로 명명하는 그 순간, 부모와 맺어온 장구한 애증의 서사는 납작해진다. 자꾸 반복돼 피곤한 것, 그만 듣고 싶은 것, 그래서 대강 화해하거나 아예 고개를 돌려버리고 싶은 것으로 얼버무리고 만다. 어쩌면 바로 그런 이유로 광기를 동반하는 복잡하고 모순적인 모녀 서사가 많은 이들에게 두루 사랑받기 어려운 것인지도 모른다. 많은 이들이 회피하고 싶은 것을 형상화하기에.

딸이 주인공인 많은 문학 작품에서 어머니는 딸을 가로막고 방해하고 좌절시킨다. 그럼에도 그는 도덕적 판단으로 응징하고 '정의 구현'을 해야 마땅한 '악'이 아니라 어떤 의미에서는 딸이 그 무엇보다 규명하고 이해하길 바라는 존재다. 자녀와의 관계 바깥에서는 악인이 될 기회조차 박탈당한 어머니를 조명하는 자전적 작품들은 여성혐오나 섹슈얼리티의 측면에서 이중·삼중으로 '유해한' 장르로 받아들여지는 경향이 있고, 그리하여 지금껏 주류 서사의 중심부로부터 밀려나 있었다. 오죽하면 애거사 크리스티가 엄마와 딸의 복잡한 심리를 다룬 장편소설 『딸은 딸이다』를 필명으로 발표하고도 그 사실을 50년 동안이나 비밀에 부쳤겠는가. 여기서 질문을 던져보자. 어떤 서사가 환영받고, 어떤 서사는 영원히 주변에 머무는가? 그 질문에 대한 답은 우리가 무엇을 회피하고 싶은지와도 맞닿아 있다. 우리가 모면하고 싶은 바로 그것에 우리가 누구인가에 관한 진실이 담겨 있다.

감정의 밑바닥까지 내려가 발견하는 진실이란 본질

적으로 신경증적이며 부조리하다. 이렇게 말할 수도 있다. 진실은 부조리한 것 안에서만 그 자신을 드러낸다. 티 없이 맑고 순수하며 깨끗하고 말끔한, 더할 나위 없이 아름답고 선한 진실이란 존재하지 않는다. 진실 대신 연대라는 단어를 넣을 수도 있을 것이다. 문학 안에서도 작가나 독자로서 무해함을 지향할 수는 있겠으나 그것은 '무해해지고 싶다.'는 또 다른 욕망을 투사한 인정 투쟁에 지나지 않을 수 있다.(만사에 무해하고 싶다는 욕망은 오만의 다른 얼굴이기도 하다. 우리는 무엇을 표백하며 선함을 표방하는가?) 문학을 읽는 독자로서 우리는 정의 구현이나 악의 응징 같은 간편하고 단순한 해결책이 결코 실현 가능하지 않음을 깨닫는다. 내게는 악인인 그 지긋지긋한 빌런의 사정이야말로 때로는 우리가 우리 스스로를 납득시키기 위해 가장 필요하기 때문이다.

서두에 언급한 '타협하지 않는 작가'로 되돌아온다. 타자를 절대적 악인으로 몰아가는 게 아니라 나와 내게 들러붙어 있는 가족인 어머니의 불의를 폭로하는 작가라면, 우리가 감히 꺼내놓기 어려워하는 감정의 가장 내밀한 지점까지 다다르는 작품이라면, 그 욕망의 고백을 용감하고도 타협하지 않는 태도의 산물로 여길 수 있을 것이다. 이런 맥락에서 에르노의 『집착』에 제사로 삽입된 진 리스의 문장은 마땅히 옹호돼야 할 문학의 가치다. 윤리성이나 규범성을 벗어나고 비껴가는, 지극히 주

관적이며 자의적인, 가장 부조리한 개인의 진실로서 말
이다.

> 내가 가진 감정의 밑바닥까지 내려가볼 용기가 있다면,
> 나만의 진실, 세상의 진실, 끝없이 우리의 허를 찌르며
> 아픔을 주는 이 모든 것의 진실을
> 발견하고 말리라는 것을 어쨌든 알기에.
> ― 진 리스[12]

---

12 Jean Rhys, *After Leaving Mr. Mackenzie*, Jonathan Cape, 1931, 아니
    에르노, 『집착』 제사, 정혜용 옮김, 문학동네, 2022, 5쪽에서 재
    인용.

이 글에 등장하는 작품

소설 엘프리데 옐리네크,『피아노 치는 여자』이병애 옮김, 문학동네, 2009.

   영화「피아니스트」이자벨 위페르 주연, MK2, 2001.

소설 마르그리트 뒤라스

   『태평양을 막는 제방』윤진 옮김, 민음사, 2021.

   『연인』김인환 옮김, 민음사, 2021.

   영화「연인」장자크 아노 연출, AMLF, 1992.

소설 저메이카 킨케이드,『루시』정소영 옮김, 문학동네, 2021.

회고록 비비언 고닉,『사나운 애착』노지양 옮김, 글항아리, 2021.

회고록 미셸 자우너,『H마트에서 울다』정혜윤 옮김, 문학동네, 2022.

소설 애거사 크리스티,『딸은 딸이다』공경희 옮김, 포레, 2022.

소설·회고록 아니 에르노

   『한 여자』정혜용 옮김, 열린책들, 2012.

   『나는 나의 밤을 떠나지 않는다』김선희 옮김, 열림원, 2021.

   『사건』윤석헌 옮김, 민음사, 2019.

   영화「레벤느망」오드리 디완 연출, 와일드번치, 2021.

   『빈 옷장』신유진 옮김, 1984Books, 2022.

   『얼어붙은 여자』김계영·고광식 옮김, 레모, 2021.

   『집착』정혜용 옮김, 문학동네, 2022.15.

소설 Jean Rhys, *After Leaving Mr. Mackenzie* Jonathan Cape, 1931.

웹소설의 악인이라는 가짜 쟁점: 연대이자 사회운동으로서의 웹소설을 향하여

이융희

이융희

문화 연구자, 작가. 2006년 『마왕성 앞 무기점』으로
데뷔한 이래 현재까지 꾸준히 장르 문학을 창작하고 있다.
한양대학교 국문학 박사 과정을 수료했다. 장르 비평 동인
텍스트릿의 창단 멤버이자 팀장으로 다양한 창작·연구·교육
활동에 참여하며 (주)지티이엔티 콘텐츠제작본부 소설 파트
팀장을 겸하고 있다. 청강문화산업대학교 웹소설 창작학과
조교수로 재직했다.

웹소설 속 악인의 논쟁

거대한 몸에 문신을 잔뜩 새긴 한 사내가 외제차를 거리에 세워놓고 약자를 윽박지른다. 점잖게 타이르는 사람들에게 자신보다 가진 돈이 많으면 다가와 시비를 걸어보라며 고래고래 소리를 지른다. 말이 전혀 통하지 않는 사내의 행패에 사람들이 눈살을 찌푸릴 때, 어디선가 고급 외제차가 빠른 속도로 다가와 문신한 사내의 외제차를 들이받아 박살내버린다. 문신한 사내는 이게 대체 무슨 짓이냐고 난리법석을 피운다. 그러자 고급 외제차를 몰고 등장한 주인공이 답한다. 자신은 돈이 많으니까 상관없지 않느냐고.

　일견 단순무식해 보이는 이 장면은 한 웹소설의 프롤로그에서 발췌한 것이다. 짧고 강렬한 이 한 편의 이야기에는 웹소설에서 흔히 말하는 '고구마-사이다'가 고스란히 담겨 있다. 고구마-사이다는 한 화에 할당된 분량이 지나치게 짧아(5000자 내외) 캐릭터의 감정을 다이내믹하게 고조하기 어려운 웹소설의 매체적 난점을 극복하고 독자에게 즉각 극도의 쾌감을 선사하기 위해 고안된 장치로, 이제는 웹소설 작법의 가장 기본적인 바탕이자 공식으로 자리잡았다. 이에 따라 웹소설에서는 현실 사회의 통념에 입각해 지극히 전형적인 악인과 그들의 악행에 고통받는 피해자의 구도(고구마)를 제시한 뒤 후자를 대리해 전자를 응징하는 주인공(사이다)을 등장시키는 서사적 패턴이 공통적으로 나타난다.

한편 최근 대중문화 전반에서 제기된 '악인에게 서사를 주지 말라.'라는 요구는 웹소설 분야에서도 마찬가지로, 특히 10~20대 독자들이 주로 활동하는 커뮤니티나 소셜미디어를 중심으로 대두되고 있다. 악인은 그저 악으로 존재하는 것이 옳지, 서사를 부여하면 연민과 동정의 대상이 돼 피해자의 목소리를 지우게 된다며 일종의 윤리적 명분을 내세운 주장이 힘을 얻고 있는 것이다. 그런데 '악인에게 서사를 주지 말라.'라는 말이 무색할 만큼 웹소설의 악인에겐 어떤 서사조차 주어지지 않는 경우가 대부분이다.

웹소설의 악인은 대개 주인공의 목적을 가로막으며 고구마를 유발하는 반동인물로, 자신보다 약한 존재들에게 커다란 위협이 된다는 점에서 악인으로 정의될 만한 면모가 있다. 하지만 이들은 고유의 배경과 서사를 지닌 독자적·입체적 인물이라기보단 주인공의 전지전능함을 방증하는 일회적·기능적 도구로 이용될 때가 많다. 웹소설의 악인은 등장하더라도 주인공이 처단하는 대상으로서 일회적 쓰임을 다하고 금세 퇴장할 뿐이고, 뒤이어 새로운 악인이 등장하더라도 앞선 악인과 동일하게 기능한 후 재차 퇴장하는 일이 작품 전체에 걸쳐 반복적으로 벌어진다. 이렇듯 웹소설이 악인을

　　　　　　　　　　　이융희

다루는 방식은 일견 악인에게 서사를 주지 말라는 일부 독자의 메시지와 매우 잘 부합하는 것처럼 보인다. 연민하고 동정할 여지는 일절 주어지지 않은 채 부정적이기만 한 존재로서 납작하고 단순하게 묘사되다가 곧장 권선징악의 대상이 돼 초라한 최후를 맞이하기 때문이다.[1]

그렇다면 웹소설에서 악인을 재현하는 문제에 관해 우리가 고찰해볼 만한 문제는 더 없는 걸까? 그렇지 않다. 오늘날 웹소설 속 악인의 문제를 제대로 고찰하려면 서사의 유무보다 더 중요하게 고려해야 할 쟁점이 두 가지 더 있다.

첫째는 비교적 사소한 쟁점인데, 웹소설 속 악인이 대체 누구의 시각에서 악인으로 규정되었느냐는 것이다. 웹소설 작품에는 숱한 인물이 악인으로 제시된다. 그런데 이들이 벌이는 행동은 잔혹 범죄라기보다 민폐

---

[1] 작품의 유의미한 축으로서 입체적 성격을 가진 악인이 웹소설에 등장하지 않는 건 웹소설의 창작 환경과도 결코 무관하지 않다. 웹콘텐츠 창작에서 분량이란 곧 노동의 다른 이름이기 때문이다. 제한된 분량과 주기적으로 찾아오는 마감 일정 속에서 악인의 가시적 행동뿐만 아니라 그 악인의 탄생 과정과 구조를 표현하려면 그만큼 창작 노동의 고뇌가 가중될 수밖에 없다. 최근에도 웹콘텐츠 창작자에게 과도한 노동 환경이 강제되고 그로 인한 비극적 사건이 이어지다 보니, 작중 악인을 다루는 문제에 있어서도 단순화와 정형화가 심화되고 있다.

나 꼴불견에 가깝다. 문제는 민폐나 꼴불견이라는 것이 보는 사람의 주관적 시각에 따라 얼마든지 천차만별로 정의될 수 있다는 점이다. 한때(그리고 여전히) 우리 사회 일각에서 횡행한 '맘충'이라는 혐오 표현을 떠올려보자. 영유아의 울음이 지극히 자연스러운 현상임을 이해하는 이들은 사뭇 다른 반응을 보이겠지만, 누군가는 공공장소에서 어린 아이가 울음을 터뜨리면 손쉽게 맘충 따위의 멸칭을 입에 올리며 아이 엄마가 불특정 다수에게 민폐를 끼치고 있다고 힐난할 것이다.

웹소설의 악인에도 창작자 개개인(나아가 주류 사회)의 편견과 혐오가 여과 없이 투영되는 경우가 많다. 실제로(특히 남성 판타지 장르를 중심으로) 적지 않은 웹소설 작품이 기존 체제의 질서를 맹목적·무비판적으로 옹호한다는 비판을 받기도 했다. 그렇다면 웹소설은 철저히 사회 주류의 시각만을 체화해 이에 거슬리는 존재들을 '빌런' 취급하는, 윤리적으로 실패한 장르일까? 나는 이 물음에 단호히 반대하는 입장으로, 웹소설에 섣불리 낙인을 찍기에 앞서 이 장르에서 악인이 만들어지는 구조와 방식을 다층적으로 살펴볼 것을 제안하려 한다.

바로 이것이 악인 서사의 존재 유무 이상으로 우리가 중요하게 헤아려야 할 두 번째 쟁점이다. 웹소설에는 고유의 매체적 특징과 독법이 있고, 이를 폭넓게 살피지 않은 채 웹소설 속 악인의 서사 유무만을 따지는 건 유

이융희

명무실한 일이다. 따라서 이 글에서 나는 '악인의 서사를 제거하라.'라는 지엽적 쟁점에서 탈피해 웹소설의 악인을 총체적으로 파악하면서도 작금의 웹소설이 악인을 다룰 때 직면하는 한계를 어떻게 뛰어넘을 수 있을지 가늠해보고자 한다.

'악'이라는 장르적 밈

이러한 논의들을 웹소설이라는 영역 속에서 논하기 위해선 웹소설이 지나온 많은 꼭짓점들을 연결해야 한다. 웹소설이 만화방 시절 유통되던 무협지나 할리퀸 로맨스, 초기 통신망 시절의 인터넷 소설과 대여점 유통망 등을 거치며 길고 긴 유목 끝에 정착한 매체이자 장르인 탓이다. 앞서 열거한 장르와 매체 환경 전체가 곧 웹소설의 근원인 셈이다. 또 웹소설의 이름으로 유통되는 작품들은 기본적으로 대개 장르물이다. 독자와 작가 사이에 통용되는 문법과 구조, 세계관의 지식이 있어야만 쉽게 이해할 수 있다. 작품 이전에 선험적으로 장르가 존재하는 셈이니 전통적 문예의 미감과도 차이가 난다. 이런 지점들을 종합해 거칠게나마 정리해보자면, 웹소설은 수없이 파편화된 사람들을 느슨한 연대체로 묶어주는 장場인 셈이다.

웹소설의 연대가 느슨하다는 건 두 가지 의미다. 모든 것이 웹소설 속으로 들어온다는 뜻이기도 하고, 웹소설의 정의가 아직 명확히 확립되지 않았다는 의미이기도 하다. 한 가지 예를 들어보자. 나는 남성향 판타지 소설을 중심으로 칼럼을 기고하거나 비평문을 종종 써왔다. 그렇다보니 나는 웹소설을 이렇게 정의하곤 한다. '웹소설 전문 플랫폼에서 연재되며, 5000자 내외의 분량으로 분절돼 유료 상거래되는 장편소설로, 환상성에 기반한 장르 문학이 대부분이다.' 그러나 이 정의는 로맨스나 BL 장르에 잘 통용되지 않는다. 해당 장르의 시장에선 아직까지도 전자책 거래가 활발하고, 그 밖에 화별 거래 시장보다 전자책 시장의 규모가 더 거대한 영역도 있다. 그렇다고 이들 작품이 PC통신 시절부터 2010년대 초반까지의 작품과 매체적·장르적 변별점이 없는 것도 아니다.

결국 2020년대 웹소설 시장에선 판타지, 무협, 로맨스 등 다양한 근대적 장르 구분이 만들어냈던 지위는 사라지고 그 안에 있는 기호들이 특정 독자군에게 어떤 자동적 연상 작용을 일으키는지가 더 중요해졌다. 이때 장르 관습 안에서 창작자와 독자가 상호작용하기 위해 정형화된 약호를 코드code라고 부른다. 코드는 일종의 장르적 공공재로, 작품이 처음 등장한(혹은 주로 사용되던) 문화적 맥락과는 별개로 장르 독자 집단이 공유

이융희

하는 의미를 상징적으로 끌어낸 일종의 장르적 밈^{meme}
이라 할 수 있다. 문제는 이 코드가 장르에 따라 굉장히
다양한 형태로 창작-소비되고 있어 하나의 단일한 논의
를 이끌어내기 어렵다는 점이다. 이를테면 로맨스 판타
지의 하위장르인 악녀물에서 악인은 어떻게 표현되는지
살펴보도록 하자.

악녀물에서 악인은 보통 세 단계의 레이어로 구성
된다. 첫 번째는 롤플레잉, 즉 배역으로서의 악인이다.
흔히 악녀물은 작품 안에 또 다른 허구의 작품, 이른바
'작중작'이 존재하는 일종의 액자식 구성을 취한다. 이
때 작중작의 악역은 원전 주인공의 사랑을 가로막거나
이유 없이 주인공을 괴롭히는 캐릭터 등으로 배치된다.
그런데 웹소설 독자가 보기에 이 악역의 언행은 현실 사
회의 윤리적·도덕적 기준에 따른 가치 판단의 대상이
아니다. 단지 이 악역이 서사 안에서 주인공과 어떤 관
계에 놓여 있는지, 캐릭터가 수행하는 역할은 무엇인지
등이 중요할 뿐이다.

두 번째는 감정을 소비하기 위한 일회적 악인이다.
대개 웹소설 작품은 한 화 분량이 5000자 내외이며 로
맨스 판타지 소설은 일반적으로 약 100~150화에 걸쳐
연재된다. 그런데 장편 연재를 지속하고 작품이 흥행하
려면 독자의 구매를 유도하는 것이 흥행에 가장 중요한
요소로 작용한다. 게다가 5000자라는 짧은 분량으로는

캐릭터의 감정을 다이내믹하게 고조하거나 독자와 작가의 정보 격차를 극대화해 긴장감을 끌어내기가 무척 어려울 수밖에 없다. 이런 난점을 극복하기 위해 웹소설의 서사는 짧은 단위에서 극도의 쾌감을 주기 위한 방식으로 변모했다. 서두에서도 언급했듯 이 정형화된 틀은 흔히 '고구마-사이다'라고 불리는데, 현실 사회의 통념에 입각해 지극히 전형적인 악인과 그들의 악행에 고통받는 피해자를 만들어내는 것이다.

세 번째 유형의 악은 웹소설 작품 전체를 관통하는 최종 안타고니스트로서, 대부분은 작품 속 세계를 무너뜨리려는 절대악으로 표상되는 경우이다. 세 가지 층위 가운데 소설에서 서사로 구현되는 악당은 이 경우가 유일하다. 하지만 이 역시 소설에서 제대로 지위를 획득해 독자에게 메시지나 질문을 던지는 경우는 거의 없다. 그 이유에 대해선 뒤에서 자세히 논할 것이다.

이처럼 작은 장르 하나에서조차 악은 다층적으로 나타난다. 게다가 온갖 장르, 플랫폼 등 웹소설이 연재되기 위한 조건값이 많아질수록 '악인'이라는 존재를 규명하는 일은 더욱 어려워질 수밖에 없는데, 악인이 무엇이고 누구인지 이야기를 정의할 수 없는 상황에서 무턱대고 악인에게 '서사'를 주는 것이 옳은지부터 따지려다 보니 논의는 공허해질 수밖에 없다.

그 대신 '악인'을 구성하는 요소 자체를 우선적으로

이융희

살펴볼 필요가 있다. 지금까지 논한 세 가지 악은 어디에서 근원했을까? 앞서 나는 웹소설의 코드와 장르가 오랫동안 정형화된 상호작용 방식에서 연원했다고 설명했다. 웹소설의 탄생 궤적과 함께 세 가지 유형의 악이 만들어진 과정을 파고든다면, 이들은 각각 장르, 웹, 소설이라는 세 가지 구조에서 태어났다고 할 수 있다. 그러나 장르, 웹, 소설은 악인과 악이라는 주제를 통해 도덕적·교조적 메시지를 던지는 데 관심이 없다. 그렇다보니 작은 장르의 구조 안에서 무엇을 악으로 정의할지, 혹은 무엇을 기준으로 윤리와 비윤리를 구분할지가 불명확하고 복잡한 상황에서 현실 사회의 질서와 윤리까지 논하기란 어려운 일일 수밖에 없다. 특히 사이다 구조 속에서 오로지 '나'의 성공을 추구하는 남성향 소설의 (비)윤리적 문제는 더욱 복잡해진다.

기계적 쾌락 소비와 스토리 애니멀

남성향 판타지 소설은 성공을 운명적으로 타고난 신적 존재의 신화에 가까운 장르다. 이 점을 가장 단적으로 보여주는 것이 웹소설에서 가장 많이 사용되는 회귀, 빙의, 환생이라는 코드이다. 남성향 판타지 소설은 이 세 코드를 통해 주인공의 신체와 정신을 괴리시키고, 이로써 벌어지는 여러 갈등을 동력 삼아 진행된다. 이 세 코드는 저마다 특정한 능력을 가진 인물군을 상징한다. 회귀는 과거 세계로 돌아가 신체는 젊어졌지만 정신은 미래에 남아 있어서 온갖 지식과 정보, 경험, 노하우 등을 발휘하는 미래인을 나타낸다. 한편 빙의는 새로운 형태로 변한 세계와 신체를 메타적으로 인지할 수 있는 지식인을 표상하고, 환생은 전생에서 알았던 정보를 더욱 가치 있게 활용할 수 있는 곳에 환생함으로써 남다른 통찰력과 세계관을 갖게 된 선각자를 뜻한다. 대부분의 웹소설 작품에서는 이 같은 장르적 코드와 설정이 초반 1~3화 이내에 모두 제시되는데, 이런 요소가 작품에 드러난 순간 주인공은 결코 실패하거나 상처받지 않는 존재로 거듭나 성공만을 반복한다.

이 세 가지 설정에서 알 수 있듯, 남성향 판타지 소설의 주인공은 서사가 시작되기 전부터 성공의 비결을 이미 내재하고 있다. 여기서 중요한 것은 성공의 요인이 서사 이전, 즉 캐릭터의 욕망 이전에 존재한다는 점이다. 독자는 작품을 읽기 전부터 캐릭터에게 어떤 능력이 있고 그가 어떻게 성공을 거둘 것인지를 확인하고 소설 안으로 들어온다. 캐릭터의 욕망 이전에 독자의 욕망이 존재하고, 캐릭터는 독자의 욕망을 그대로 재현한 조립 주체가 된다. 제목에서 알 수 있는 것처럼 『주인공이 힘을 숨김』이나 『나 혼자만 레벨업』 같은 작품

『주인공이 힘을 숨김』ⓒ문피아   『나 혼자만 레벨업』ⓒ파피루스

에는 주인공이 겪어나갈 시련과 고난이 존재하지 않는
다. 5000자 분량으로 잘게 쪼개진 이 세계에는 주인공
이 연속적으로 밀어닥치는 사건들을 얼마나 유능하게
극복하는지가 등장할 뿐이다.

웹소설 작가이자 연구자인 김준현은 제목을 원 패
턴 삼아 전개되는 웹소설 플롯 특유의 형식을 '반서사
적'이라고 단평한다.[2] 기존의 서사 문학은 행위자가 이
야기하고 경험하는 상호 연관된 사건의 연쇄에 관심을
둔다. 이때 사건은 행위자가 야기하거나 경험하는, 한
상태로부터 다른 상태로의 전이[3]라고 할 수 있다. 이 점

---

2 김준현, 『웹소설 작가의 일』, 한티재, 2019, 231쪽.
3 미케 발, 『서사란 무엇인가』, 한용환·강덕화 옮김, 문예출판사,

을 고려한다면 웹소설의 전개 양상이 고전적 서사 개념에 부합하지 않음을 알 수 있다. 물론 웹소설에서도 옴니버스 구성처럼 작게 분열된 이야기 단위가 연속적으로 이어지기는 한다. 그러나 인물과 상황의 가시적 상태 전이가 도드라지지 않고 오로지 성취만을 반복한다는 점에서 큰 차이가 있다.

김준현은 웹소설에서 반서사적 플롯이 성립하는 까닭을 독자들이 느끼는 전능감에서 찾는다. 그는 남성향 판타지 웹소설 독자가 느끼는 감정을 '해킹 프로그램을 이용해 자신이 필연적으로 이길 수밖에 없는 게임을 즐기는 게이머들의 재미'에 빗댄다. 김준현에 따르면, 웹소설 독자들은 전지전능한 존재의 이야기를 따라가며 재미와 쾌감이라는 미적 행위를 달성한다.[4] 이때 웹소설의 장르명은 그 자체로 독자의 쾌감을 불러일으키는 행위 내지 장치라 할 수 있는데, 독자들은 이 같은 쾌락 자체를 서사의 대체재로 활용한다.

이렇듯 웹소설 독자들은 서사의 완결이 아니라 특정 쾌감이나 쾌락을 '사이다'라는 이름으로 소비하기 위해 작품을 읽는다.[5] 주인공은 서사를 통해 무조건 반사에

1999, 16~31쪽.

4 김준현, 같은 책, 232쪽.

5 이융희, 「한국 장르판타지 수용자들의 장르 인식」, 《미래문화》 1호, 한국미래문화연구소, 2021년 7월, 61쪽.

가까운 행동만을 보여줄 뿐이고, 독자는 편 단위로 분절된 텍스트에서 더 이상 구조적 완결성을 중요하게 생각하지 않는다. 이들은 작품이 자신의 쾌감을 충족하지 못할 경우, 댓글란에 '하차합니다.'라는 선언을 남기고 결제를 멈춘다. 독자의 하차 선언은 작가에게 강력하고도 위압적인 의미로 다가온다. 이는 작가의 생계와 생존을 좌지우지하는 권력자의 메시지일 뿐만 아니라 주인공이 극중 사건을 경험하며 마침내 도달하게 될 변화와 성찰, 그리고 이를 통해 작가가 독자에게 궁극적으로 던지고자 하는 질문 따위는 더 이상 문학 작품에 필요치 않다는 주장을 담고 있기 때문이다. 타인의 처지에 대한 상상력과 숙고는 사라지고, 자신의 전능감을 체험하려는 욕망과 소비자로서의 권리 의식이 그 자리를 차지한 것이다.

다시 앞서 기술한 장르, 웹, 소설의 구분으로 돌아가보자. 장르와 웹의 악은 소설 이전에 존재하는 사회적 통념의 악으로, 나는 이것을 서사로 재현된 악과 악인의 담론으로 확장하기 어렵다고 지적한 바 있다. 여기서의 악은 윤리적·도덕적 악인이라기보다 현실 사회의 시민 일반, 그리고 웹소설을 읽는 마니아 독자의 혐오가 반영된 구성물이기 때문이다. 그렇다면 초반에 언급한 세 번째 유형의 악, 서사적 악인의 경우는 어떨까? 그는 주인공과 대립하며 작중 갈등을 통해 현실 세계의 독자에게 질문을 던진다. 그러나 웹 콘텐츠 독자들도 실제로 이렇게 작품을 독해하고 있을까?

단발적 기호 독해와 비평의 가능성

웹소설 독자들은 '책'이라는 기존의 완결적 구조에 얽매이지 않고 작품을 소비한다. 장편 분량의 서사는 짧은 분량으로 끊임없이 분절되고, 독자는 화 단위로 소설을 구매하며 작품을 계속 읽을지 말지를 끊임없이 판단한다. 작품이 나뉘어 공개되는 방식과 업로드 주기 역시 독해의 어려움을 보탠다. 소설책 한 권 분량인 웹소설 스물다섯 화를 읽는 데 걸리는 시간은 25일이다. 평균적으로 하루에 한 화가 업로드되는 탓에 25일을 기다려야만 통상 책 한 권에 준하는 분량을 읽을 수 있고, 완결까지 200~300화를 읽으려면 1년 남짓의 시간이 걸린다. 그렇다 보니 독자들은 수없이 분절되고 지연되는 텍스트의 주제를 거시적으로 파악하기보다 한 화 단위로 구성된 아주 작은 소재와 코드 자체를 분석하는 데 골몰하곤 한다.

웹소설과 관련된 윤리적 담론의 아이러니는 바로 이 지점에서 발생한다. 상술한 바를 종합하자면 웹소설은 소비하는 독자 대중의 욕망과 혐오가 그대로 반영된 텍스트 콘텐츠에 가깝다. 그렇다 보니 웹소설은 작품에 끊임없이 당위적 명령을 부과하고 도덕적 지향점을 교조적으로 선도하려는 관점에서 많은 비판을 받기도 한다. 흔히 남성향 판타지 웹소설에 쏟아지는 비판이 대표적인 예로, 일부 독자들은 남성향 판타지 웹소설이 자본주의의 착취 구조를 옹호하고, 이 같은 사상적 입장을 후속 세대에 주입한다고 꼬집는다. 작중 인물들이 인간으로서 갖는 복합적 속성을 배제한 채 이들의 능력을 수치화하는 방식으로 캐릭터를 납작하게 그려냄으로써 현대 사회의 계급 구조를 물신화·긍정한다는 지적이 제기되기도 하고, 이들 웹소설이 자본주의의 자기계발적 환상만을 보여준다고 비판하기도 한다. 로맨스 소설이 가부장제하의 낭만화된 사랑을 공고화한다는 평가도 마찬가지다.

이런 비판은 10~20대 웹소설 독자들이 주로 활동하는 커뮤니티나 소셜미디어에서 활발하게 논의되는 경향이 있는데, 이 일부의 독자들은 사회에 존재하는 현상이나 그 원인을 무시한 채 장르를 현실 사회와 동떨어진 세계로 분절하려 한다. 하지만 이들이 내세우는 비판은 근거 없는 공포에 가까운데, 그 기저에는 '오타쿠적' 세계, 즉 현실 사회의 안티테제로서 반사회적이고 허무맹랑한 이 공상적 세계가 자신들이 살아가는 현실 사회를 오염시킬 것이라는 위기의식이 깔려 있다.

문제는 이 같은 윤리적 해석조차 기존의 웹소설과 장르를 독해할 때처럼 무의식적 연상 작용을 통해 기계적으로 진행된다는 점이다. 웹소설이 특정한 윤리나 도덕을 준수해야 한다는 시각에서 비판을 제기하는 이들은 악인의 등장 여부, 계급 구도나 특정 장면, 인물의 설정이나 성격, 어휘나 메시지, 심지어 복색과 같은 지엽적 요소를 파고들며 논란을 점화한다. 하지만 실상 이런 태도는 콘텐츠에 재현된 모든 사소한 코드를 강박적으로 해석하는 독서법의 연속에 불과하다. 웹소설에서 윤리를 어떻게 다룰지를 생산적으로 논의하기보다 작품에 대한 종합적 고려 없이 번번이 비슷한 요소에만 반응한다는 점에서 그렇다. 그래서 이들은 작품에 혐오의 꼬리표를 붙이는 데 소모적으로 집착하는데, 이런 꼬리표가 붙은 작품을 불매 등의 수단을 통해 장르의 역사나 시장에서 축출하는 데 매달린다.

　　물론 이 특정한 독자들의 요구가 단순히 독해력이나 비평 능력의 부재 때문이라고 단순하게 비난하긴 어렵다. 김준현의 분석처럼 웹소설의 본질이 단순히 전능감을 추체험하길 바라는 사용자가 허구의 세계를 보다 편리하게 즐기기 위한 반서사적 놀이에 불과할 경우, 웹소설에 재현된 현대 사회의 거대한 모순과 그것들이 상징적으로 구현된 악인은 평면적이고 정적으로 존재할 뿐 결코 자기만의 생명력과 역동성을 갖고 변화하지는 않

　　　　　　　　　　　　　　이융희

을 테니 말이다. 그것이 이른바 고구마로 재현돼 독자에게 부정적으로 제시되더라도 대부분의 경우에서는 캐릭터를 향해 신경질적인 '정의 구현'이 이루어질 뿐 문제가 발생한 구조는 본질적으로 해결하지 못한다. 결국 독자들은 내외부에서 이루어지는 비판과 반성에 끊임없이 피로감을 느끼고, 이처럼 '피곤한' 작품을 배제함으로써 결과적으로 웹소설의 장르적 결백과 순수를 지향하는 데 그치고 마는 것이다.

한편 웹소설 시장의 형태도 웹소설이 고유한 미적 가치를 성취하기 어렵게 만든다. 오늘날의 웹소설 대부분은 플랫폼에 종속돼 있고, 전통적 의미의 문학 비평은 여러 물질적 한계로 인해 웹소설 분석에 바탕에 되어야 할 대여점 유통망과 장르 문학, 1970~1990년대 만화방 문화 등에 관한 직극적 연구 없이 작품과 소비 경향에 관한 인상주의적 비평에 천착하고 있는 실정이다.

제대로 된 웹소설 비평이 부재한 사이 그 자리를 대체한 것은 독자들의 댓글이다. 플랫폼에 따라 미세한 차이는 있지만 대부분의 웹소설 플랫폼에는 댓글란에도 '좋아요'와 '싫어요' 버튼이 달려 있다. 그래서 독자들은 작품뿐만 아니라 다른 사용자의 댓글에 대한 의견도 드러낼 수 있다. 이로써 댓글은 단순히 소설에 대한 감상으로 그치는 것이 아니라 웹소설에 기생하는 파라텍스트가 된다. 댓글은 게시되는 즉시 타자에게 감상되고, 웹소설과 똑같이 평가된다. 댓글은 좋음과 싫음의 감정 자본을, '베스트 댓글'이라는 지위를 갖는다. 즉 많은 독자의 동의를 받은 댓글은 그 자체로 작품과 독자 집단을 매개하는 중개자이자 가장 권위 있는 해석자로서 비평적 권위를 획득하게 되는 셈이다. 이렇듯 일상의 탈권위적 언어를 사용하는 소비자가 시장의 비호 아래 비평가에 준하는 위상을 확보한 상황에서 시장의 외부자에 불과한 비평가는 이 굳건한 지위와 구조를 침범하려는 침략자처럼 여겨진다. 웹소설이 돈이 되니까 비평가들이 숟가락을 얹으려 한다는 비판이 나오는 것도 이런 맥락 때문이다.

그렇다면 웹소설은 쾌락만을 탐닉하는 소비물로서 현대 사회의 대중이 얼마나 타락했는지, 이들이 사회에 만연한 혐오를 어떻게 무분별하게 소비하는지를 보여주는 지표에 불과할까? 그렇지 않다. 비평가 조너선 컬러는 이야기한다. "장르가 있어야 필자는 그에 맞서 글을 쓸 수 있고, 장르 관습이 있어야 필자는 관습의 파괴를 시도할 수 있다. 그러나 장르라는 맥락이 존재하지 않는다면 필자의 행위는 존재할 수 없고, 관습을 파괴하려는 시도조차 할 수 없다."[6] 특정 장르를 애호하지

---

6 아니스 바와시·메리 요 레이프, 『장르: 역사·이론·연구·교육』, 정희모 외 옮김, 경진출판, 2015, 45쪽.

않는 외부인이 보기에는 그저 관습적 독해 행위에 불과할 수도 있겠으나 장르라는 의미망 내부에서는 끊임없이 생멸을 반복한다. 상술한 것처럼 장르에는 사회적 통념과 구조가 만들어낸 수많은 굴종과 혐오가 깃들어 있다. 그러므로 시대 변화에도 장르에 꾸준히 생명력을 불어넣으려면 장르를 보편화된 관습으로 정착시킬 것이 아니라 장르의 코드에 끊임없이 균열을 일으키고 파괴하는 행위가 필요한데, 이는 사회 구조에 균열을 내려는 노력과도 자연스레 맞닿아 있다.

윤리와 관련된 수많은 담론 역시 마찬가지이다. 웹소설과 웹소설만의 윤리성을 이해하려면 외부에서 웹소설을 지켜볼 것이 아니라 내부에서 무슨 이야기가 일어나는지 들여다보고 귀 기울여야 한다. 우리는 오히려 웹소설이 사회의 악인들을 만들어내는 구조 자체를 더 적극적으로 목격하고, 소설이라는 도구를 통해 그 구조에 더 균열을 내야 하지 않을까. 이때 웹소설의 환상은 강력한 비평적 도구로 작용할 수도 있으리라.

그러려면 웹소설을 독해하는 틀을 조금 변화시켜야 한다. 웹소설의 캐릭터와 서사가 독자에게 쾌감을 준다는 대명제는 잠시 제쳐두자. 우선은 웹소설 캐릭터와 그가 보여주는 서사가 웹소설에 재현된 현실에 어떻게 균열을 가하는지를 지금, 여기의 관점에서 다시금 되묻고 해석해야 한다. 이 같은 해석과 비평은 비평가 개인이 홀로 해낼 수 없는 작업이다. 장르의 독해는 장르라는 관습을 만들어낸 시장의 변화나 참여가 동반될 때 비로소 바뀔 수 있다. 그리고 웹소설의 시장과 비평의 장이 함께 변화할 때, 어쩌면 웹소설은 느슨한 연대에서 벗어나 일종의 사회운동으로 변모될지 모른다.

웹소설이라는 사회운동

웹소설을 소비한다는 것이 과연 운동이 될 수 있을까? 이 논점을 이해하려면 웹소설 속 세계와 주인공의 구조를 좀 더 톺아보아야 한다. 웹소설은 짧은 단위로 분절된 옴니버스적 사건이 끊임없이 축적되는 서사를 갖고 있다. 따로 떼어놓고 보면 서로 연관이 없을 것 같은 파편적 일화들이 병렬적으로 이어지는 것이다. 그런데 일상의 수많은 단면에 가까운 이 서사를 결집하는 것은 다름 아닌 주인공 캐릭터다.

서사를 그러모으는 중심에 세계가 아닌 인물이 있다는 것은 웹소설에서 특히 강조되는 지점이다. 장르물은 전통적으로 주인공이 어떤 세계를 배경으로 모험을 떠나는지를 주요한 기준으로 삼아 형성되었다. 이를테면 판타지는 현실에 존재하지 않는 새로운 질서 법칙을 통해 영웅이 여행을 떠날 수 있도록 배치한 장르고, 무협은 중국 대륙을 바탕으로 한족 문화의 정수를 통해 무와 협에 대해 이야기하는 작품군을 일컫는다. 둘 이상의 존재가 자본과 지위의 격차를 뛰어넘어 사랑이라는 감정과 관계성을 통해 기존의 고정된 세계관마저 전복시키고 이상을 향해 나아갈 수 있도록 긍정된 세계는 로맨스라는 이름으로 불려왔다.

반면 웹소설에서는 이야기의 향방이 세계가 아닌 인물에 의해 좌우된다. 김준현은 웹소설의 서사 구조를 다음과 같은 도식으로 정리한다.[7]

주인공이 목표를 이룰 수 있는 상태

(회귀, 전지, 초현실적 능력 등)

↓

사실상 라이벌이 아니지만

라이벌이라고 착각하는 이들의 무용한 도전

↓

주인공이 목표를 이룸

지금까지의 논의와 김준현의 도식을 결합해보면, "무용한 도전"이란 곧 혐오와 민폐, 모욕, 고난 등 이 사회에 존재하는 숱한 부정적 요소를 총체화한 집합

---

7 김준현, 같은 책, 231쪽.

이나 다름없다. 또 주인공은 끝없이 소환되는 이 사회의 혐오와 굴종에 맞서 번번이 승리를 거머쥐는 투사라고 할 수 있다. 흔히 고구마로 재현되는 악인들도 작품에 따라 종종 서사가 주어지는 경우가 있지만, 이마저도 사이다로 대표되는 주인공의 필연적 승리를 뒷받침하는 조미료에 불과하다. 오직 주인공만이 목표 달성의 운명을 타고난 초월적 존재로서 자기 서사를 갖고 이끌어나간다.

주인공의 존재가 초인으로 타자화되고 그의 행위로 만들어진 공동체가 유토피아적일수록(그래서 이야기 자체가 비현실적으로 구성될수록) 주인공이 발 디딘 현실의 해상도가 선명해진다는 건 웹소설의 가능성을 잘 드러내는 아이러니한 특징이다. 웹소설 댓글에서 독자들이 주로 언급하는 항목이 소설의 개연성이란 점을 상기해보자. 이들이 말하는 개연성은 사건의 인과관계에 그치지 않는다. 독자는 고구마로 재현한 현상이 현실과 얼마나 밀접하게 연결돼 있는지, 고구마에 맞서 사이다가 실현됐을 때 그것이 얼마나 설득력 있는지를 끊임없이 감시한다. 추리 소설이 성립되려면 탐정이 논리적·과학적으로 추론한 추리가 들어맞을 수 있도록 과학 외의 우연성이 모두 제거된 세계가 전제돼야 한다. 이와 유사하게 웹소설 독자들은 '고구마'의 세계가 잘 재현되었는지를 끊임없이 질문하고 점검한다. 그래야만 '사이다'

이융희

장면을 통한 대리 만족을 더 확실히 느낄 수 있기 때문이다.

그런데 이때 주인공이 먼치킨처럼 강력하다는 것은 그만큼 작중 세계의 고난과 어려움이 크다는 뜻이다. 소설에서 주인공이 초월적 능력으로 사이다를 실현한 순간, 소설 바깥의 독자는 만족감을 느끼는 동시에 소설 바깥의 현실을 살아가는 자신이 실은 굴종의 상태에 놓여 있다는 사실을 무서우리만치 강렬하게 자각한다. 이렇듯 웹소설을 독해하기 전까지 독자와 작가, 시장과 세계, 서사 등 다방면의 선을 수렴하는 것이 캐릭터라는 점이었다면, 작품을 독해하는 순간 웹소설의 정체성을 쥐고 흔드는 주체는 세계로 전이된다. 다시 말해 웹소설을 쓰는 작가는 현실을 재현한 세계에 비현실을 추구하는 캐릭터를 덧씌움으로써 독자에게 이 세계를 자각시키고, 독자는 웹소설의 비현실적 주인공을 통해 현실 속 불합리의 구조와 인과관계를 자각하는 셈이다. 그렇다면 웹소설을 쓰고 읽는 일에도 사회적 효용이 있다고 볼 수 있지 않을까. 독자들은 웹소설이라는 도구를 통해 사회 문제를 텍스트 속으로 끊임없이 호명하고, 텍스트를 통해 여러 부조리를 자각할 수 있다. 이런 의미에서 웹소설을 느슨하고 넓은 의미의 사회운동으로 볼 수도 있지 않을까.

물론 철저한 시장 질서하에 상업성을 추구하는 작

금의 웹소설을 대중의 사회 비평 도구로 곧장 일반화하는 것은 비약에 가까운 무리한 해석이리라. 현재 웹소설에서 구현된 악인들에겐 뚜렷한 한계가 있다. 그러나 악인이 도구화되었는지, 혹은 서사를 획득해 생동감 있는 인물로 조형되었는지는 지엽적 쟁점에 불과하다. 이는 지극히 소모적인 논쟁으로 장르, 웹, 소설 가운데 어느 측면에서도 생산적이거나 깊이 있는 논의를 만들어내지 못한다. 정례화된 장르를 파괴하고 확장하려면 실제 웹소설 작품에서 악인을 재현하고 인간을 다루는 방식에 대해 더 입체적인 이야기가 오가야 한다. 웹소설과 현실 세계에는 왜 악인이 존재하는가. 이 물음에 대한 창작자의 고민이 작품에 더 잘 담길 수 있도록 끊임없이 사고 운동을 전개해보자. 웹소설이 한결 다양한 메시지를 전달하고 외부를 향해 나아갈 가능성은 바로 그 한 줄기의 관심과 시선에서 비롯될 것이다.

이융희

이 글에 등장하는 작품

웹소설 로드워리어,『주인공이 힘을 숨김』문피아, 2016~2017.

웹소설 추공,『나 혼자만 레벨업』파피루스, 2016~2018.

악(당),
약동하는 모티프들

윤아랑

「치와와」(오카자키 교코) 등

윤아랑

비평가.《부산일보》신춘문예 평론 부문에 당선되며
2020년부터 '공식적인' 비평 활동을 시작했다. 주체성과
현실 감각을 문제시하는 문화 비평에 관심이 있다.『뭔가 배
속에서 부글거리는 기분』『영화 카페, 카페 크리틱』(공저)을
썼다.

이제는 진부하게 들릴 만큼 자주 울려 퍼지는 한 고백에 대해 생각해보자. '나는 어릴 적에 본 애니메이션에서 영웅 캐릭터보단 악당 캐릭터를 더 좋아했어!'

당신도 이런 말을 몇 번 들어봤을 테고, 어쩌면 그 말이 당신 자신의 머리에서 울려 퍼졌을 수도 있다. 실은 이 글을 쓰고 있는 내가 바로 그런 사람 중 하나라서, 가령 미취학 아동이었을 적엔 영화 「해리 포터와 마법사의 돌」에서 퀴럴 교수의 뒷머리에 붙어 있는 볼드모트의 그로테스크한 얼굴에 크게 감명을 받아, 친구들과 역할 놀이를 할 때면 꼭 쭈글쭈글한 종이 가면을 뒤통수에 붙인 후 그 위에 터번을 둘둘 감곤 했다. 어린 나는 훗날 귀신이나 괴물 이야기 따위에 쏟을 애정을 미리 준비하고 있던 것 같다.

하지만 모든 이들이 어린 나와 같은 의식 속에서 같은 고백을 내뱉지는 않을 게다. 아무리 대중화되었다 한들 그로테스크한 이미지에 대한 선호는 여전히 소수의 취향이지 않은가? 발화의 의미는 발화된 발음 자체로 결정되지 않는(다는 걸 소쉬르는 우리에게 일러주었[1])다. 매력적인 악당을 만드는 법에 대한 극작술 수업이나 책

---

1   Feifei Zhou, "Saussure: Langue as an Autonomous System," *Models of the Human in Twentieth-Century Linguistic Theories: System, Order, Creativity*, Springer Singapore, 2020, pp. 13-26.

이 소비되기도 할 만큼 악당에 대한 이야기가 일반화된[2] 시대이니, 우리는 이런 고백을 취향의 문제로 쉬이 환원해선 안 될 것이다. 그 대신 동시대의 픽션에서 악당이 어떤 방식으로 다뤄지는지를 잠시 짚어볼 필요는 있겠다.

서사에 있어 선역의 캐릭터를 조형하는 것만큼이나, 혹은 그 이상으로 악역 캐릭터를 조형하는 것이 중요하다는 건 이제 사실을 넘어선 진실이 되었다. 악당을 찬미하거나 최소한 흥미로운 존재로 묘사하는 픽션의 역사는 동서양을 막론하고 아주 오래된 것이긴 하지만—스페인의 피카레스크 장르, 중국의 『수호전』—연쇄 살인마나 악마 캐릭터에 의도적으로 매력과 서사를 부여해 그들의 행보를 따라가는 작품이 거의 일반화된 작금과 곧장 비하기는 어려울 듯하다. 그렇다면 이 고백은 속물적이고, '모에화'되기도 하며, 거리낌 없이 폭력을 저지르고, 절대악을 자처하기도 하는 등 각양각색의 악당이 넘쳐나는 당대에 터져 나온 것이리라.

테리 이글턴은 이런 당대성을 두고 "현대의 가장 큰

---

2 뒤에서 좀 더 명확해지겠으나, 여기서의 악당이란 적대자 antagonist가 아니라 악(행)을 행하거나 일삼는 캐릭터를 이른다. 물론 두 개념은 다수의 서사물에서 서로 섞인 채 나타나곤 하지만, 적대자는 주인공과 대립하거나 마찰을 빚는 라이벌까지 포괄해 지시할 수 있다.

도덕적 오류 중 하나"라 일갈한다. [3] 악당(의 매력)과 악
(행)을 섣불리 동일시할 때 악에 대한 대중의 판단력
이 약해진다는 얘기다. 그의 말 자체에는 물론 틀린 데
가 없다. 가령 사람들은 'N번방' 범죄자들을 (끔찍하게
도, 부러워할 이들이 암암리에 있을지언정) 경멸하면서도 무
자비한 살인마 캐릭터의 행보를 응원할 수 있지만, 「어
벤저스」 시리즈에서 '평등하고 우발적인 재앙'을 바라는
타노스에 대한 일부 관객들의 호응을 떠올려보면 심리
간의 평행은 역시나 온전히 이루어지지 않고 있는 것
같다. 악(행)의 역치가 교란되면서 악(행)은 자연스러운
것이 되며, 나아가선 멋진 것으로 환원되는 것이다. [4]

---

3 테리 이글턴, 『악: 우리 시대의 악과 악한 존재들』, 오수원 옮김,
   이매진, 2015, 149쪽.
4 악당에게서 숨겨진 선함을 바라거나, 반대로 감상자가 악당
   의 성향을 갖고 있기 때문에 악당에 대한 선호가 발생한다
   는 심리학적 연구들이 우리 앞에 있긴 하다.(이영환, 「영웅 '배
   트맨'보다 악당 '조커'에게 더 매력을 느끼는 이유는」, 《이코노미조선》
   475호, 2023년 1월 11일, http://economychosun.com/client/news/view.
   php?boardName=C12&t_num=13614024, 2023년 3월 13일 접속.) 하지
   만 악당의 서사가 지난 세기 이상으로 일반화되고 있는 당대성
   을 규명하기에 이런 설명들은 불충분하지 않은가? 그래서 나는
   극단주의 내지는 과격화를 논하는 사회학적 연구들에 좀 더 끌
   리는데, 가령 김내훈은 『급진의 20대』에서 뼈 아픈 진단을 내린
   다. "타노스나 조커 같은 영화 캐릭터에 빙의해 자신의 반-사회
   적 언동을 합리화하는 사람이 늘고 있으며, 그에 찬동하는 이들

하지만 반론의 여지가 있다. 악당 캐릭터를 좋아한
다고 해서 반드시 그 캐릭터의 악행에 공감하거나 모방
하려는 충동을 느끼는 건 아니지 않던가? (시끄럽기만 한
왈가왈부를 야기했던) 「조커」를 인상적으로 본 이들 중엔
당시 홍콩 민주화 시위를 이끌던 운동가들도 있었다.
혹은 어린 시절 디즈니 애니메이션의 악당들에서 자신
의 모습을 (재)발견했던 퀴어들의 경우를 생각해보라.
'재현성 위기reproducibility crisis'가 발발한 이후 과학에서 실
험의 반복에 내재된 근본 모순이 폭로되고 있듯,[5] 행위/
결과가 항상 같은 힘과 맥락에 의해 일어나지는 않는다

도 우려스러운 수준으로 증가하고 있다. 반-위선의 가치에 경
도된 나머지 일체의 사회적 규범을 내던져버리고 해서는 안 되
는 말과 행동을 서슴지 않는다. 자신의 기분을 조금이라도 상하
게 한 사람에게 폭언을 퍼붓고, 그러한 행동을 '사이다'라며 떠받
든다. 특히 반-페미니즘의 층위까지 더해진 20대 남성들은 이성
에게 잘 보이기 위한 최소한의 매너까지 부정해버리고, 그러면서
도 자신들을 '있는 그대로' 사랑해주지 않는다며 여성을 저주한
다. 이들을 가리켜 보수화되었다고 말하는 것은 지나친 선해다.
보수화가 아니라 과격화라고 함이 정확할 것이다." 김내훈, 『급
진의 20대: 가장 위태로운 세대의 K-포퓰리즘』, 서해문집, 2022,
246~247쪽.

5   Norbert Schwarz and Fritz Strack, "Does merely going through
    the same moves make for a "direct" replication? Concepts,
    contexts, and operationalizations," *Social Psychology*, Vol. 45, No. 4,
    2014, pp. 305-306.

는 걸 이글턴은 간과한다. 인과란 늘 우발성과 이질성을 포괄하는 것이다.

　그러니 거꾸로 생각해보면 어떨까? 악당에 대한 이야기가 일반화된 건 악당과 악에 대한 주관적인 혼동과 선호 때문만이 아니다. 재현과 현실이 뒤얽히는 객관적 수준에서 악당과 악의 분리 및 분화가 일어나고 있는 것이다. 나아가 우리의 인식에 있어 악을 사유의 대상으로 삼고자 할 때 손에 쥘 수 있는 모티프와 재현 방식들이 서로에 대해 멀어지고 또 변모하고 있다. 호모포비아들에게 악의 상징으로 여겨지곤 하는 강도 높은 "'괴상함queerness'을 모욕이자 자긍심의 원천으로 삼"아 "자발적으로 부정성의 영역에 머무는"[6] 전유의 재현이 (아직까지도!) 퀴어들에게 유효한 전략이듯이.[7] 악을 사유함에 있어 이글턴이 간과하고 있는 것, 그리고 우리가 관심을 가져야 할 것은 이런 팽창에 가까운 분화 자체

6　이연숙, 「'비체적' 정서의 내장 만지기: 이미래의 《캐리어즈 Carriers》」, 《세마 코랄》, 2022년 1월 29일, http://semacoral.org/ features/yeonsooklee-2021-semahana-criticism-award-carriers-abject-mirelee, 2023년 3월 13일 접속.

7　하지만 한편으로 이런 전략에는 퀴어 개개인이 '퀴어성'을 가져야 한다는 목적론적 논리로 빠질 위험이 있지 않은가? 나는 다른 글에서 이 지점에 대해 고찰해본 적이 있다. 윤아랑, 「애매한 어둠 속에서 살며」, 『뭔가 배 속에서 부글거리는 기분』, 민음사, 2022, 124~143쪽.

일 테다.

그렇다면 이 자리에서는 이런 분화를 포함한 악의 동시대적 양상을 기록할 (언젠가 도래할) 지도책을 위해, 악(당)의 재현을 이루는 모티프들을 스케치해보자. 악에 대적하고자 한다면 악이 무엇인가를 최대한 샅샅이 훑는 게 우선이지 않겠는가? 가야트리 스피박의 말처럼 우리가 "시도해볼 수 있는 건 폭력을 '읽고' 폭력의 프로토콜에 들어가 보는"[8] 것이다. 그리고 이는 2023년과 그 이후를 살아갈 우리의 감성적 인식 능력을 재고해보자는 조심스런 제안이기도 하다.

의지로서의 '악'

먼저 가장 붙잡기 어려운 '악'을 떠올릴 수 있을 텐데, 적어도 이 자리에선 악의 철학이나 윤리학을 엄밀히 따지고 들어가는 대신 가치 판단과 결부해 '악'을 규정할 수 있는 최소한의 조건만을 간략히 정리하고자 한다. 이를 위해선 '악'을 모종의 실체로서 의식하고 탐구한 시초들을 숙고할 필요가 있으니, 가까운 19세기 뮌헨으

---

8 가야트리 차크라보트리 스피박, 『읽기』, 안준범 옮김, 리시올, 2022, 113쪽.

윤아랑

로 한번 가보자. 1809년 프리드리히 셸링은 자신의 대표작 『인간 자유의 본질에 관한 철학적 탐구』(이하 『인간 자유의 본질』)에서 '악'에 대한 계시적인 주장을 편다.

> 그렇지만 분명히 부정될 수 없는 무질서, 즉 이미 시작된 혼란에 따라 전염병처럼 퍼져 나가는 힘들의 무질서를 가지고 이 근원적인 악행을 추정할 수는 없다. 왜냐하면 격정 그 자체가 악인 것은 아니며, 또 우리는 살과 피와 싸우는 것이 아니라 우리 안팎의 악, 즉 정신인 악과 싸워야만 하기 때문이다. 그러므로 오직 고유한 행함에 의한 악, 그렇지만 탄생에 의해 끌어들여진 악만이 근원적인 악이라고 불릴 수 있다.[9]

셸링은 임마누엘 칸트의 '말년의 양식'이라 할 문제작 『순전한 이성의 한계들 안에서의 종교』(이하 『이성의 한계』)를 비판적으로 계승해 '악'의 실체성을 규명하려 한다.[10] 이때의 실체성이란 악행이 외부에서 온 충격을 '우리 본성의 좋은 부분'이 제어하지 못한 결과로서 수동적 반응으로 환원되는(그래서 그런 의지박약과 결핍을 극복해야 하는) 종교적 성질이 아니라 순전히 악(행)을 행

---

9 프리드리히 셸링, 『인간 자유의 본질에 관한 철학적 탐구』, 김혜숙 옮김, 지식을만드는지식, 2012, 114쪽.
10 이정환, 「서양 근대 자유 담론에서 악의 문제: 칸트와 셸링을 중심으로」, 《철학논집》 65집, 2021, 161~164쪽.

악(당), 약동하는 모티프들

하려는 역량의 결과로서 인간의 능동적인 선택과 책임의 영역으로 환원되는, 세속적이고 인류학적인 성질을 이른다.[11]

1793년 『이성의 한계』에서 칸트는 '근본악'이란 키워드를 통해 이를 먼저 설명한 바 있다. 하지만 그가 인간의 선택을 여전히 이성과 철저히 동일시하며[12] 악(행)을 자기모순의 발로로 이해하는 모순에 빠진 반면, 셸링은 그런 칸트를 넘어 악(행)을 비롯해 추접스럽거나 기괴한 것들을 기꺼이 선택하는 감성을 자유로운 행위 능력의 근거이자 개개인이 "특정하게 자신을 규정하는" 배경인 "예지적 본질das intelligible Wesen"[13]로 삼았던 것이다. 천박하게 예를 들자면, 애무의 일환으로 펠라티오나 쿤닐링구스나 리밍을 하는 이들에게 그것이 극도로 비위생적인 행동이란 걸 알려줄 경우 그중 몇 명이나 그 애무 자체를 영원히 그만두겠는가? 조금이라도 위생적일 수 있

---

11 이런 생각은 프랑스 대혁명 이후의 혼돈이라는 정세(칸트는 로베스피에르의 공포 정치, 셸링은 나폴레옹 전쟁) 속에서 '당대적'으로 인간 자유를 옹호하고자 한 필사적 사유의 한 방향으로 이해될 필요가 있다. 또한 이에 더해 셸링의 경우 그 자신의 자연 철학, 즉 인식 바깥의 실체적 '자연'과 현상되는 '자연' 사이를 횡단하기 위한 철학적 고찰의 방향성 역시 함께 고려해야 한다.

12 임마누엘 칸트, 『이성의 한계 안에서의 종교』, 백종현 옮김, 아카넷, 2011, 198쪽, B26.

13 셸링, 같은 책, 106쪽.

는 방법을 탐색하거나 아예 "네 병균을 혓바닥으로 핥아대서 나와 같은 만족감과 불안을 맛보게 해"[14]주겠다는 마음을 먹는다면 몰라도 말이다.[15]

그렇다면 셸링에게 '악'이란 "예지적 본질"을 결정 짓는 모종의 의지 혹은 '정신Geist'으로 이해된다고 봐야 할 테다. 하지만 유의할 필요가 있는데, 이 책에서 '정신'이라고 말할 때 셸링은 그 말이 지시하는 게 경험—그의 말을 직접 빌리자면 "근거"—에 따른 개인의 정신인지, 혹은 (자신의 '친애하는 적' 헤겔이 논한) 선험의 자리에 있는 세계의 정신인지를 매번 헷갈리게 만드는 모호한 글쓰기를 수행하기 때문이다. 가령 다음의 구절은 어떤가? "이 〔공공연한 선과 악의〕 싸움 안에서 신은 정신으로서, 다시 말해 현실적인 것으로서 스스로를 계시한

---

14 여름, 「보지를 빨아줘」, 《WO/F Trash Can!》, 2022년 11월 7일, https://mystrengthistrashcan.com/?artist=9, 2023년 3월 13일 접속.

15 이 점에서 나는 『인간 자유의 본질』을 읽을 때 더글라스 크림프가 (에이즈 위기라는 정세에 맞선 에세이들의 선집인) 『애도와 투쟁』에서 "우리의 문란이 우리를 구원할 것"이라 단언한 것을 떠올리지 않을 수 없다. 즉 크림프가 느끼기에 당시 게이 커뮤니티에 있어 '문란함'은 이성애규범성을 따르지 않는 나름의 책임 양식이며 또한 공동체의 성립 요건이었다는 것이다. 더글라스 크림프, 『애도와 투쟁: 에이즈와 퀴어 정치학에 관한 에세이들』, 김수연 옮김, 현실문화, 2021, 96쪽.

다."[16] 현실적인 것으로 나타나는 신이라……. 오늘날의 독자들은 여기서 '정신' 자체의 위상적 교란이 문체의 층위에서 교묘하게 체화된 것을 보게 된다. 어떤 교란? 경험과 선험 사이의 순환으로서의 교란.

이쯤에선 김우창의 탁월하고도 간명한 정리로 말을 대신해야만 할 것 같다. "개체가 그를 넘어서는 것들의 제약 속에 있다면, 다른 한편으로 그러한 것들은 개체적 실천을 통하여 변형되고 새로이 설정된다. 〔……〕 그것이 세계의 창조적 과정 속에 참여한다는 것도 이러한 의미에서이다."[17] 그래, 어느 쪽이 지배적 심급이냐를 따지는 건 그다지 필요하지 않은 일이다. 그보다 중요한 건 경험과 선험이 어떻게 서로를 ('미리') 전제하고 또 보충하면서 가능해지느냐를 따지는 것이다.[18] 바로 그런 의미에서 '악'은 하나의 다성적인 '정신'이 된다. 그렇다면 이런 '정신'으로서의 '악'은 무엇을 지향하는가? (셸

16　셸링, 같은 책, 99쪽.

17　김우창, 「홀로 책 읽는 사람: 책 읽기에 대하여」, 『문학과 그 너머: 현대 문학과 사회에 관한 에세이, 1987~1999』, 민음사, 2015, 323쪽.

18　물론 요즈음을 돌아보면 이는 김우창만이 다지고 발전시킨 논리 구조는 아닌데, 이런 논리를 추구한 철학적 작업들을 정리한 국내 연구로는 다음을 참고하라. 서동진, 「"자연은 변증법의 시금석이다": 엥겔스의 '자연변증법'과 신유물론」, 《마르크스주의 연구》 17권, 2020, 29~65쪽.

링의 '어깨 너머의 제자'인) 키르케고르는 다음과 같이 답한다.

> 전설에 의하면 악마는 3000년 동안을 앉아 있으면서 어떻게 인간을 파괴할 것인가를 곰곰이 생각했다. [……] 악마적인 것은 공허한 것, 지루한 것이다. [……] 3000년을 강조하는 것은 갑작스러운 것을 부각시키기 위함이 아니다. 그 엄청난 시간의 길이는 악이 무서운 공허함이며 끔찍스럽게도 공허한 것이라는 생각을 불러일으킨다.[19]

　무섭고 끔찍스러운 공허함! 달리 말하자면 무의미함을 넘어 무無 자체로서의 '악'. 실제로 폭력이 그것의 끔찍함을 상쇄하고 정당화할 만한 맥락과 전사前史 없이 펼쳐질 때 우리는 '악'을 절로 입에 올리지 않던가? 그 와중에 우리는 셸링이 말한 "고유한 행함에 의한 악"을 무의식 속에서 떠올리고 있을 테다.[20] 요컨대 어떤 사심

19　쇠얀 키르케고르, 『불안의 개념』, 임규정 옮김, 한길사, 1999, 343~346쪽.
20　본고에서는 어렵겠지만, 우리는 스피노자-니체-들뢰즈로 이어지는 '내재성의 철학'이 '악'을 인식한 방법이 셸링의 그것과 어떻게 마주치고 또 갈라서는지에 대해서도 논할 수 있을 것이다. 특히 다음의 구절. "어떤 의미로든 악은 아무것도 아니다. 존재한다는 것은 자신을 표현하는 것이거나 [무언가를] 표현하는

없이 그저 증식과 폭력만을 목적으로 삼는 억세고 굳센 의지, 그것을 나는 '악'이라 일컫고자 하는 것이다.[21](뒤에서 보다 분명해지겠지만, 이때의 폭력이란 물리적인 것을 넘어서 퍽 넓은 범위의 의미를 갖는다.) 그리고 그 점에서 '악'을 재현하는 일은 "악한 사람들이 단지 도덕적으로 나쁜

것이거나 표현되는 것이다. 악은 조금도 표현적이지 않기 때문에 아무것도 아니다. 〔……〕 스피노자에 의하면 악이 의미가 없는 것처럼 선도 의미가 없기 때문이다. 자연에는 선도 악도 없다." 질 들뢰즈, 「세 가지 질서와 악의 문제」, 『스피노자와 표현 문제』, 현영종·권순모 옮김, 그린비, 2019, 307쪽.

21 이와 비슷하게 게이브리얼 모츠킨은 칸트와 한나 아렌트가 논한 '급진적 악radical evil'을 보다 구체화해 도덕과 규율에 대한 위반이 아닌 그 자체에 대한 부정을 급진적 악의 성질로 지목한다. 비록 모츠킨은 노예 제도나 제노사이드를 떠올리며 논의를 전개하지만, 우리는 저자의 의도를 넘어 논의를 '악'에 대한 설명으로 확장할 수 있을 터이다. 이를 위해 다음 구절을 음미해보자. "일반적으로 악하다고 생각되는 행동들은 급진적 악의 체제에서 악이 되기를 멈춘다. 〔……〕 급진적 악은 선에 대한 우리의 개념을 바꾸지 않는다. 그것은 오히려 꽤 특유한 방식으로 악에 대한 우리의 개념을 변화시킨다. 그것은 악하다고 여겨지던 것을 빼앗아 도덕적 영역에서 제거한다. 그런 의미에서 급진적 악은 중립성을 중요시하는 현대적 의식에 꽤 잘 들어맞을 수 있는 것이다." Gabriel Motzkin, "Evil After the Holocaust," Andrew P. Chignell (ed.), *Evil: A History*, Oxford University Press, 2019, p. 441.

사람들과 어떻게 다른지를 이해"[22]하는 일이기도 하다.

물신으로서의 '악당'

그런데 이때의 '악'은 아직 실행될 수 없다. "이 악은 결코 실현될 수 없지만 스스로를 구체화하고자 끊임없이 애를"[23] 쓰기 때문에, 즉 '악'이 추상과 관념에 머물지 않고 구체적인 힘으로 화하기 위해선 현상적 층위에서 '악'을 실천할 매개체vehicle가 절대적으로 필요하기 때문이다. 물리학에서는 자연계의 힘이 물체에서 물체로 전달되는 사건으로 나타나기 위해선 그 힘과 관련된 입자들을 통해야 한다고 본다. 그렇다면 '악'에 대해선 무엇이 그런 입자와 비슷한 역할을 수행하는가? 여기서 등장하는 게 바로 '악당'이다. 우리네 세계에서 '식별 가능한' 개체가 폭력을 행하거나 증식시킴으로써 '악'을 드러나게 할 때 우리는 그 개체를 '악당'이라 부르는 것이다. 흔한 표현을 쓰자면 '정신이 깃드는 몸'이랄까?

　하지만 처음에 말했듯 '악당'이라고 해도 모두 같은 성격과 이상을 갖지는 않는다. '악당'은 '악'의 화신이

22　Peter Brian Barry, *The Fiction of Evil*, Routledge, 2016, p. 47.
23　셸링, 같은 책, 99쪽.

될 정도로 고집스럽고 맹목적인 행위자일 수 있고(사람을 해치기 위해 사람을 해치는 살인마), 의도치 않게 '악'에 연결되거나 매개된 행위자일 수도 있으며(사리사욕을 위해 금품을 탐하는 도둑)『신곡』'지옥 편'(과 귀스타브 도레의 삽화들)을 더듬는 유진 새커의 말처럼 "기형학적일 뿐만 아니라, 지질학적이고 심지어 기후학적이기도"[24] 한 무생물 행위자(질병과 자연재해)일 수도 있다. 이토록 불균질한 범주, 이런 성질은 대체 어디서 기인하는가?

물론 '악' 자체의 다성성(광범위하면서도 개별적으로 활동하는 역량), 그리고 그런 '악'을 매개할 개체의 성격적 다양성이 그 일차적 원인일 테다. 하지만 "우리가 긴 인생의 여로에서 일상적으로 접하는 모든 고통, 고뇌, 허탈, 상실, 부정의 등"[25]의 범자연적 상태에서 '악'을 도출하는 (셸링의 말마따나) '자연적 악$^{malum\ physicum}$'의 사고가 인류의 재현에 있어 아주 유서 깊은 것임을 떠올리니, "인간만이 악을 저지를 수 있다."라는 마르틴 하이데거의 말[26]은 다음처럼 다시 쓸 필요가 있을 것 같다. "인간만이 악을 인지한다." 포괄적이고 명확한 인과를 추론

---

24 유진 새커,『이 행성의 먼지 속에서: 철학의 공포』, 김태한 옮김, 필로소픽, 2022, 59쪽.

25 제프리 버튼 러셀,『사탄: 악의 역사 2, 초기 기독교의 전통』, 김영범 옮김, 르네상스, 2006, 15쪽.

26 마르틴 하이데거,『셸링』, 최상욱 옮김, 동문선, 1997, 224쪽.

하고 설정하려는, 필연성에의 '자연스럽고 불가피한' 욕
망은 무엇보다 인간의 것이기 때문이다.[27] 앞선 "'식별
가능한' 개체"라는 표현을 이쯤에서 다시 곱씹어봐도
좋겠다.

자연재해를 악마로 의인화하는 오랜 우화적 상상력
을 떠올려보라. 우리는 어떤 폭력이 인격화될 때 그것
을 악하다고 여기는가, 혹은 어떤 폭력을 악하다고 여
기기 위해 그것을 인격화하는가? 그런 의미에서 불균질
한 범주로서의 '악당'이란 두 개의 필요가 마주쳐 협상
한 결과일 것이다. 현상적인 것으로 나타나려 하는 '악'
의 필요, 그리고 '악'을 특정하고 책임을 지우고자 하는
인간의 필요. 잭 더 리퍼의 몽타주를 사건 당시로부터
100여 년이 지난 요즈음에 굳이 새로 만들고 굳이 대중
에게 공개하는 작업[28]에서도 느낄 수 있듯 사람들은 '악
당'을, 그리고 구체적인 '악당'의 이미지를 갈구한다. 달

---

27 데이비드 흄, 「자유와 필연성에 관해」, 『인간의 이해력에 관
    한 탐구』, 김혜숙 옮김, 지식을만드는지식, 2012; Barbara A.
    Spellman and David R. Mandel, "Causal Reasoning, Psychology
    of," Lynn Nadel (ed.), *Encyclopedia of Cognitive Science*, John Wiley
    & Sons, 2006, pp. 461–466.

28 Xanthe Mallett, "Is this the face of Jack the Ripper?,"
    BBC, August 31, 2011, https://www.bbc.com/news/world-
    europe-14207581, accessed March 13, 2013.

잭 더 리퍼의 몽타주(2011) ⓒ트레버 매리엇, BBC

리 말해, '악'을 적대시하는 바로 그 의식으로 인해 '악
당'은 삶을 얻는다.

　가까운 예시로는 2021년에 사망한 전두환의 사례를
떠올려도 좋을 것 같다. '공식적'으로는 사면 이후 어떤
권력도 갖지 않은 한낱 시민일 뿐이었지만 '속세'에서는
약 24년간 '전 전前 대통령'으로서 남한 극우 진영의 중
역으로 살아온 이중적인 여생, 즉 (공공연한) 권력의 연
장으로 이어진 (감옥 밖의) 삶의 연장. 전두환의 사면은
(그에 대한 모든 사법적 조치를 철회한 건 아님에도) 그가 '전
전 대통령'으로 불리는 상황을 사실상 공적으로 승인
하고 말았다. 혹은 사면과 함께 전두환은 (적어도 박근
혜의 대통령 당선 전까지) 남한의 뒤틀린 권력 네트워크의
현황을 상징하는 아이콘이 되었다. 안타깝지만 강풀의
『26년』의 역사적 기능이란 이런 사실에 대한 재확인에
불과했던 것이다.

윤아랑

하지만 박근혜 정부에 의해 손쉽게 흐트러졌던 전두환의 지위, 그리고 그의 최측근이었던 민정기가 광주에서의 재판에 들어가기 전 '치매 노인이 뭔 소리를 할지 몰라' 그에게 수면제를 먹였다는 다소 충격적인 이야기[29]는 그의 여생에 대해 좀 더 숙고할 여지를 주지 않는가? 특히 후자의 경우에서 민정기가 그런 수단을 쓰면서까지 보호하고자 한 대상은 대체 무엇이었을까? 살아 있다는 사실만 남은 전두환의 마지막 명예? 아니면 자신을 포함한 이른바 '민정계'의 위신? 둘 중 무엇이든 간에 한때 권력의 네트워크라는 도마뱀에 있어 머리와 같았던 전두환이 순식간에 꼬리가 되었다는 것만은 확실하다. 그렇다면 그가 한국 사회에서 상징한 것은 구체적으로 무엇이었을까.

유산 계급에 속한 개별자 역시 객체로서 구조의 연명과 활동을 위해 동원되는 요소 중 하나라는 마르크스의 통찰[30]을 여전히 믿을 수 있다면, 전두환의 여생을

---

29 임인수, 「〔단독〕 최측근 "전씨, 접종 뒤 혈액암…광주 재판 땐 수면제 먹여"」, JTBC, 2021년 11월 23일, https://news.jtbc.co.kr/article/article.aspx?news_id=NB12034736, 2023년 3월 13일 접속.

30 주디 콕스, 「마르크스의 소외론」, 김인식 옮김, 이수현·최일붕 교열·감수, 《마르크스21》 3호, 2009년 가을, https://marx21.or.kr/article/71, 2023년 3월 13일 접속.

오늘날 남한의 뒤틀린 권력 네트워크의 산물일 뿐만 아니라 그 네트워크의 요소로 이해해도 무리는 아닐 듯하다. 여생의 전두환이라는 아이콘은 (그 자신이 기여한) 권력 네트워크가 1980년대의 과오를 완전히 청산하기는커녕 그로부터 모종의 연속성을 지닌 채 성립된 것임을 '특권적으로' 상징한 동시에, 권력 네트워크가 다수의 행위자들 사이에서 그 구성을 (약속과 경합이라는 형태로) 끊임없이 바꾸며 유지된다는 것을 '범상하게' 상징한다. 역사라는 무대에서 영원히 객석에만 있거나 영원히 한곳에만 서 있을 수 있는 자는 없다. 설령 그게 전두환이라 하더라도.

요컨대 상징으로서의 권력자는 권력 자체의 필요와 그 권력에 맞서려는 이들의 필요가 결합할 때 조건부로 결정지어진다. '악'의 필요와 인간의 필요가 협상한 결과물이 불균질한 범주로서의 '악당'이듯이 말이다. 그 점에서 권력자/'악당'은 기본적으로 이중의 물신성을 갖는다. 물신? 에티엔 발리바르가 (마르크스를 통해) 가르쳐주었듯 "물신 숭배는 〔……〕 주어진 역사적 조건 내에서 그것 없이는 사회적 삶 그 자체가 불가능해지는 매개 작용 또는 필연적 기능을 구성한다."[31] 제 자신 자

---

31 당연하지만 발리바르는 이 대목에서 『자본』 1권 제1편을 중점적으로 참고하고 있다. 에티엔 발리바르, 『마르크스의 철학』, 배

체의 불가능성을 우회하고자 어떤 관계들에 대한 과잉
대표성을 덧씌운 표상. 그것이 자본에 있어 화폐이고 권
력에 있어 권력자라면, '악'에는 '악당'이 있다. 정신과
몸은 서로 분리된 채 연결돼 있다.

형식으로서 '부정적인 것'

그렇다면 '악당'은 어떻게 '악당'이 될 수 있을까? 그러니
까 어떻게 '악당'은 그런 과잉 대표성을 덧씌운 표상으
로 구축될 수 있는 걸까? '악'의 화신이든 매개된 행위
자이든 무생물이든 간에 하여튼 '악당'이 '악'과 연관을
가지려면 '악'이 가시화되는 형식을 끌어들여야 한다.
즉 악한 것 내지 '악'의 것으로 인지되는 행동, 몸짓, 외
양, 태도를 수행해야 한다는 말이다. '비정상적' 외양에
서 시작해 살인과 성폭력을 포함한 물리적 폭력에 이르
는 다종다기한 형식들이 이를 위해 호명돼 하나의 포괄
적인 집합을 이룬다. 이를 통해 '악'은 '악다움'이란 분
위기를 얻거나 구체적인 힘으로 화하며, 개체는 말 그대
로 '악당'이 된다. 나는 이런 포괄적인 집합의 요소가 되
는 형식들을 여기서 (헤겔의 표현을 제멋대로 끌어와) '부정

세진 옮김, 오월의봄, 2018, 166쪽.

악(당), 약동하는 모티프들

적인 것'[32]이라 일컫고자 한다.

　일단 '부정적인 것'이라고 명명하긴 했으나, 엄격하게 따져 이런 형식들이 꼭 반사회적이거나 비사회적이지는 않다. 적어도 오늘날에는 말이다. "골상학적 강박" 아래 "몸과 얼굴을 우주, 사회 전체의 질서 또는 특정 개인의 성품과 가시적으로 관련될 수 있는 코드화된 구조"로 여겨 외양 자체에 가치 판단을 부여하는[33] 태도는 여전히(그리고 아마 앞으로도) 활발히 상용되고 있긴 하다. 그러나 다른 한편에선 드라큘라나 한니발 렉터의 경우처럼 점잖고 매끈한 모습이 '악당'의 형식으로 쓰이기도 하고, 정체성의 비일관성이라는 탈형식적 성질이 '부정적인 것'으로 사람들에게 인식되기도 하지 않던가? '악당'의 범주와 마찬가지로, 혹은 그 이상으로 '부정적인 것'은 불균질하게 이루어져 있다.(그런 의미에서 그로테스크나 비체[abject] 등의 개념은 '부정적인 것'에 속할지언정 그 자

32　『정신현상학』에서 헤겔은 하나의 완결적인 총체가 성립되는 것을 불가능하게 만드는 비-존재의 영역을 부정적인 것이라 일컫는다. 유의해야 할 것은 이 개념이 나 혹은 사회와 대립하는 외재적인 요인이 아니라 나 혹은 사회의 완성을 저지하는 내재적인 요인, 곧 객관성의 한계에 대한 경험을 지시하고 있다는 사실이다. 이 점에서 나는 헤겔의 개념어에 있어 그 표면만을 갈취했다 해도 좋다.

33　알렉사 라이트, 『괴물성: 시각 문화에서의 인간 괴물』, 이혜원·한아임 옮김, 범고래출판사, 2021, 68쪽.

체로 '부정적인 것'의 집합과 등가적이진 않다.)

아니, 불균질하다는 말은 불충분한지도 모르겠다. 그보다는 유동적이라고 하는 게 맞지 않을까? 형식을 서로 간의 '충돌'에 따라 그 의미가 급격히 변화할 수 있는 것으로 간주하는 캐럴라인 레빈의 (푸코적이며 한편으론 라투르적인) 견해를 따른다면,[34] '부정적인 것'은 때와 장소와 개체의 주관에 따라 집합의 구성을 달리하는 유동적인 위상을 지녔다고, 혹은 더 단순히 말해 '부정적인 것'의 결정은 대개 (취향에서 법에 이르는) 담론들의 활동에 달려 있다고 해야 하리라. 그리고 나아가선 다음의 순환 논법도 엄연한 논리로 기능할 것이다. '악'을 재현하려는 시도에는 '부정적인 것'이 반드시 필요하고, '부정적인 것'은 '악'을 재현하려는 시도에 의해 결정된다. 반복컨대 인간만이 악을 인지하니 말이다.[35]

---

34 캐롤라인 레빈, 『형식들: 문학도 사회도 문제는 형식이다』, 백준걸·황수경 옮김, 앨피, 2021, 63쪽.

35 이런 순환 논법의 가장 유명한 증거는 16~17세기 유럽 마녀사냥의 지침이자 근거가 된 책 『말레우스 말레피카룸』일 것이다.(야콥 슈프랭거·하인리히 크라머, 『말레우스 말레피카룸, 마녀를 심판하는 망치: 마녀사냥을 위한 교본』, 이재필 옮김, 우물이있는집, 2016.) "마녀에 대한 재판이 다시 활발해지고 『말레우스 말레피카룸』에 대한 엘리트들의 동의와 이에 기반을 둔 저서들이 등장한 시기는 〔……〕 종교개혁에 대항한 가톨릭의 대응종교개혁이 시작된 시기와 맞물린다. 종교개혁의 여파로 인해 가톨릭과

이쯤에서 정리해보자. '악', '악당', '부정적인 것'. 이 세 가지 모티프가 이루는 삼각형이 악을 재현하려는 시도들에 있어 주요한 장치^{dispositif}가 된다.[36] 배치 방식에 따라 특정한 이념을 구성하는 한편 그러한 이념을 재정위^{再定位}하거나 교란시키는 데에도 열려 있는 생성적인 요소로서의 장치. 굳이 이런 표현을 쓴 데서 짐작했겠지만, 이는 하나의 상을 얻기 위해 쓰이는 모티프일 뿐 그 자체로 하나의 상을 이루는 개념은 아닌데, 셸링의 말을 반복하자면 "힘들의 무질서를 가지고 이 근원적인 악행을 추정할 수는 없"기 때문이다. 게다가 나는 처음

프로테스탄트 모두 서로에게 평신도를 뺏기지 않으려 했고, 이를 위해 근본적인 교리와 일치하지 않아 보이는 믿음과 관습들을 근절하고자 했기 때문이다. 마녀는 좋은 타겟이었으며, 마녀를 잡는 과정에서 자연스럽게 마녀에 대한 이론적인 고찰이 뒤따랐다." 오의경, 「엘리트 문화와 민중 문화의 혼종: 『말레우스 말레피카룸』과 16-17세기 마녀사냥을 중심으로」, 《호모 미그란스》 18호, 2018년 5월, 106쪽.

36 이는 에이드리언 마틴이 정리하고 제안한 개념을 떠올리며 사용한 표현이다. 물론 마틴은 영화 비평의 영역에서 논의를 전개하고 있지만, 그의 편집증적인 리서치는 (경우에 따라 변주는 필요하더라도) 개념을 충분한 범용성에 열어둔다. 또한 여담이지만 이런 장치와 레빈이 논하는 형식의 차이를 비교하는 것역시 흥미로운 작업이 될 것이다. Adrian Martin, *Mise en Scéne and Film Style: From Classical Hollywood to New Media Art*, Palgrave Macmillan, 2014, pp. 207-209.

에 이 모티프들이 서로에게서 멀어지고 있으며 악을 재현하는 방식들도 변모하고 있다고 말했다. 19세기 서구에서 (여러 시기에 여러 형태로 나타났던) 『라모의 조카』 이래 비로소 발견되고 발전해온 이런 인식[37]은 아직까지도 온전히 '우리'의 것이 아니다.

예컨대 '악당에게 서사를 부여하지 말라.'라는 흔한 '도덕적' 주장의 경우, 이는 대개 악에 대한 판단을 금방 내릴 수 있는 초월적 위치에 스스로를 올려놓는, 징그러운 자기애 및 자기 홍보에 연결돼 있다는 점에서도 문제적이지만 '악당'과 '악'을 뭉뚱그려 동일시하고 있다는 점에서도 문제적이다. 몇 가지 질문. 왜 살인을 하면 안 되는가? 살인은 정말 악한 행동인가? 살인을 하는 사람은 악당인가? 만약 도덕이 지성을 지닌 존재라면 이

---

37 "라모를 통해 헤겔은 공포와 혁명을 앞에 두고 유럽 문화가 절정에 달하면서 동시에 해체되기 시작하는 모습을 발견한다. 이 절정의 순간은 정신이 문화 속에서 이질화되고 분열의 의식과 모든 현실, 모든 개념의 절대적인 퇴폐 속에서가 아니면 더 이상 자신을 발견하지 못하는 순간에 도래한다." 아감벤이 이 대목을 쓰며 정확히 염두에 둔 것은 미적 취향에 따른 자아의 분열과 그것에 동반해 유럽에 일어난 허무주의다. 하지만 해당 텍스트만을 읽고 있으면 "정신이 문화 속에서 이질화"된다는 헤겔식 통찰은 본고의 논의를 따라 악의 재현의 분화에 대한 묘사처럼 읽히기도 한다. 조르조 아감벤, 『내용 없는 인간』, 윤병언 옮김, 자음과모음, 2017, 58쪽.

어리석은 질문을 듣고 헛웃음과 함께 다음처럼 대답할 것이다. 살인은 타인의 생명을 박탈하는 짓이고, 그것은 타인을 존중받아야 할 존재로 여기지 않는다는 것이며, 이런 살인이 일상에서 허용된다면 우리네 세계는 자연스레 "외롭고 곤궁하며 끔찍하고 잔인하며 단명하는"[38] 각자도생으로서 홉스적 자연 상태의 '자연화'로 향할 것이기에 살인은 지양되어야 한다고. 사회를 지키고 나 자신을 지키기 위해서라도 살인은 하면 안 된다는 게다.

하지만 이 대답은 질문에 대한 완벽한 해답이 되진 못한다. 적어도 살인이 악한 행동인가에 대해선 말이다. 앞선 질문들은 물론 픽션적이지만, 우리네 삶의 감각에 '조작'을 가하는 것으로 픽션을 정의한다면[39] 사태는 다소 복잡해질 테다. 살인을 한 주체가 곧장 악의 화신이 되는 건 아니라고 우리 주변의 여러 픽션들은 강변해오지 않았던가? 영웅의 폭력, 불가피한 방어, 카타르시스를 주는 복수, 담론들의 복합적인 효과. 당연하지만 나는 도덕을 물리치자고 말하는 게 아니다. 세상에

---

38 토머스 홉스, 『리바이어던 1: 교회국가 및 시민국가의 재료와 형태 및 권력』, 진석용 옮김, 나남출판사, 2008, 172쪽.

39 "허구는 표상된 사건들, 결합된 형태들, 서로 조응하는 기호들의 "체계"를 구축하기 위한 예술적 수단의 작동이다." 자크 랑시에르, 『영화 우화』, 유재홍 옮김, 인간사랑, 2012, 259쪽.

그런 말을 품고 있는 작품들이 즐비하단 걸 당연히 알고 있지만, 적어도 이 자리에서는 도덕을 압박하고 도덕에 대해 어떤 틈새를 만드는 일로서의 '조작'을 논하려는 것이다.

「치와와」와 '부정적인 통일'

『핑크』『리버스 에지』『헬터 스켈터』등의 장편을 비롯한 오카자키 교코의 만화들은 이러한 '조작'의 숭고한 예에 속해서, 오카자키는 일반 사회의 가장자리를 떠도는 어리숙하고 천박한 캐릭터들(학교 폭력을 당하는 게이 소년, 교사를 성적으로 협박하는 학생 커플, 비혈연 근친에 빠져 양부모를 살해하고 여행을 떠난 남매 등)을 끈질기게 따라가면서도 그들의 삶을 (흔한 오해와는 달리) '부정적인 것'으로 가득 찬 모종의 스펙터클로 만들지 않는다. 삶에 대한 그들의 태도의 어리석음, 사랑스러움, 낭만, 경악스러움, 냉소 모두를 포괄해 제시하는 것이야말로 만화가로서 오카자키의 목적이기 때문이다.

그런 맥락에서 「치와와」는 오카자키의 에센셜이라 할 만한 단편이다. 토막 살해를 당한 소녀 치와와를 그의 남겨진 친구들이 추모하는 만화, 라고 적당히 축약해 설명할 수도 있겠으나 치와와의 죽음을 "물질과 정보가 대량 소비되는 도시에서 농락당한 젊은이가 극장 도시 도쿄에서 연기한 전형적 비극"이라 평하던 한 평론가를 두고 "멋대로 떠들어대는 저 녀석들도 죽여버리고 싶어."라 쏘아붙인 유미를 떠올리면, 여기서의 추모란 일반적인 추모와는 다른 무언가인 듯하다. 그래, 「치와와」에서 펼쳐지는 '난잡한' 추모는 치와와의 삶이 '그 따위 것'이 아니었다고 외치는 대신 실제로 '그 따위 것'이었던 치와와의 삶을 그 자체로 긍정할 수 있도록 하려는 필사의 '조작'인 게다.

금방 '난잡한' 추모라 한 데에는 이유가 있다. 작품은 치와와의 삶을 반추하는 각자의 인터뷰 모음이라는 플롯을 취하고 있는데, 인터뷰이에 따라 가지각색의 말이 담기는 데다 치와와에 대한 나쁜 이야기들도 적잖이 섞여 들어가서, 이 인터뷰들이 치와와를 추모하기 위한 영상에 제대로 쓰일 거란 생각은 아무래도 들지 않는다. 적어도 일반적인 점잖은 추모라면 말이다. 그러나 멍청하고, 빚을 어처구니없이 만들고, 뒤에서 남 욕을 하고, 주변 남자 친구들에게 걸핏하면 펠라티오를 해준 치와와를 정말 애정과 함께 추모하려면 이런 '난잡한' 추모를 할 수밖에 없을 테다. 아니, 해야만 한다.

도쿄의 지정학적인 '악'에 휘둘려 '부정적인 것'들에 시달린 비극으로 치와와의 삶을 환원하려는 게 (도덕에 따른) 일반적인 추모라면, 치와와에게 결부된 '부정적인 것'들과 '악'의 관계를 재설정하려는 건 '난잡한' 추모일 테다. 그런 추모 속에서 치와와의 삶은 지극히 복합적인 양상을 띄게 된다. 여러 인터뷰에서 묘사되는 치와와의 삶에는 즐거움과 슬픔이, 순진함과 비열함이, 도덕에 대한 갈망과 '부정적인 것'에 대한 끌림이 공존한다. "예지적 본질"의 명징한 사례와 같은 모순적 삶. 지그재그의 선으로 한 여자의 초상을 그리는 「치와와」는 (발터 벤야민을 맘대로 베껴 말하자면) 현대적 '수난극'의 하나로서, 주인공이 자기 삶의 희생자가 되는 것과 자기 삶의 지배자가 되는 것 사이에서 항구적으로 진동하는 미지의 영토로 우리를 인도하는 것이다.

요컨대 오카자키 교코의 만화는 (도덕의 구축 자체는 존중하면서도) 도덕이 세상을 대하는 태도의 전부가 되려는 것에 대한 나름의 저항으로서 숭고한(그리고 그만큼 황당무계한) '조작'이다. 도덕이 결코 충분히 이해하고 포괄할 수 없는 삶의 방식이 있다고, 혹은 도덕 바깥에서도 삶은 계속되고 있다고 반론을 제기하기. 스탠리 카벨이 '시민적 삶civic life에의 항체'라 불렀던 일,[40] 더 거창하게 말하자면 변증법의 세속적 갱신을 위한 사투랄까? 그 속에서 우리는 '악'과 '악당'과 '부정적인 것'이, 헤겔

40　Stanley Cavell, "Epistemology and Tragedy: A Reading of Othello," *Daedalus*, Vol. 108, No. 3, Summer 1979, p. 40.

이 『대논리학』에서 논한 '부정적인 통일', 즉 중층적이고 역동적인 관계로서의 삼각형을 이루고 있다는 걸 생생히 느끼게 된다.

역설과 긍정

당연하지만 '부정적인 통일'에 걸맞는 유효한 재현의 방식에 꼭 오카자키의 것만이 있는 건 아니다. 가까운 2010년대를 돌아보면 실레스트 잉의 소설 『작은 불씨는 어디에나』처럼 도덕적으로 선한 사람들의 선한 행동이 최악의 파국을 야기하는, 곧 뚜렷한 '부정적인 것' 없이도 개체가 '악당'이 되는 과정을 따라가는 경우도 있으며, 빈스 길리건과 피터 굴드의 드라마 「베터 콜 사울」처럼 '악당'이 '특성 없는 남자'인 스스로를 만회하고 채우기 위해 어떤 형식을 동원하는지에 주목하는 경우도 있고, 케라 워커의 설치 작업 「미묘함」처럼 작가가 직접 '악당'이 돼 특정한 폭력적 경험을 지시하고 체화하는 형식을 구축함으로써 수용자로 하여금 '악'이 활동하는 방식을 압축적으로 감각하게 하(고 나아가 '악당'으로서의 수용자를 가시화하)려는 경우도 있다. 다른 재현의 방식들을 한참 더 열거할 수 있겠지만, 중요한 건 '악'과 도덕 모두에 제대로 맞서려는 픽션들이 동시대에도 여전

윤아랑

케라 워커, 「미묘함, 혹은 웅장한 설탕 아기, 도미노제당공장이 철거될 무렵
사탕수수밭에서 신세계의 부엌까지 단맛을 정제해 전달하느라
무급 및 초과 노동에 시달린 숙련공들에게 표하는 경의」
ⓒ제이슨 위치, 크레이티브타임

히 만들어지고 있다는 사실이다.

고로 하나의 상을 이루는 개념으로 세 모티프를 이해하는 것은 결국 악에 대한 사유를 포기하는 것이나 다름없다. 예컨대 인종차별적·성차별적 정세에 맞서는 것에 대한 기여를 인정하더라도, 특정한 폭력 사건의 원인을 단독적 내지 집단적인 ('악'의 화신으로서의) '악당'으로 환원하곤 한다는 점에서 정치적 올바름은 문제적인 태도가 된다. 대개 모티프들을 뭉뚱그리는 태도를 오늘날에 취할 때 이득을 볼 것은 누구, 아니 무엇이겠는가? 다시 풀어 쓰건대 '부정적인 것'은 그 자체로 악하지 않으며, '악당'은 '악'을 의식하지 않은 채 '악당'이 될 수 있고, '악'은 '악당'과 '부정적인 것'에 완전히 결부되지 않은 채 그것들을 관장한다. 바로 이런 조건 속에서 악(당)은 활동하고 또 재현되는 것이다. 오늘날에 악을 사유하고자 한다면 우리가 현실이라 부르는 바탕이 이 토록 복잡하게 성립되고 유지된다는 걸 먼저 긍정해야 할 테다. 물론 그런 긍정이란 어렵고 힘들며, 그렇기에 드물고 아름답다.

게다가 앞서 말한 것처럼 우리는 N번방 범죄자들을 경멸하면서도 살인마 캐릭터의 행보를 응원할 수 있다. 같은 말이지만, 도덕에 한쪽 발을 담그는 한편 '악'을 다 루는 픽션에 다른 한쪽 발을 담글 수 있다. 이는 해소될 수 없는, 아니 결코 해소되어서는 안 될 역설이며 오히 려 우리가 기꺼이 쟁취하고 유지해야 할 역설이다. 그것 이야말로 불통합적(이라서 통합적)인 주체인 우리가[41] 실 현할 수 있는 가능성이기 때문이다. 나는 언젠가 다음 처럼 말한 적이 있다. "작품들이 벌이는 투쟁은 자기에

[41] "이 모든 요인들이 우리의 의식적 실재 체험에 반영되지만, 우 리는 그것들의 종합적 작용에서 그것들 각각을 꿰뚫어 보지 못 한다. 우리가 실재를 결코 완벽하게 시뮬레이션할 수 없다는 것 은 실재의 본질에 속한다. 그럼에도 [……] 우리의 생물학적 성 분들은 제약이 아니다. [……] 오히려 정반대로 그것들은 우리 가 생물학적 토대로부터 해방된 지능을 창출하기 위한 전제 조 건이다. 그리고 그 지능은 바로 우리 자신의 인공지능이다." 마 르쿠스 가브리엘, 『생각이란 무엇인가: 인간의 생각감각에 대하 여』, 전대호 옮김, 열린책들, 2021, 465쪽.

윤아랑

내재된 취향을 보편에 등재하는 게 아니라, 보편을 불순하게 만들고 그 체계의 재조정을 요구하는 데에 목적을 둬야 한다."[42] 그리고 이 생각은 아직 변하지 않았다.

---

42 윤아랑, 「뭔가 배 속에서 부글거리는 기분」, 같은 책, 79쪽.

이 글에 등장하는 작품

만화	오카자키 교코

「치와와」『치와와』, 이소담 옮김, 고트, 2023.

『핑크』이소담 옮김, 고트, 2019.

『리버스 에지』이소담 옮김, 고트, 2018.

『헬터 스켈터』이소담 옮김, 고트, 2020.

소설 실레스트 잉,『작은 불씨는 어디에나』이미영 옮김, 나무의철학, 2018.

시리즈 「베터 콜 사울」밥 오든커크 주연, amc·넷플릭스, 2015~2022.

설치 Kara Walker, *A Subtlety, or the Marvelous Sugar Baby, an Homage to the unpaid and overworked Artisans who have refined our Sweet tastes from the cane fields to the Kitchens of the New World on the Occasion of the demolition of the Domino Sugar Refining Plant* Commissioned and presented by Creative Time, installed in the Domino Sugar Refinery, New York, 2014.

영화 「해리 포터와 마법사의 돌」크리스 콜럼버스 연출, 워너브라더스, 2001.

소설 J. K. 롤링,『해리 포터와 마법사의 돌』1~2 강동혁 옮김, 문학수첩, 2019.

소설 시내암,『신역 수호지』1~7 연변대학 수호전 번역소조 옮김, 청년사, 1990.

영화 「어벤저스: 인피니티 워」조시 브롤린 주연, 월트디즈니스튜디오스모션픽처스, 2018.

영화 「조커」와킨 피닉스 주연, 워너브라더스, 2019.

만화 강풀,『28년』1~3 재미주의, 2012.

소설 드니 디드로,『라모의 조카』황현산 옮김, 고려대학교출판부, 2006.

악인의 서사
수많은 창작물 속 악, 악행, 빌런에 관한 아홉 가지 쟁점

초판 1쇄 발행   2023년 8월 1일
초판 2쇄 발행   2023년 10월 16일

지은이   듀나, 박혜진, 전승민, 김용언, 강덕구,
         전자영, 최리외, 이융희, 윤아랑
발행인   김희진
편집   김지운
마케팅   이혜인
디자인   이경민
제작   제이오
인쇄   민언프린텍
발행처   돌고래

출판등록   2021년 5월 20일
등록번호   제2021-000173호
주소   서울시 강남구 선릉로 704 12층 282호
이메일   info@dolgoraebooks.com
ISBN   979-11-983809-0-6